자신감있게 행동하기

자신감있게 행동하기

지은이 | 롭 양
옮긴이 | 유자화

초판 1쇄 발행 | 2013년 7월 17일

발행처 | 도서출판 작은씨앗
공급처 | 도서출판 보보스
발행인 | 김경용

등록번호 | 제 300-2004-187호   등록일자 | 2003년 6월 24일

주소 | 서울시 서초구 서초동 1355-17 서초대우디오빌 1008호
전화 | (02) 333-3773   팩스 | (02) 735-3779
이메일 | ky5275@hanmail.net

ISBN 978-89-6423-157-9 13190

값은 뒤표지에 있습니다.
잘못된 책은 구입하신 서점에서 바꾸어 드립니다.

이 도서의 국립중앙도서관 출판시도서목록(CIP)은 서지정보유통지원시스템 홈페이지(http://seoji.nl.go.kr)와
국가자료공동목록시스템(http://www.nl.go.kr/kolisnet)에서 이용하실 수 있습니다.
(CIP제어번호: CIP2013007902)

자신감있게 행동하기

Confidence:
The power to take control and live the life you want

롭 양 지음 | 유자화 옮김

감사의 말

내가 하겠다고 마음먹은 일이면 무엇이든 이룰 수 있다고
굳게 나를 믿어준 부모님께 감사를 올린다.
탤런트스페이스 직원들에게도 항상 함께 해준 것에 감사한다.
험난한 세상에서 폭풍의 눈 같은 보금자리를 만들어준
스티브 커스버슨에게도 감사한다.
의견을 보태준 보니 챙과 맨디 윌러, 시종일관 지지를 아끼지 않은
편집자 샘 잭슨에게도 고맙다는 인사를 전한다.
이 책 초판을 읽고 이메일로 여러 가지 의견을 보내준
독자들에게도 감사를 올린다.
이 책은 결국 당신을 위한 책이다.

다른 삶을 살고 싶고 하늘을 찌르는 자신감을 갖고 싶은가? 누구든 언제라도 그럴 수 있다는 좋은 소식을 전하는 바이다. 현재 당신의 자신감이 높든 바닥이든 자신감을 더 올리는 일은 언제나 가능하다.

대부분의 사람들이 자신감이 높다는 말은 사실이 아니다. 사실 더 자신감 있게 살았으면 좋겠다고 말하는 사람이 많다. 겉으로는 자신감 있어 보이는 사람이라도 속으로는 걱정하고 긴장한다. 직장에서는 당당하고 능력을 인정받는 사람도 이성 앞에서는 부끄럼을 탄다. 파티에서는 활달하고 사교적인 사람도 프레젠테이션을 할 때는 극도로 당황해 버릴 수 있다. 이렇게 더 자신감 있는 사람이 되고 싶다는 생각을 갖고 있는 사람은 당신만이 아니다.

자신감은 타고나는 것이 아니다. 자신감은 평생 동안 변치 않고 그대로 유지되는 성격적 기질도 아니다. 누구나 자신감을 높일 수 있는 역량을 갖고 있다. 나이가 많거나 적거나 누구라도 새로운 행동과 전략을 도입하는 것으로 자신감을 계발하고 기를 수 있다. 따라서 당신은 열여덟 살이건 여든여덟 살이건 배우고, 성장하고, 잠재력을 실현할 수 있다. 더군다나 당신은 이미 필요한 자원을 모두 갖고 있다. 내가 이 책을 통해 할 수 있는 것은 당신이 내면에 갖고 있는 자원을 발견하고 계발하게 돕는 것뿐이다.

특정한 상황에서 더 자신감 있기를 바라는 사람도 있을 것이다. 떨지 않고 자연스럽게 청중 앞에서 말할 수 있기를 바라거나, 동료에게 해야 할 말을 용기 있게 하기를 원하거나, 아니면 데이트를 신청하거나, 긴장하지 않고 시험을 치러내기 원한다. 면접시험에서 좋은 인상을 주기를 원할 수도 있고, 친밀했던 관계를 청산한 후에 마음을 추스를 방법을 찾고 있을 수도 있다. 아니면 삶의 몇 개 영역에서 더 자신감 있기를 열망할 수도 있다. 무슨 일이 있어 약간 걱정인 상태일 수도 있고, 자신을 믿지 못하거나 두려움으로 속이 타들어가는 상황일 수도 있다. 회의실에서부터 침실까지, 이 책은 자신감을 쌓고, 이루고 싶은 일을 모두 이루는 삶을 살기 위한 방법과 연습으로 가득하다.

효과가 있다!

가능한 한 자신감 있는 자신을 많이 드러낼 수 있게 돕고자 나는 이 책을 과학적으로 입증된 방법과 조언, 훈련법으로 가득 채웠다. 인지행동치료, 스포츠 심리학, 신경언어 프로그래밍, 긍정 심리학에서 최고의 것만 뽑았다. 그중에 어떤 것들은 굉장히 최첨단이어서 책장을 넘기다가 종이에 손을 베일 수도 있으니 주의하시길! 이 말들이 너무 장황한 소리로 들리더라도 걱정하지 마라. 심리학자로서 자격을 갖추고 당신에게 효과 있는 방법만을 소개하기 위해 학계, 사업계, 코칭을 두루 섭렵한 나를 믿고 한 번 해보라.

나는 그동안 자신감에 관한 무수한 책들 가운데 정말로 효과가 있는 책은 별로 찾지 못해 실망이 컸다. 효과를 오래 지속시킬 수 있는 것도 아니면서 자기가 계발한 방법으로 자신감을 올려주겠다고 요란스럽게 과장하고 자랑하고 기만하는 사람도 있었다. 그런 사람들이 말하는 방법이 며칠이나 몇 주는 기분을 들뜨게 만들어줄지 몰라도 장기적으로 도움이 될까? 아니다. 이 책은 그런 것들과는 다르다.

특히 '행동으로 옮겨라'와 '자신감 쌓기 방법'에 중점을 두고 필요할 때마다 이용하고 또 이용하도록 하라. 이런 방법들을 통해 당신은 어떻게 더 당당한 이미지를 선보일 수 있을지 뿐만 아니라 사고방식과, 자신과 세상을 보고 느끼는 방식을 바꾸는 방법을 배울 수 있다. 그 결과 삶이 던지는 어떤 문제든 부딪히고 덤벼보겠다는 깊고 오래 지속될 자신감을 갖게 될 것이다. 당신이 나를 믿어준다면 나도 당신을 실망시키지 않을 것이다.

내 이야기

나는 자신감을 높일 수 있다고 확신한다. 나는 심리학자로, 한때는 걷잡을 수 없는 두려움으로 고통받았던 사람이었다. 어렸을 때 나는 청중이 적건 많건 사람들 앞에서 말을 해야 할 일이 있으면 너무 걱정이 심해 몸이 다 아플 지경이었다. 구역질이 올라와 말 그대로 헛구역질까지 했다. 사람들 앞에 나설 일이 너무나 무서워서 피해 보려고 아픈 척 꾀병을 부린 적도 있었다. 그러나 나는 많은 청중들 앞에서 말하는 것을 즐길 수 있도록 내 자신을 훈련했다. 지금 나는 BBC에서부터

CNN 뉴스와 빅 브라더에 이르기까지 수백만 명의 사람들이 지켜보는 텔레비전 생방송 조명 앞에서도 신바람이 난다.

내가 특별한 사람이라는 말을 하려는 것이 아니다. 나도 자신감 부족에 시달리던 평범한 사람이었지만 자신감을 올릴 수 있도록 훈련했다는 말이다. 내가 하고 싶은 말은 바로 이것이다. 내가 해냈으니 당신도 할 수 있다!

직접 해 보아라

이 책을 통해 당신은 자신감을 재빨리 올릴 수 있는 방법도 배울 것이다. 당신의 마음 상태가 어떠하든 날마다 이 책에 나온 방법들을 연습하는 데 몇 분만 투자하면 스테로이드 주사라도 맞은 듯 자신감이 부쩍 높아질 것이라고 보장한다. 거의 즉시 당신은 더 느긋하고 활기에 넘칠 것이다. 장기적으로 당신은 어떤 일이든 당당하게 맞설 수 있도록 자신감을 키울 수 있다.

그러나(그렇다, 여기서 '그러나'라는 말이 안 나올 수가 없다!) 이 책에서 최상의 것을 얻어내기 위해서는 책을 한 번 읽고 한쪽으로 치워두어서는 안 된다. 연습을 하고 그 방법을 실제로 써보아야 한다. 이 책은 당신이 자신감을 부쩍 올리고 더 만족스럽고 성공적인 삶을 살도록 이끌어 주지만 그것은 당신이 행동으로 옮겼을 때 얘기다. 축구 코치는 팀을 훈련시키고 조언을 하지만 축구장에서 자기 기량을 펼쳐야 하는 것은 결국 선수들의 몫이다. 나를 당신의 자신감 코치라고 여겨라. 내가 할 일은 당신에게 과학적으로 입증된 최신의 방법과 훈련법을 제공하는 것이다. 그러나 삶이라는 축구장으로 나가 직접 뛰어야 할 사람은 바로 당신이다.

당신이 할 수 있는 만큼 해나가라. 이 책에 있는 내용을 한꺼번에 다 해도 좋고, 느긋하게 해나가도 좋다. 책장을 앞뒤로 넘겨보면서 더 흥미 있게 다가오는 장을 선택해서 실행해도 좋다. 그러나 이 책에서 언급한 내용과 방법이 전반적으로 옳고 효과가 있다고 알기만 하는 것과 그것을 실제로 자기 삶에 적용하는 것은 다르다. 그러니 여기 나온 활동과 연습을 당신이 직접 해보아야 한다. 생각을 하고, 연필을 들고, 종이에 쓰고, 행동으로 옮겨라.

다시 한 번 말하지만 원리를 이해하는 것과 그것을 이용하는 것은 다르다. 따라서 매번 한 가지 연습을 이해했다면 다음으로 넘어가기 전에 반드시 직접 해보자. 매번 새로운 방법을 배울 때마다 일상생활에서 그것을 쓸 방법을 찾아라. 이 책에 참여하고, 참고하고, 여백에 다 당신 생각을 적고, 특히 마음에 와 닿는 글귀에 색칠을 하고, 반복해서 사용하고 싶은 방법을 메모할수록 당신의 자신감은 커질 것이다. 읽는 것에 그치지 마라, 함께 참여하라.

당장 필요한 자신감과 평생 갈 자신감

이 책은 두 부분으로 구성되어 있다. 제1부는 평생 동안 지속될 자신감을 쌓을 여정으로 이끈다. 현재 당신의 자신감이 아무리 낮더라도 자신감을 높일 방법이 있고, 당신 안에 감추어진 강점과 자원에 눈뜰 수 있게 자신을 훈련할 수 있다. 어떤 상황에서나 자신감 있게 보일 수 있는 방법만이 아니라 자신감 있는 마음 자세를 갖기 위한 방법을 배울 것이다. 제2부는 많은 사람들이 힘들다고 여기는 상황을 더 자세하게 다룬다는 면에서 다르다. 여덟 가지 구체적인 상황을 놓고 실제적인 조언을 할 것이다.

- 잘 다듬어진 프레젠테이션과 발표하기(8장).
- 사람들과 어울리기, 새로운 사람 만나기, 자신 있게 대화 나누기(9장).
- 자신 있게 데이트하기(10장).
- 인맥 쌓기와 더불어 회의 중에 더 강한 인상 주기(11장).
- 철저하게 준비하고 긴장을 누그러뜨려 면접시험 잘 보기(12장).
- 나쁜 상황에서 벗어나고 자기 사업을 창업하는 등의 삶에 변화 만들기(13장).
- 단호하지만 대립하지 않고 갈등 해결하기(14장).
- 건강한 몸과 균형 잡힌 몸매로 자신감 갖기(15장).

제2부는 16장 '빠르게 자신감 올리기'로 끝을 맺는다. 이 마지막 장에서는 걱정을 해소하고 가능한 한 빠르게 자신감을 올릴 수 있는 방법을 나눌 것이다. 특별히 마음에 와 닿는 주제가 있다면 그 장부터 먼저 살펴보아도 좋다.

이제 시작해야 할 시간

행운을 빌지만, 사실 당신에게 행운 같은 건 필요치 않다. 당신의 운명은 당신 손아귀에 있기 때문이다. 성공은 당신의 결정에 달렸다.

평생 흔들리지 않을
자신감 계발하기

01

자신감과 당신

마음이 품을 수 있는 일이라면 마음이 해낼 수 있다.

― 클레멘트 스톤(Clement Stone), 기업가이자 자선사업가

이번 장에서 배울 것

- 자신감이 무엇인지, 또 자신감이 가능하게 만드는 일이 무엇인지 안다.
- 지금 무슨 일을 겪고 있든 내가 원하는 대로 삶을 살 수 있다는 사실을 안다.
- 내 생각과 행동이 내 감정에 영향을 미치는 방식을 안다.
- 현재 내 자신감은 어느 수준이고, 삶에서 가장 변화가 필요한 부분이 어디인지 안다.

자신감 하면 가장 먼저 떠오르는 것이 무엇인가? 십중팔구는 사람들이 행동하는 방식일 것이다. 주변의 자신감 넘치는 사람들이 어떻게 웃음을 터트리고, 미소 짓고, 당당하게 발표하고, 면접시험에서도 단연 돋보이는지 머릿속에 그림이 그려지지 않는가? 그런 사람들은 낯선 사람과도 잘 어울리고 모든 관심을 한몸에 받는 것을 즐기는 것이, 행동 하나하나가 정말 대단하다는 생각이 절로 든다.

그러나 그런 당당한 모습은 자신감의 여러 특징 가운데 하나일 뿐이다. 자신감에서 더 중요한 것은 '자신감으로 무엇을 이룰 수 있느냐'이며, 세상에는 소리 없이 자신감 있는 사람도 많다. 그런 사람들은 시끌벅적하게 관심을 끌어모으지 않으면서도 살면서 겪는 문제를 잘 이겨내고, 성취하고자 하는 목표를 이룬다.

자신감이 중요한 이유가 바로 그것이다. 자신감 있는 사람들이 아래와 같은 특징을 갖고 있는 것을 보면 자신감이야말로 목표를 성취하게 해주는 원동력이라는 것을 알 수 있다.

- 새로운 기회를 놓치지 않는다.
- 일에 차질이 생겨도 잘 대처하고 실패해도 다시 딛고 일어선다.
- 새로운 상황과 역경, 기회를 피해야 할 위협이 아니라 맞서고 부딪혀 해결해야 할 일로 받아들이고 의연히 대처한다.
- 주변 상황이나 다른 사람이 변하기를 기다리지 않고 자기가 먼저 변한다.
- 불안, 걱정, 두려움을 느끼더라도 장기적인 목표를 성취하기 위해 밀고 나간다.
- 목적의식을 갖고 삶에서 원하는 것을 얻기 위해 장기 목표와 단

기 목표를 세운다.

위의 목록에서도 알 수 있듯 자신감이 언제나 기분 좋은 상태인 것만은 아니다. 그렇다, 자신감 있는 사람은 자기를 믿고 자신에 대해 좋은 감정을 갖고 있지만, 그런 사람도 가끔씩은 두렵고 눈앞이 깜깜해질 때가 있다. 자신감 있는 사람도 직장에서 중요한 프로젝트를 앞두고는 걱정을 하고 사생활에서 문제를 겪는다. 자신감 있는 사람과 그렇지 않은 사람의 차이는 그 사람이 느끼는 두려움이나 걱정의 크기가 아니라, 힘든 감정을 얼마나 잘 인내하고 상황을 잘 해결해 내느냐이다.

자, 당신은 이제 자신감이 가능하게 만드는 것이 무엇인지 알았다. 그렇다면 자신감이란 정확히 무엇인가? 어떻게 하면 자신감을 키울 수 있을까?

자신감은 행동에 관한 것

자신감을 정의해보자. 나는 자신감을 '당장은 힘들게 느껴지더라도 문제를 적절하고 효과적으로 해결하기 위해 행동할 수 있는 능력'이라고 말한다. 자신감은 두려움이 없는 것이 아니다. 일단 행동으로 옮기면 결국에는 두려움을 이겨낼 수 있다는 사실을 알고 있으므로 못할 것 같은 기분이 들어도 행동을 하는 것이다. 자신감은 장기적인 목표를 달성하기 위해 단기적으로 해야 할 일을 하는 것이다. 설령 지금 당장 해야 할 일이 일시적으로 불편한 감정을 일으키더라도 말이다.

물론 앞에 놓인 과제나 상황이 엄두가 나지 않을 수도 있다. 그러나 자신감을 갖는다는 것은 장기적인 목표를 달성하기 위해 부정적인 감정을 관리하는 법을 배운다는 의미다. 가령 당신이 지금 시험을 치러야 한다거나 면접시험을 앞두고 걱정이 심하다고 해보자. 그래도 당신은 삶에서 성공하겠다는 목표를 갖고 있으므로 그 일을 해내야만 한다. 사람들 앞에 서서 말을 해야 한다는 생각만으로도 떨리고 불안하더라도 경력을 쌓고 직장에서 성공하기 위해서는 이를 악물고 해내야한다. 새로운 사람을 만나야 하고, 거절당할지 모른다는 두려움을 이겨내야 하며, 자기주장을 피력해야 한다. 관계를 시작하거나 끝내는 일을 비롯해 무슨 일이 되었든 멀리 봤을 때 삶의 만족과 행복을 높일 수 있는 일이라면 그 일을 해낼 수 있도록 자신을 훈련해야 한다.

큰일을 앞두고는 누구나 긴장이 되기 마련이다. 위대한 인물도 똑같다. 우리는 누구나 때때로 긴장하고, 심지어는 완전히 겁에 질려 버리는 일도 있다. 그런 감정을 극복할 수 있는 비결은 두려움에 지레 포기해 버리지 않고 무조건 하고 보는 것이다.

어쩌면 약간 긴장하는 것이 더 좋을 수도 있다. 불안은 우리가 자만하거나 자기만족에 빠져버리지 않게 막아주기 때문이다. 불안은 우리 뇌가 긴장을 늦추거나 무엇이든 당연하게 받아들여서는 안 된다고 경고하는 방식이다. 정신을 차리고 집중하여 최상의 결과를 내기 위해 최선을 다해야 한다.

대부분의 사람들은 불안을 느낀다. 겉보기에는 당당해 보이더라도 다른 사람과 마찬가지로 긴장감과 불안감으로 쓰러질 지경이라고 말한다. 데임(Dame) 작위를 받은 전설적인 가수 셜리 바세이(Shirly Bassey)는 한 인터뷰에서 "무대에 오르는 일이 옛날보다도 더 긴장된다"고 고백했다. 그렇다고 바세이가 수천 명이 지켜보는 콘서트 공연이나 수백만 명이 지켜보는 생방송 텔레비전 쇼를 그만두었는가? 그러지 않았다.

2003년 럭비 월드컵 대회에서 우승한 영국 팀 소속 럭비 선수를 코칭한 적이 있다. 공을 던질 때는 얼음처럼 냉철하기로 이름난 그도 청중 수가 많고 적고를 떠나 비즈니스맨들 앞에 서서 강연을 하자니 걱정이 되었다. 그러나 긴장이 되더라도 그는 강연도 성공적으로 해내자고 결심했다.

잊지 말아야 할 것은 당신이 자신을 두려운 상황에 더 자주 밀어 넣으면 넣을수록 나중에는 그 상황을 더 즐기게 된다는 것이다. 어느새 그 일을 두려워했다는 사실조차도 잊고 신명나게 그 일을 하고 있는 자신을 볼 것이다. 나 역시도 사람들 앞에 서는 일을 두려워했다. 그러나 연습으로 두려움을 이겨내었고, 결국엔 그 일을 즐기게 되었다.

자신감은 행동을 하기 전이 아니라 '후'에 얻는 것이다.

> 용기는 두려움에 저항하고 두려움을 극복하는 것이지,
> 두려움이 없는 것이 아니다.
> — 마크 트웨인(Mark Twain), 작가

직접 해 볼 차례!

당신은 왜 이 책을 선택했는가? 자신감이 행동을 하느냐 마느냐의 문제라면 종이에, 당장 종이가 없으면 이 책 여백에라도 당신의 목표를 적는 것으로 시작을 하라. 당신이 이 책에서 얻어내고자 하는 것을 글로 적어라. 당신은 어떤 면에서 더 자신감 있기를 원하는가? 많은 사람들이 더 자신감 있기 원하는 상황은 아래와 같다.

운전면허 시험 치르기, 데이트 신청하기, 위험을 감수하고 기회 좇기, 비평이나 비난 수용하기, 새로운 기술 배우기, 관계를 시작하거나 끊기, 동료와 고객 다루기, 면접시험에서 좋은 인상 주기, 나쁜 상황에서 벗어나기, 인맥 맺기, 정신적 외상 극복하기, 체중을 줄이거나 몸매 가꾸기, 좀 더 적극적으로 자기주장하기, 사람들 앞에서 발표하기, 직업 바꾸기, 새로운 친구 사귀기, 거절 극복하기, 봉급인상 요구하기, 다른 삶 살기, 시험 치르기, 칭찬 받아들이기, 부모 되기, '아니오'라고 말하는 법 배우기, 두려움이나 걱정 극복하기.

행동하겠다고 결심하라

지금 당장 핵심부터 말을 하자면, 자신감은 행동을 하는 것이고 주도권을 쥐는 것이다. 자신감 있기 바라는 많은 사람들은 자기 삶이 달랐으면 한다. 상사가 더 도와주었으면 하고, 아내가 더 관심을 가져주기를 원한다. 시간이 더 많고 돈도 더 많기를 바란다. 옛날에 일을 달리 처리했더라면, 누가 자기에게 기회를 주었더라면 하고 바란다.

그러나 필요할 때마다 기댈 수 있는 램프의 요정 지니를 곁에 두고 있는 것도 아닌데, 바라는 것만으로는 일이 해결되지 않는다. 상사가 자발적으로 알아서 당신을 도와주지는 않을 것이다. 당신이 상사 눈에 띄게 일을 하든지, 아니면 더 자상하게 도와주는 상사를 찾아 직장을 옮겨야 한다. 시간이나 돈이 충분하지 않다면(그러나 요즘 같은 세상에 그런 사람이 어디 있겠는가?) 한가한 시간을 내고 여윳돈을 마련하는 것도 당신에게 달린 일이다. 그런 일은 당신이 만들어야지, 저절로 일어나지는 않는다. 제발 부탁건대, 바라기만 하지 마라! 과거에는 바라기만, 기다리기만, 소망만 했더라도 이제부터는 지금 이 순간을 붙들어라. 더 이상은 상황이 바뀌기만 기다리지 말고 자신에게 더 큰 자신감을 허락하여 직접 나가서 붙잡는 것이다.

당신도 틀림없이 역경을 극복한 사람들의 얘기를 들어보았을 것이다. 극도의 빈곤, 잔혹함, 학대, 신체적 불구, 심각한 질병으로 고통받는 사람도 어려움을 이겨내고 삶에 성공을 거두었다. 이들 역시 불행에 뒹굴면서 "우리 부모가 나를 제대로 돌봐주기만 했더라면", "내가 암에 걸리지만 않았더라면" 하고 불평만 하고 있을 수도 있었다. 그러나 그들은 그러지 않았다. 이들이 우리에게 던지는 메시지는 우리는 어떤 상황에 있더라도 원하는 것을 얻을 수 있다는 것이다. 몹시 열악한 가정환경에서 자랐어도 그 상황을 딛고 성공하는 사람이 많다. 당신도 삶을 개선하고 성장하기 원한다면 할 수 있다. 자신의 운명은 스스로 만들어가야 한다. 그러기 위해서 '행동하겠다고 결심하라.'

잠시 당신이 처해 있는 상황을 생각해 보라. 지금 당신을 제자리에 다시 끌어 앉히는 제약이 무엇인가? 시간이 없고, 집안에 어려운 문제가 있고, 상사가 인정머리가 없는 것? 어린 시절을 힘들게 보냈고, 필요한 자격을 갖추지 못했고, 가족이 지원을 해주지 않아서? 돈이 없고, 건강이 따라주지 않고, 몸매가 안 돼서? 그런 문제들을 도저히 넘을 수 없는 걸림돌로 볼 것이 아니라 자신감 넘치는 사람이 되기 위해 극복해야 할 도전으로 볼 수 있다. 그 방법은 이 책에서 알아낼 수 있다.

직접 해 볼 차례!

'지옥으로 가는 길은 선의로 포장되어 있다'는 말이 있다. 의도가 아무리 좋더라도 실제 행동으로 옮기지 않은 선의는 아무런 의미도 없다는 말이다. 우리는 생각을 행동으로 옮기지 못하는 일이 많지만 다행히도 심리학자들이 일치성(congruence)의 원리를 알아냈다. 우리가 어떤 일을 확약할 때(그 약속이 오직 우리 자신에게만 해당되더라도) 우리 자신을 거짓말쟁이로 만들고 싶지는 않으므로 약속한 것과 일치하게 행동할 확률이 높다는 것이다. 작은 일이라도 자신에게 확약한다면 의도를 행동으로 바꿀 확률을 더 높일 수 있다.

당신이 열심히 노력하여 실제로 자신감을 높이고 삶에서 더 많은 것을 성취하기 원한다면 이 계약서를 읽어보고 서명하라. 이것은 자신과의 약속이다. 이 계약서를 타이핑해서 인쇄를 해도 되고 손으로 직접 써도 좋다. 더 구체적으로 만들고 싶다면 말을 바꾸어도 좋다.

> 나 (   )는 이 책을 읽는 데 그치지 않고 종이와 펜을 들고 실제로 연습하고 실천할 것이다. 나는 더 자신감 있기를 바라고 더 많은 것을 이루기 원하므로 이 일을 할 것이다.
>
> 서명 _____

축하한다. 당신은 이제 자신을 위해 첫발을 내디뎠다. 시작이 어렵진 않았다, 그렇지 않은가?

모든 사람은 다 자기 운명의 건축가다.

— 속담

무섭다고 죽지는 않는다!

물론 당신이 두렵게 여기는 일에 정면으로 맞서자면 겁이 날 수 있다. 그러나 감정은 실제가 아니라는 것을 명심하라. 걱정이 크게 압도해 오면서 큰 고통을 일으킬 수 있지만 마음이 당신에게 장난질을 치는 것에 불과하다. 걱정이 들고, 불안하고, 무섭고, 슬프더라도 당신이 느끼는 감정이 당신을 죽이지는 않는다. 현대 세계에 사는 우리는 어찌 보면 행운아들이다. 우리를 무섭게 만드는 대부분의 것이 실제로는 전혀 치명적이지 않기 때문이다. 실제로 일어날 수 있는 최악의 경우라도 상상력이 보여주는 것보다 나쁘지는 않다.

직접 해 볼 차례!

당신이 겪은 일들을 돌아보라.

- 과거에 한 일 가운데 가장 무서웠던 일은 무엇인가?
- 결과는 어떻게 되었는가?

시험이나 중요한 약속, 회의가 다가오면서 정말로 심하게 걱정을 했을 수도 있다. 매우 중요한 일을 앞두고 점점 신경만 더 곤두설 뿐 도무지 잠을 이룰 수 없었던 밤도 있었다. 그렇지만 결과는 어떻게 되었는가? 아마 당신이 생각했던 것보다 훨씬 순조롭게 일이 풀렸을 것이다. 또한 당신이 지금 이 책을 읽고 있다는 사실은 당신이 그 경험을 말할 수 있도록 살아남았다는 의미 아닌가?

자신감 고리

우리는 자신감이 행동을 하는 것이고 주도권을 쥐는 것이라는 사실을 알았다. 그렇지만 정확히 무엇을 주도한다는 말인가? 정답은 당신이 하는 행동, 하는 생각, 느끼는 감정이다. 심리학자들은 예전부터 우리가 느끼는 감정, 하는 행동, 갖고 있는 생각이 하나의 연결된 고리로 돌아간다는 사실을 알았다. 어떤 사람이 혼자서 파티에 가야 할 일을 걱정하고 있다고 해보자. 이 사람은 걱정만 하다가 결국에는 파티에 가지 않고 집에 있었다. 그 결과 자기가 평생 외롭고 불행할 것이라는 생각을 하게 되었고, 다른 파티에 참석하는 일에 대해서도 훨씬 더 자신감이 없어졌다.

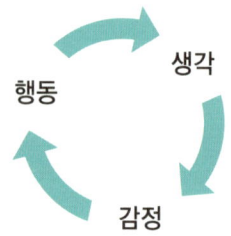

또 다른 경우로 어떤 사람이 스스로를 실패자라고 생각하고 있다고 해보자. 자기가 실패자라는 생각을 한 것으로 그 사람은 불행하다고 느꼈고 무슨 일을 하고자 하는 마음이 더 없어졌다. 결국 그 사람은 새로운 일을 할 에너지를 끌어모으지 못하고 자기가 실패자라는 사실만 스스로 증명하는 결과에 이르고 말았다. 감정에 끝내 지고 말도록 내버려 둔다면 더욱 두려움을 키우고 자신감을 더 없애는 것으로 자기 스스로 만든 악순환이 영원히 계속되게 만든다.

만약 생각을 달리 한다면 당신은 달리 느낄 것이고 다르게 행동할 것이다. 더 긍정적으로 생각한다면 행복해지고 자신감도 생긴다. 새로운 시도를 해야 한다는 필요성을 느끼고, 이어서 긍정적 사고와 감정을 키울 것이다. 그 결과 자신감이 커지고 이 고리는 악순환이 아닌 선순환을 이루면서 돌아갈 것이다.

좋은 소식은 우리가 이 세 단계 어디에나 개입하여 자신감을 키울 수 있다는 것이다. 예를 들어 '행동'부터 시작해보자. 만일 당신이 파티에 가서나, 직장에서 프레젠테이션을 하거나, 데이트를 청할 때 마치 이미 자신감 있는 사람처럼 행동한다면 스스로 자기는 자신감 있는 사람이라고 믿기(생각하기) 더 쉽다. 더 긍정적으로 생각하다 보면 더 느긋하고 자신감 있게 느끼게 되어 더 많은 일을 해낼 수 있다. 당신이 행동과 사고방식을 바꾸면서 이 책이 이끄는 대로 한 걸음 한 걸음 따라간다면 자신감도 따라 올라갈 것이다.

내 현재 상태 알아보기

어떻게 변화할 수 있을지 알아보기 전에 무엇부터 달라져야 하는지 먼저 살펴보도록 하자. 현재 당신의 자신감은 어느 정도의 수준인가?

아래 진술을 읽고 동의하는 정도에 따라 해당 점수에 표시하라. 당신 자신을 위한 것이니 질문에 정직하게 대답하라. 당신이 실제로 느끼는 것보다 더 높게 점수를 주더라도 속이는 사람은 오직 당신 자신뿐이다. 다음 기준에 따라 자가 자신감 척도 어디에 해당하는지 점수를 매겨라.

1	2	3	4	5
전혀 아니다	약간 아니다	보통이다	약간 그렇다	전적으로 그렇다

자가 자신감 측정 척도

진술	1	2	3	4	5
나는 어려운 문제가 생겨도 열심히 노력하면 언제나 해결할 수 있다.					
반대에 부딪혀도 내가 원하는 것을 이룰 방법을 찾아낼 수 있다.					
목표를 위해 끈기 있게 일하고 달성하는 일이 내게는 쉽다.					
나는 삶의 모든 영역에서 뜻밖의 상황을 만나도 해결할 수 있는 자원을 충분히 갖고 있다.					
예상치 못했던 사건이나 차질이 생겨도 효과적으로 다룰 자신이 있다.					
나는 보통 새로운 기회가 생기면 붙잡는다.					
사적인 문제나 직장에서 어려움에 처할 때 차분하게 대처할 수 있다.					
나는 닥치는 문제를 대부분 해결할 수 있다.					
나는 대부분 열정적이고 충족감을 느끼며 활기차게 생활한다.					
나는 내 앞길을 가로막는 것은 무엇이나 해결할 수 있다고 확신한다.					

결과 해석

위의 열 가지 항목의 점수를 모두 더하라. 총점은 10점에서 50점까지다. 이제 당신이 받은 점수가 어떤 의미인지 알아보자.

- 41~50점 : 당신은 어려움이 닥쳐도 극복할 수 있고, 역경에도

문제를 해결해 나가면서 성공할 능력이 자신에게 있음을 굳게 믿는 자신감 있는 사람이다. 높은 자신감을 유지하기 위해 이 책을 훑어보면서 필요한 '행동으로 옮겨라' 연습과 '자신감 쌓기 방법'을 선택해 실천하라.

- 31~40점 : 당신은 살면서 닥치는 대부분의 상황과 난관을 해결할 수 있는 능력을 스스로 갖고 있다고 믿는다. 대부분의 사람들처럼 당신도 다른 분야보다 특별히 더 자신감이 있는 특정한 분야가 있을 것이다. '행동으로 옮겨라' 연습을 하고, '자신감 쌓기 방법' 중에 어떤 방법이 당신의 자신감을 좀 더 올려줄 수 있을지 찾아보라.

- 21~30점 : 당신의 자신감은 이보다는 조금 더 높을 수도 있다. 아마 당신이 약간 불안한 상태거나 상황을 어떻게 다루어야 할지 확신하지 못하고 있는 것일 수 있다. 그러나 '자신감 쌓기 방법'과 '행동으로 옮겨라' 연습을 통해 일상생활에서뿐만이 아니라 평생의 자신감까지 높일 수 있다.

- 10~20점 : 당신은 자신감이 다소 부족한 것처럼 보이지만 자신감을 높일 수 있다. 사실 자신감이 낮을수록 발전 속도는 더 빠르다. 당신의 믿음과 삶을 보는 시각을 바꾸기 위해 2장에 있는 '자신감 쌓기 방법'으로 시작하라. 그러나 한꺼번에 너무 많은 것을 하려고 해선 안 된다. 한 가지 방법에 익숙해져 생활에 통합해 넣은 후에 다음 단계로 나아가야 한다.

현재 점수를 적어두어라. 이 책 여백에다 오늘 날짜와 함께 메모를 해두어도 좋다. 오늘 점수와는 상관없이 당신은 이 책에 있는 도구를 이용하면서 자신감이 점점 자라는 것을 볼 수 있을 것이다. 6개월 후에 이 자가 검사를 다시 해보아라. 점수가 훨씬 더 높아진 것을 확인할 수 있을 것이다.

자신감 있는 삶의 8개 영역

우리 대부분은 자기가 어떻게 살고 있는지, 삶에서 무엇을 얻기 원하는지 스스로에게 물을 기회도 없이 정신없이 살아간다. 지금이 그런 질문을 던질 기회다.

당신의 현재 자신감 수준은 앞에서 알아보았다. 또한 당신이 더 자신감을 갖고 싶은 상황도 생각해 보았다. 그러나 우리는 구체적이지 못한 상황에서도 자신감이 필요하다. 다음 연습으로 알아보고자 하는 것도 그것이다.

자신감 있는 삶의 8개 영역을 살펴보고 자신감 수준을 1점에서 10점까지 점수 매겨라. 10점은 자신감이 매우 높은 수준이다. 당신은 이 영역에 전적으로 만족할 뿐만 아니라 다른 사람들도 당신이 성취한 것에 놀라워할 것이다. 1점은 자신감이 매우 낮은 상태로 이 영역에서 일어나는 일을 당장 바꾸기 바란다.

이 책에 있는 다른 연습도 모두 마찬가지지만 이 검사 결과도 오직 당신 혼자만을 위한 것이다. 아무도 보지 않을 것이므로 당신의 삶을 정직하게 평가하도록 하라. 각 영역에 얼마나 만족하는지 각 칸에 O표시를 하라.

자신감 있는 삶의 8개 영역 점수 매기기

	1	2	3	4	5	6	7	8	9	10
신체적 생활										
친밀한 관계										
가정생활										
사회생활										
직장생활										
경제생활										
삶의 목적의식										
여가생활										

자신감 있는 삶의 8개 영역은 다음과 같다.

- **신체적 생활.** 당신은 신체적 건강, 몸매, 다이어트, 활력 있는 생활에 얼마나 자신 있는가? 건강을 염려하는가, 아니면 언제나 힘이 넘치고 건강하다고 느끼는가? 몸 여기저기가 쑤시고 아프고 기침을 하고 감기에 잘 걸리는가? 10점은 아침에 일어날 때 무한한 에너지로 침대를 박차고 나오는 사람이다. 낮 동안 내내 일하고 밤이 되어 잠자리에 들기 전까지도 일을 더 할 수 있는 에너지가 있어 자신감 넘친다.

- **친밀한 관계.** 배우자나 다른 의미 있는 사람과의 관계에는 얼마나 자신 있는가? 현재 배우자나 연인을 생각해 보라. 당신의 동반자는

당신을 지지하고, 웃게 만들고, 사랑받고 있다고 느끼게 해주는가? 기쁨과 행복을 주는가? 당신이 관계에 마음 깊이 만족한다면 자신감이 높을 것이다. 동반자가 없더라도 당신이 독신 생활에 전적으로 행복하다고 여긴다면 이 영역에 점수를 높게 줄 수 있다. 낮은 점수는 당신이 지금보다 훨씬 더 행복해질 수 있다는 의미다. 당신이 현재 관계의 질을 더 높이길 원하고 누군가와 함께 하길 바라기 때문이다.

- **가정생활.** 부모, 형제, 자녀, 그리고 더 넓은 가족과 친척 관계를 생각해 보라. 당신은 가족에게서 아낌없는 사랑과 지지를 받는다고 느끼는가? 가족과 함께 있을 때 꾸미지 않은 당신 모습 그대로도 좋은지 생각해 보라. 가족을 대하고 필요한 일을 부탁할 때 전반적으로 얼마나 자신이 있는가?

- **사회생활.** 사회생활에는 얼마나 자신감 있는가? 친구들을 만나고 싶을 때마다 만나는가? 친구들이 자주 연락해 오는가? 새로운 사람을 만나고 새로운 친구를 만드는 데에도 자신이 있는가? 높은 점수는 당신의 사회적 삶이 당신의 기대를 넘는다는 의미이며 낮은 점수는 당신이 친구들과의 관계에서 더 자신감 있기 원한다는 의미이다.

- **직장생활.** 직장에서는 얼마나 자신감 있게 생활하는지 생각해 보라. 당신은 일에 얼마만큼 충족감을 느끼고 만족하는가? 당신이 하는 일이 당신이 원하는 모습으로 살게 해준다고 느끼는가? 높은 점수는 당신이 하는 일의 성격과 전망, 그리고 일로 맺고 있는 관계에

도 만족한다는 의미다. 그러나 당신이 오로지 봉급을 받기 위해서 일한다면 이 영역의 점수는 낮을 것이다.

- **경제생활.** 경제적 능력에는 얼마나 자신 있는지 생각해 보라. 당신 자신과 사랑하는 사람을 잘 부양할 수 있다고 얼마나 자신하는가? 당신은 가족의 생활비를 충당할 수 있고 저축도 할 수 있는가? 우리 대부분은 돈이 조금만 더 많아도 사는 것이 훨씬 더 수월할 것이라고 여기지만 이 영역의 점수가 오로지 돈이 얼마나 많은지로 결정되는 것은 아니다. 어떤 사람들은 돈을 많이 벌어도 돈이 더 많아야 한다고 걱정한다. 또 어떤 사람은 돈을 얼마 벌지 못해도 가진 것만으로도 만족하며 산다. 당신은 경제 능력에 얼마나 자신감이 있고 지금 가진 것에 얼마나 안정감을 느끼는가?

- **삶의 목적의식.** 자신감 있는 사람은 삶에 목적의식과 의미를 갖고 있다. 이 세상에 사는 동안 자기가 다해야 할 의무가 있다고 확신하고, 그 일을 위해 자기 시간과 에너지와 자원을 아무 보상도 바라지 않고 기꺼이 내놓는다. 삶의 목적의식이 없는 사람은 자신감과 확실성을 갖지 못한 채 하루하루 되는 대로 살아간다. 이 영역에 점수가 높은 사람은 지역사회 단체, 자선사업, 믿음과 종교, 사회와 환경 등 대의를 위한 일에 참여한다. 당신은 어떤 방식으로 사회에 공헌하는가? 의미 있는 삶을 산다고 얼마나 자신하는가?

- **여가생활.** 삶의 모든 것이 대의를 위한 것이거나 다른 사람을 위해 봉사하기 위한 것은 아니다. 우리 자신을 위한 시간도 내어 즐거움

을 누리고 창의적인 활동을 해야 한다. 어떤 사람들은 삶을 힘든 노동처럼 느낀다. 아무리 열심히 해치워도 절대로 줄어들지 않는 따분한 일 같다고 생각한다. 그럴수록 즐거운 활동을 해야 에너지를 재충전할 수 있고 삶에 대한 균형감 있는 시각을 유지할 수 있다. 당신은 즐거운 취미 활동이나 신나는 활동을 얼마나 하고 있는가?

당신에게 중요한 삶의 영역을 더 적어보도록 앞의 표에서 아래 두 칸을 빈칸으로 남겨 두었다. 자기가 노력한 일에 대해 인정받기를 열망하는 사람도 있을 테고, 종교가 생활의 큰 부분을 차지하는 사람도 있을 것이다. 우리는 모두 각자 독특하고, 삶에서 만족하고 충족감을 느끼기 위해 관심을 기울여야 할 자신만의 영역을 갖고 있다. 따라서 책을 더 읽기 전에 당신의 삶에서 진정으로 의미 있고 중요한 것이 무엇인지 찾아내어 앞의 표에 적어보라.

당신 삶의 8개 영역에 점수를 매기고 나면 당신 자신의 등을 토닥여 주어라. 자기 삶이 약간 만족스럽지 못하거나 심각하게 불행하다고 느끼면서도 아무런 조치도 취하지 않는 사람이 매우 많다. 그러나 당신은 아니다. 삶의 여러 영역에 얼마나 자신감을 갖고 있는지 점수를 매기는 것으로 당신은 이미 굳은 결심을 했고, 자신을 위해 진지한 노력을 기울이기 시작했으며, 미래의 삶을 바꿀 좋은 기회를 잡은 것이다.

일단 점수를 매겼으면 각 영역마다 왜 그런 점수를 주었는지 생각해 보라. 삶의 각 영역을 잠깐 돌아보는 시간을 갖고 무슨 일이 일어나고 있는지 적어라. 다음 질문을 통해 생각을 불러일으킬 수 있을 것이다.

- 현재 일어나고 있는 일 중에 좋은 일은 무엇인가?
- 나쁜 일은 무엇이며 어떤 변화가 가능할까?
- 어떤 새로운 일을 만들기 원하는가?

다른 사람도 할 수 있다면…

엘리슨은 서른한 살이고 보험회사에서 감독으로 일한다. 직장에서 긴 시간 일하고 나면 언제나 진이 빠지는 기분이다. 잠자리에서 일어나 제일 먼저 하는 생각은 일에 대한 걱정이고 퇴근해서 집으로 돌아가면서도 일 생각이 머리에서 빙빙 돈다. 엘리슨은 삶이 자기 뜻대로 되어가고 있지 않다고 느끼면서 삶의 8개 영역을 돌아보았다. 직장생활과 경제생활에는 높은 점수를 주었고 다른 영역에도 얼마간 만족했다. 하지만 친밀한 관계와 삶의 목적의식에는 10점 만점에서 3점밖에 주지 못했다. 엘리슨은 삶의 8개 영역에 대한 생각을 적었다. 아래는 가장 점수가 낮은 2개 영역에 관한 것이다.

- **친밀한 관계:** 친구는 많지만 사귀는 사람은 없다. 독신 여자 친구가 많아서 연인이 절실하게 필요하지는 않다. 그러나 가끔씩은 외롭다. 직장에서는 몹시 바쁘다. 내가 일을 핑계 삼아 사람을 만나지 않고 있는가? 인터넷 데이팅 서비스를 이용하는 친구도 있지만 나는 그런 일은 남부끄러운 일이라 생각한다. 내가 그렇게 필사적으로 연인을 구하고 있다는 인상을 주고 싶지 않다. 최근 몇년 동안 별다른 일 없이 내내 똑같은 생활이었다. 이 영역에 3점을 주었다는 사실은 내가 자신에게 털어놓은 것보다 이 영역을 중요하게 여긴다는 의미일 것이다.
- **삶의 목적의식:** 내 삶의 목적은 무엇인가? 나는 자선사업에 참여

하는 것이 좋다. 텔레비전에서 어린이 자선 사업 광고가 나오는 것을 볼 때마다 나도 그 일에 참여하고 싶다는 생각이 든다. 그러나 낮에 바삐 일을 하다 보면 금방 현실에 잠식당하고 만다. 삶의 마지막에 이르러서도 사무실에서 시간을 더 보내기 바랄 사람은 없다는 것을 나도 안다. 나는 진정으로 무엇을 하고 싶은가? 나도 모르겠다. 나는 시간이 없고, 아니 더 정확하게는 시간을 만들어 본 적이 없다. 그러나 이제부터라도 시간을 좀 만들어봐야 할 것 같다.

엘리슨은 자기 삶의 여러 영역을 돌아보는 데 시간을 투자하면서 중요한 두 영역에 관해 생각해 보았다. 나중에 토요일 하루 날을 잡아 이 연습과 활동을 더 해보기로 작정했다.

삶의 여러 영역에 관해 생각해 보면서 길든 짧든 글로 적어보자. 몇 가지 중요 항목만 적어도 충분하다고 느끼는 사람도 있고, 특정 영역에 대해서는 몇 단락, 또 어떤 영역에는 몇 페이지를 할애하고 싶을 수도 있다. 각자 자기에게 적당한 방식으로 적으면 된다.

이 연습은 일단 여기서 마치지만, 4장에서 새롭고 더 자신감 있는 삶에 대한 비전을 세울 때 다시 이 부분으로 돌아올 것이다.

성공할 준비 갖추기

쓰면서 자랑스럽게 여길 고급 노트나 일기장, 수첩을 준비하라. 이 책에 있는 연습을 해나가면서 당신 생각을 적어 진행 상황을 추적할 수 있다. 생각을 한 곳에 정리해 두면 나중에도 쉽게 참고할 수 있고, 노트를 살펴보면 자신이 얼마나 발전했는지 한눈에 볼 수 있다.

자신감의 원천 이해하기

자신감이 없는 이유는 어린 시절을 불행하게 보내서, 유전자가 나빠서, 나이가 많아서, 상황이 안 좋아서 등등 여러 가지다. 그러나 과거에 겪은 일과 상관없이 지금 당신에게 일어나는 일은 당신의 미래에 영향을 미친다. 자신감을 쌓는 일은 퍼즐 조각을 맞추는 것과도 같다. 아래는 이 책 제1부에서 맞추어야 할 퍼즐 조각 6개다.

- **마음가짐과 믿음.** 자신감 있는 사람은 긍정적인 믿음을 갖고 어떤 상황에서도 희망을 잃지 않는다. 그러나 많은 사람들이 실수한 일이나 실패한 일로 자신을 몰아세우면서 걱정과 두려움에 무너지고 만다. 다행히도 심리학자들이 우리의 사고방식을 바꿀 방법을 찾아냈다. 당신은 긍정적이고 건설적인 믿음과 강한 자신감을 갖도록 마음을 훈련할 수 있다. 그 방법은 2장에서 다룰 것이다.

- **행동.** 행동, 생각, 감정의 고리(28페이지 참고)가 전하는 메시지는 우리가 자신 있게 행동한다면 자신에 대해 더 당당하게 생각하고 느낄 수 있다는 것이다. 더 자신감 있어 보일 뿐만 아니라 더 자신감 있게 느낄 수 있도록 행동하는 방법은 3장에서 이야기할 것이다.

- **목표.** 자신감 있는 사람은 목표를 갖고 있다. 이런 사람은 삶에서 얻고자 하는 것이 무엇인지 뚜렷이 알고, 언제 열심히 일하고 언제 에너지를 충전해야 할지 안다. 목표가 없는 사람은 삶을 되는 대로 사는 경향이 있고 상황이 자신감을 꺾어 놓도록 내버려 둔다. 목표를 찾아내는 방법은 4장에서 알아볼 것이다.

- **자원.** 자신감 있는 사람은 자신감을 계발하고 유지하기 위해 온갖 종류의 자원을 끌어 모은다. 다른 사람과 환경에서, 그리고 기분을 밝게 해주는 자기만의 의식(儀式)에서 자원을 얻는다. 5장에서는 자원을 최대로 끌어내는 방법을 알아보자.

- **회복력.** 자신감 있는 사람은 좌절하고 실패해도, 역경에 부딪히고 비난당해도 금방 딛고 일어선다. 당신에게 일어나는 모든 일을 통제할 수는 없더라도 당신이 어떻게 반응할지는 선택할 수 있다. 6장에서는 좌절에서 빠르게 회복할 수 있는 방법을 소개할 것이다.

- **끈기 있게 나아갈 방법.** 자신감을 기르는 일은 마라톤이지, 단거리 경주가 아니다. 7장에서는 발전 상황을 점검하고 언제나 의욕적으로 자신감을 평생의 습관으로 만들 방법을 알아본다.

이중에서 가장 관심이 가는 장으로 바로 넘어가도 상관없다. 당신이 지금 당장 자신감 있게 행동해야 한다면 3장으로 가라. 갖고 있는 자원을 활용하는 법을 알아보고 싶다면 5장이 적당하다. 그렇지 않고 내가 당신을 개인적으로 코칭하고 있는 것처럼 나와 함께 차분히 전

과정을 밟아 나가기 원한다면 앞에서부터 순서대로 해나가면 된다. 어쨌든 2장으로 가기 전에 1장을 마친 것을 축하한다. 당신은 새로운 당신으로 가는 여정에 본격적으로 올라섰다.

앞으로 또 위로!

- 자신감이란 당장은 어렵게 느껴지더라도 행동하는 능력이라는 사실을 기억하라. 좀 두렵고 걱정이 되더라도 다음번에는 훨씬 더 쉬워질 것을 알고 있으므로 행동을 하겠다고 마음먹는 것이다.
- 자신감은 누구라도 키울 수 있는 자질이다. 어린 시절이 행복했든 불행했든, 교육을 많이 받았든 못 받았든 상관없다. 현재 어떤 제약이 당신의 발목을 붙들든 더 나은 삶과 자신감을 얻기 위한 실제적인 걸음을 내딛겠다고 결심할 수 있다.
- 걱정되고 불안하고 무섭고 슬프고 겁이 나는 감정을 느낀다고 해서 죽지는 않는다. 자신감이 빠져나가고 있다는 기분이 들더라도 그 감정은 단지 마음이 당신에게 장난질을 치고 있는 것임을 기억하라.
- 행동, 생각, 감정의 고리를 기억하라. 자신감 있게 행동하고 생각한다면 당신은 더 자신감 있게 느낄 것이다.

당신은 현재 단지 특정한 상황에서만 자신감이 없을 수도 있고, 삶 전반에 걸쳐 자신감이 없을 수도 있다. 그러나 당신이 지금 어떤 상황에 있는지는 상관없다. 지금 어디에 있는지 자각하는 것으로 당신이 가고 싶은 곳으로 갈 수 있다.

Chapter 02

확고한 믿음 쌓기

정복할 수 있다고 믿는 사람만이 정복한다.

— 존 드라이든(John Dryden), 시인

이번 장에서 배울 것

- 내 믿음은 내가 느끼고 행동하는 방식에 크게 영향을 받는다. 하지만 그 믿음이 언제나 일어나는 사실을 정확하게 반영한 것은 아니다.

- 믿음과 태도가 영원히 바뀌지 않는 것은 아니다. 내가 내 믿음과 태도를 바꾸기로 선택할 수 있다.

- 쓸모없는 믿음을 유익한 믿음으로 바꿀 수 있는 확실한 방법을 찾아낸다.

- 내가 내 자신에게 하는 혼잣말이나 머릿속을 오가는 이미지를 바꾸어 의욕을 고취하고 자신감 있게 느끼는 법을 배운다.

- 낙천성을 기를 수 있는, 간단하지만 확실한 방법을 찾아낸다.

자신감은 마인드 게임이다. 자신감은 키가 큰지 작은지, 남자인지 여자인지, 나이가 많은지 적은지, 그 외의 다른 신체적 특징에서 오는 것이 아니다. 자신감 있는 사람은 자신을 믿는다. 자신을 믿기 때문에 성공한다. 잠시 자신에게 진정으로 자신을 믿는지 물어보라. 당신은 보통 자기 자신에게 어떤 메시지를 던지는가? 당신 자신이 강하고, 재능 있고, 자신감 있다고 자신에게 말하는가? 아니면 당신의 실수, 약점, 실패를 매몰차게 나무라는가?

당신의 현재 마음이 어떻든 당신은 자신과 세상을 보는 방식을 의식적으로 바꾸어 빠르게 자신감을 높일 수 있다. 더 긍정적인 사고방식으로 바꾸고 더 낙천적이고 건설적으로 사고할 수 있는 방법이 있다. 우리는 자전거 타는 법이나 테니스 치는 법을 배울 수 있는 것과 마찬가지로 자신감 있게 생각하는 법도 배울 수 있다.

생각이 중요하다

당신이 갖고 있는 믿음과 생각이 당신을 강인하고 꿈에 부푼 사람으로도, 불안하고 불행한 사람으로도 만든다. 이런 믿음 가운데는 당신 마음에 오랫동안 깊숙이 자리 잡고 있는 것도 있고 자신감에 덜 손상을 입히는 순간적인 메시지도 있다. 당신 자신에게 '모든 사람이 나를 비웃을 거야', '나는 실패할 거야'라고 말한다면 자신감은 시들 것이다.

> 당신이 할 수 있다고 생각한다면 그 생각은 옳다.
> 할 수 없다고 생각한다면 그 생각도 옳다.
> — 헨리 포드(Henry Ford), 포드자동차 창립자

1장에서 본 행동, 생각, 감정의 고리를 잊지 말자. 당신이 더 많은 것을 성취할 능력이 있다고 생각한다면 당신은 긍정적인 기분으로 생활하면서 더 많은 일을 해낼 수 있다. 당신이 스스로를 실패자라고 생각한다면 의기소침해지고 틀림없이 실패자가 되도록 자신을 부추길 것이다. 당신이 생각하는 것이 바로 당신이다. 수십 년 동안의 연구 결과가 그 원리를 뒷받침한다.

위약 효과(placebo effect)에 관해 들어보았다면 당신도 믿음 하나만으로 병든 몸도 치유할 수 있다는 사실을 알 것이다. 의사는 약성분이 전혀 없는 가짜 약을 주어 협심증과 천식에서부터 두통과 장 궤양까지 치료한다. 환자는 빈 캡슐이나 설탕 알을 삼켰지만 이 약을 먹고 나을 것이라는 믿음이 실제로 신체의 생리 변화를 일으킨다.

믿음은 실제가 아니다

당신은 당신이 갖고 있는 믿음, 태도, 사고방식을 갖고 태어나지 않았다. 당신의 믿음은 주변에서 일어나는 일뿐만이 아니라 당신이 믿겠다고 선택하는 것으로 영향받는다.

정확히 똑같은 사건을 경험하더라도 개개인이 갖게 되는 믿음은 각자 서로 다르다. 설령 상황이 같더라도 각자 생각은 전혀 다른 방향으로 갈 수 있다.

여섯 사람이 면접시험을 보러 가는 상황을 생각해 보자. 모두들 회사의 상무이사가 묻는 질문에 답변해야 했지만, 안타깝게도 면접관은 면접시험을 보는 동안 내내 차갑고 불친절하게 대했다. 며칠 후에 응시자 전원이 '만나서 반가웠지만 안타깝게도 불합격입니다'라는 편지를 받았다. 지원자마다 자기가 합격하지 못한 이유를 설명하는 방식은 각자 다를 것이다. 행동, 생각, 감정의 고리로 인해 그들이 거부당한 경험을 어떻게 생각하는지는 그들의 감정에 영향을 미칠 것이다. 여섯 사람이 생각하고 느낀 여섯 가지 방식을 살펴보자.

- 1번 면접자 생각 : '나는 면접시험에 형편없어. 이 면접시험에 응시하지 말았어야 했다고.' 이 사람은 우울해진다.
- 2번 면접자 생각 : '상무이사라는 사람이 무례하기 짝이 없군. 이런 회사에서는 일하고 싶은 마음도 없어.' 이 사람은 안도한다.
- 3번 면접자 생각 : '내 면접시험 능력을 연습할 좋은 기회였어. 합격할 때까지 매번 내 능력은 향상될 거라고.' 이 사람은 행복하다.
- 4번 면접자 생각 : '면접관이 나를 싫어한 것이 틀림없어.' 이 사람은 자신이 수치스럽다.
- 5번 면접자 생각 : '경험이 더 많은 응시자가 있었던 것이 틀림없어.' 이 사람은 약간 실망한다.
- 6번 면접자 생각 : '상무이사가 편지에다 나를 만나서 반가웠다고 썼어.' 이 사람은 낙관적이고 다음 면접에서는 꼭 합격할 것이라고 확신한다.

여섯 사람이 똑같은 한 가지 사건을 경험했다. 그러나 사람마다 상황을 다른 방식으로 해석한 것이 여러 가지 다른 감정에 이르게 했다. 이런 정서의 일부는 자신감을 해치고, 일부는 자신감에 별 영향력을 끼치지 않지만, 또 어떤 정서는 자신감을 높인다.

당신이 알아야 할 것은 당신이 믿고 있는 것이 실제가 아닐지 모른다는 사실이다. 그렇다, 우리가 느끼는 것은 진짜지만 그것은 단지 우리의 해석일 뿐이다. 실제로 일어나고 있는 일에 대한 한 가지 시각에 지나지 않는다. 설령 당신이 당신 자신과 능력에 관해 굳은 믿음을 갖고 있다고 하더라도 당신의 믿음은 세상이 그런 식으로 돌아가서가 아니라 당신이 생각하는 방식으로 인해 생겼다.

내면의 소리

> 당신의 능력을 의심할 때 당신은 당신의 의심에 힘을 실어준다.
> ― 미상

당신 집을 방문한 손님이 계속해서 당신을 형편없고 멍청한 사람이라고 비난한다고 해보자. 아침에 일어나자마자 당신에게 매력 있는 이성에게 데이트를 신청하거나, 봉급 인상을 요구하거나, 더 좋은 직장을 구하는 일과 같은 새로운 일을 시작하는 것이 어리석다고 말한다. 하루 종일 수십 번이나 당신의 잘못을 지적하여 기분을 상하게 만든다. 거기다 잠자리에 들기 전에 당신이 오늘 저지른 실수를 모두 들려주어 당신의 잘못을 재차 상기시킨다.

이런 일을 당한다면 기분이 어떻겠는가? 물론 그런 사람과 함께 살아야 한다면 신경이 곤두서는 것이 문제가 아니라 삶 자체가 힘들어질 것이다. 그러나 우리 중 많은 사람이 하고 있는 일이 바로 그런 것이다. 우리를 비난하고 기분 상하게 하는 손님을 집이 아니라 머릿속에 두고 산다.

우리는 모두 내면의 소리를 갖고 있다. 바로 혼잣말이다. 아마도 이 문장을 읽으면서도 당신은 혼자 하는 소리를 듣고 있을 것이다. 당신 내면의 소리에 인사를 건네 보라. "안녕!"

내면의 소리는 1인칭으로 말을 하거나('아, 정말 지루해'), 2인칭으로 말을 한다('너, 휴가 가기 전에 화분에 물 주는 것 잊지 마'). 아니면 그 둘 사이를 왔다 갔다 한다. 그 소리가 당신이 하고 있는 일, 한 일, 해야 할 일을 놓고 중계방송을 한다. '일기 예보에서 오늘 비가 내린다고 했어. 나 갈 때 우산을 갖고 나가야 해', '주말 전에 제니 생일날 줄 생일 카드 사는 걸 잊으면 안 돼'와 같은 말로 해야 할 일을 상기시킨다. 그러나 당신 역시도 대다수 보통 사람과 다르지 않다면 내면의 목소리가 긍정적인 말보다는 부정적인 말을 하는 소리를 더 자주 들을 것이다. 그 목소리는 '그 일은 정말 끔찍할 거야', '모든 사람이 나를 보고 있어', '그 일에 실패할 것이 분명하고 모두가 나를 바보라고 생각할 거야. 차라리 하지 않는 것이 나아'와 같이 말하면서 내면의 비난자로 행동하는 일이 더 많다.

전문가는 우리가 이런 내면의 대화를 1분에 150~300단어를 하는 것으로 추정한다. 상상할 수 있듯 우리는 날마다 수많은 내면의 메시지를 듣는다. 자연히 내면의 비난자는 우리가 경험한 일에서 인상적인 일을 골라내어 믿음을 형성하고 세상을 보는 방식에 영향한다. 다른 사람이 비난하는 것보다 내면의 비난자가 훨씬 더 매섭게 우리를 판단하고 비난한다. 당신의 자신감이 높지 않다면 내면의 비난자가 당신의 생각을 깎아내리고 당신이 실수한 일을 거칠게 비난할 것이다. 내면의 비난자를 쫓아버리고 대신 내면의 코치를 불러들이자.

머릿속으로 들어가 보기

짐작건대 당신은 당신 자신이 어떤 식으로 생각하는지 별로 생각해 보지 않았을 것이다. 아마도 그저 생각이 나는 대로 생각을 하고 있을 것이다. 생각은 자동적으로 그냥 일어난다. 그러나 그것은 위험한 일이다. 불러내지 않아도 잠재의식 속에서 부정적인 생각이 의식으로 튀어나올 수 있기 때문이다. 당신이 자신에게 실패자라거나 멍청하다거나, 자신을 비난하는 말을 하면 할수록 당신에 대한 부정적인 믿음은 더 강해진다. 행동, 생각, 감정의 고리로 인해 당신이 자신을 멍청이라거나 바보, 실패자라고 생각할 때 당신은 그 말이 옳다는 것을 입증하는 방식으로 느끼고 행동할 것이기 때문이다.

심리학자들은 요청하지 않아도 우리 머릿속으로 튀어나오는 비난을 '자동적 부정적 사고(automatic negative thought)', 또는 단어 첫 자를 따서 '개미(ANT)'라고 부른다. 개미 생각은 여러 가지 형태를 띨 수 있는데 여기 그 몇 가지 예가 있다.

- 나는 할 수 없어 – 나는 머리가 나빠서 성공하지 못할 거야.

- 사람들은 나를 좋아하지 않아.

- 나는 절대 변하지 않을 거야 – 나는 너무 나이가 많고 내 방식에 굳어 있어.

- 내가 이 일에 실패하면 모든 사람이 나를 비웃을 거야.

- 이 일은 내게 너무 어려워.

너 나 할 것 없이 모두가 가끔씩은 이런 개미의 포로가 된다. 심지어는 올림픽에서 메달을 딴 선수들과 스타 운동선수들도 의구심을 갖고 걱정한다. 세계 최강의 테니스, 골프, 수영 선수들은 신체적 역량을 높여야 하는 것과 동시에 자기 내면의 대화도 그만큼 긍정적이어야 한다는 것을 안다.

이제부터 이야기할 것이 그것이다. 지난 40년 동안의 연구와 실행의 결과도 우리가 의식적으로 생각을 감시하여 작은 악귀인 개미를 머릿속에서 퇴치해야 한다고 말한다.

성공할 준비 갖추기

당신의 믿음은 어린 시절 부모의 양육 방식, 종교, 문화, 개인적 상황 등에 영향을 받으며 오랜 세월에 걸쳐 형성되었다. 그러나 무엇이 우리 믿음을 만들었건 상관없다. 반가운 말 아닌가? 21세기 심리학은 우리에게 과거를 파헤치고 불행한 기억에 질질 끌려 다니거나 오래된 감정을 다시금 되새길 필요가 없다고 말한다. 과거에 일어났던 일은 과거 일이다. 더 행복하고 더 자신감 있기 위해서는 현재에 살아야 하고 지금 당신을 괴롭히는 생각을 없애야 한다.

우리 세대의 가장 위대한 발견은
우리가 마음가짐을 바꾸면 삶을 바꿀 수 있다는 것이다.

— 윌리엄 제임스(William James), 철학자

내면의 코치 응원하기

내면의 비난자는 아주 골칫덩이다. 새로운 도전을 시작하려고 하면 '이 일은 끔찍하게 잘못되고 말 거야', '이렇게 나를 전부 드러내는 일은 정말 바보 같은 짓이야', '후회하고 말 거야' 하고 속삭인다. 그러나 그런 생각을 없앨 수 있다.

첫 번째 자신감 쌓기 방법은 당신의 내면의 코치를 불러내는 것이다. 아마 당신은 발표준비를 하고 있거나, 어려운 문제로 씨름하고 있거나, 운동 시간을 10분 더 늘리고 싶을 것이다. 당신은 '개미' 생각을 물리치고 자기 역량을 확언하는 생각(capability affirming thought)으로 무장할 수 있다. 이 말의 앞 글자를 따면 'CAT', 고양이다(개미의 천적 '개미핥기'면 좋겠지만 고양이라서 유감이다. CAT이란 용어는 뒤에서도 더 이어지므로 '개미 생각'의 반대되는 의미로 '고양이 생각'이란 말을 쓰겠다 – 옮긴이).

자신감 쌓기 방법: 내 도도한 고양이 만들기

고양이 생각은 자기 역량을 확언하는 생각이다. 이런 생각은 긍정적 확언이라고도, 유용한 혼잣말이라고도 한다. 자신감이 줄고 위협받을 때 당신 자신에게 해줄 수 있는 건설적인 말들을 적어 보라. 상황마다 적절한 여러 가지 다른 고양이 생각을 적어라. 청중 앞에 서서 연설을 해야 하는 중요한 행사를 앞두고 자신에게 해줄 말은 운동 시간을 10분 늘리도록 독려하거나 직장에서 어려운 일로 힘들 때 자신을 격려하기 위한 말과는 다를 것이다. 당신의 코치가 바로 옆에 서서 당신을 응원하고, 끈기 있게 계속하도록 동기를 부여하고, 최선을 다하도록 용기를 북돋아주고 있다고 상상하라. 아래는 고양이 생각의 예다.

- 자, 할 수 있어!
- 나는 이 일을 꼭 해내고 말 거야.
- 웃음을 잃지 마.
- 나는 사람들이 생각하는 것보다 훨씬 더 강해.
- 이 일을 끝냈을 때 얼마나 보람 있을지 생각해 봐.
- 자신감을 잃지 말자고.
- 전에도 어려운 일을 이겨냈잖아, 이번에도 할 수 있어!

당신의 고양이 생각을 외워두거나 언제나 손에 들고 볼 수 있도록 카드에 적어두어라. 용기를 북돋아야 할 일이 있을 때마다 자신에게 그 생각을 되뇌어라. 자기 역량을 확신하면서 그 말을 입 밖으로 소리 내어라. 아니면 당신도 엿들을 수 있도록 머릿속에서 조용히 그 말을 되뇌어라.

고양이 생각이 효과가 있다는 확신이 필요한가? 심리학자 마이클 마호니(Michael Mahoney)는 펜실베이니아 주립 대학에 있을 때 미국 올림픽 대표 팀에 선발되길 원하는 체조선수들을 연구했다. 그는 체조선수들에게 대회 중에 무슨 생각을 했는지 물었고, 올림픽 대표 팀에

선발될 기량을 지닌 가장 성공적인 선수들도 덜 성공적인 선수들과 마찬가지로 의심과 걱정이 많았다는 것을 알았다. 그러나 성공한 선수들은 긍정적인 혼잣말로 끊임없이 자신을 격려했다. 당신 자신에게 할 수 있다고 말하고, 당신이 옳았다는 것을 입증해 보일 길을 가라.

나는 컴퓨터 작업을 해야 할 때, 너무 많은 일로 부담감이 심할 때, 보고서를 써야 할 때, 고객에게 청구서를 보내야 할 때, 감당할 수 있는 정도보다 일이 더 많을 때 고양이 생각을 이용한다. 최상의 효과를 내기 위해서는 당신이 처해 있는 상황에 의미 있는 고양이 생각을 선택해야 한다. 칵테일파티에서 우아한 손님이 되길 원할 때 자신에게 해야 할 말은 직장에서 어려운 일을 해결해야 할 때 하는 말과는 다를 것이다.

다른 사람도 할 수 있다면…

닉은 38세이고 인사과 과장으로 일한다. 닉은 언제나 자기 강점이 숫자보다는 대인 관계 능력이라고 생각했다. 그러나 상사가 직원들의 결근과 근속 자료에 관한 심층 분석을 하라고 지시했다. 그 요구를 거절한다면 경력에 치명타를 입을 터였으므로 자기는 숫자에 약하다는 믿음에도 그 일을 해야 했다. 닉은 그 일을 하는 동안 반복해서 자기에게 들려줄 몇 가지 자기 역량을 확언하는 생각을 적었다. 일을 시작하기에 앞서 가장 적당한 고양이 생각 4가지를 정했다.

- 나는 할 수 있어.
- 내가 하겠다고 마음을 정한 일이면 나는 어떤 일도 할 수 있어.
- 나는 내가 생각하는 것보다 훨씬 능력 있는 사람이야.

- 계속 일에 집중해.

　일을 하면서 그는 자신에게 그 말을 반복해 되뇌었다. 속으로 조용히 말을 하기도 했고, 아무도 듣는 사람이 없으면 큰 소리로 말을 하기도 했다. 그 결과 분석 작업을 해야 한다는 생각에서 느끼던 불안감을 누그러뜨릴 수 있었다. 게다가 예상했던 것보다 훨씬 더 빨리 일에 진척이 있었다. 그는 직장에서 어떤 일을 맡기더라도 훌륭히 해낼 수 있다고 느끼게 되었다. 끔찍하게만 여기던 숫자에도 자신이 생겼다.

직접 해 볼 차례!

당신이 더 자신감 있게 느끼고 싶은 상황이 다가오고 있는가? 직장 일이나 다른 일이 될 수도 있고, 당신 혼자 해야 할 상황이거나 다른 사람과 함께 하는 상황도 될 수 있을 것이다. 자신에게 되풀이해서 들려줄 자기 역량을 확인하는 말은 무엇인가? 여기에 적어보라.

- --
- --
- --
- --

끊임없이 달려드는 의심과 싸우기

우리 머릿속에서 시시때때로 튀어나오는 자동적 부정적 사고에 관해 이야기했지만, 다른 사람이 우리에게 부정적인 말을 반복해서 하는 일도 많다. 비난을 잘하는 어른이나 선생님이 어렸을 적에 부정적인 생각을 심어 주었을 수도 있고 상사나 과거의 직장 동료, 아니면 헤어진 연인이 당신을 비난하고 가슴을 멍들게 했을 수도 있다. 아니면 당신이 전에 무슨 잘못을 저질러 왜 그렇게 부족하냐고 스스로를 비난했을 수도 있다. 이런 말들을 자주 듣는가?

- 나는 영리하질 못해.
- 나는 언제나 그 일에 서툴러.
- 나는 수학 / 언어 / 컴퓨터 / 인간관계 / 운동에 소질이 없어.
- 나는 그렇게 운이 좋은 사람이 아니야.
- 나는 너무 멍청해 / 못생겼어 / 키가 작아 / 뚱뚱해.
- 나는 그 일을 잘한 적이 없어.

지금쯤은 당신도 분명히 깨달았겠지만 부정적인 생각은 당신을 뒤로 잡아당긴다. 우리를 자신감 없게 만들 뿐만 아니라 우리 잠재력을 성취하지 못하게 막는다. 그러나 다행히도 우리는 쓸모없는 믿음을 버리고 더 도움이 되는 생각으로 바꿀 수 있다.

행동으로 옮겨라: 캣 스캔하기

병원에 가면 의사가 몸 안에 다친 곳이나 병이 있는지 알아보기 위해 X선을 이용해 캣 스캔(Computerized Axial Tomography : 컴퓨터 단층 촬영) 검사를 한다. 자신감 상황에서는 캣 스캔이 끈질긴 부정적 사고를 찾아내는 방법이고, 부정적 사고 대신 자기 역량을 확언하는 생각으로 바꾸기 위한 것이다. 몇 주에 걸쳐 자신에 관해 갖고 있는 끈질긴 부정적 생각을 기록하라. 가능하면 그런 생각이 드는 바로 그 순간에 적고, 아니면 하루를 마치면서 적어라.

새로운 부정적 사고를 찾아낸 다음에는 그것을 새롭고 더 건설적인 자기 역량을 확언하는 사고로 바꾸어라. 그러나 가장 중점에 두어야 할 일은 당신의 행동과 노력으로 당신이 발전을 이루도록 하는 것이다. 자기 역량을 확언하는 고양이 생각의 좋은 예는 아래와 같다.

- 이 일에 대한 내 능력은 노력할 때마다 성장할 거야.
- 이 일을 열심히 하면 할수록 나는 더 많은 것을 성취할 수 있어.
- 나는 이 일을 더 잘하기 위해 노력하고 있어.
- 이 일에 시간을 투자하는 만큼 나는 이 일을 더 잘할 거야.
- 나는 이 일에 지난주/지난달/작년보다 더 능력이 생겼어.
- 내가 이 일에 투자한 시간과 노력 덕분에 나는 발전하고 있어.

당신이 끈질긴 부정적 사고에 빠져 있는 것을 느낄 때마다 바로 마음을 이 새로운 고양이 생각으로 돌려놓으라. 시간이 지나면서 당신이 자신에게 말하는 방식은 바뀌고 자신감은 올라갈 것이다.

나는 당신에게 '나는 아름다워', '나는 명석하고 놀랍도록 멋져', '나는 영리하고 능력 있어'와 같은 터무니없는 주장으로 마음에 술수를 쓰라고 권하는 것이 아니다. 그런 종류의 말은 단지 희망 사항에 불과하다. 그런 환상은 자기 스스로도 믿지 않을 것이다. 효과가 있으려면 현실 가능성이 있는 생각이어야 한다. 현실에 근거하고 실제로 하는 행동, 실제로 하고 있는 일, 기울인 노력에 기반을 두어야 한다.

마음의 괴물 처부수기

고양이 생각과 캣 스캔은 당신을 괴롭히는 개미를 물리치기 위한 좋은 방법이다. 그러나 고양이 생각이 개미와 싸울 권총 같은 무기라면 다음으로 해 볼 자신감 쌓기 방법은 개미를 완전히 박멸할 기관총, 당신의 주 무기가 될 것이다.

우리는 잔뜩 긴장해 얼어붙어 버리는 때도 있다. 그럴 때면 생각과 감정이 엉망으로 뒤엉켜서 명확하게 생각하기가 불가능하다. 중요한 발표를 앞두고 있어 걱정이 너무 심하다 보니 그럴 수도 있다. 중고등학교나 대학교 동창회를 앞두고 옛 친구들에게 이러쿵저러쿵 비교당하고 판단 당하지나 않을까 염려되어 그럴 수도 있다. 또는 다음날 중요한 시험을 앞두고 있어 잠자리에 누웠으나 영 잠을 이룰 수 없을 때도 있다.

상한 감정이 표현되는 방식은 여러 가지다. 화가 나고, 두렵고, 걱정되고, 불안하고, 희망이 없고, 약간 슬픈 기분이 들거나 완전히 우울해져 버리고, 분노하고, 죄책감을 느끼거나 수치심을 느낀다. 그러나 당신은 다시는 기분이 나빠지지 않아도 된다.

인지행동치료 원칙을 기본으로 한 사고 재형성하기(FACAD)는 사실과 허구를, 즉 실제로 일어난 일과 순전한 감정을 구별하는 것으로 걱정을 없애는 매우 효과 좋은 방법이다. 수많은 사람을 대상으로 시행된 수많은 연구로 사고방식도 바꿀 수 있다고 입증되었다. 당신도 그 방법을 이용해 자신감을 올릴 수 있다.

자신감 쌓기 방법 : 사고 재형성하기

정서적인 쓰레기장에 발목이 빠져 있다면 노트를 펴놓고 FACAD 5단계를 해보자.

1. **감정**(Feeling) : 분노, 절망, 걱정, 질투, 수치심, 당혹감과 같은 당신이 느끼는 감정을 적어라. 그 감정들이 얼마나 강렬한지 따져 0점에서 10점까지 점수를 매겨라.

2. **행동**(Action) : 그런 감정을 느낀 다음 행동이 어떻게 변했는지 적어라. 감정이 행동하지 못하게 막고 있는 것은 무엇인가? 혹은 당신의 정서가 행동을 재촉하는 일은 무엇인가? 어떤 상황이나 어떤 사람을 피하고 싶을지도 모른다. 혼자 앉아서 울거나 술을 마심으로 잊어버리려고 들거나, 아니면 어떤 비생산적인 행동을 하고 싶을지도 모른다.

3. **상황**(Circumstance) : 다음으로는 당신의 감정을 자극한 상황을 써라. 과거에 일어난 일일 수도 있고, 지금 일어나고 있거나 미래에 일어날 것으로 예상한 일일 수도 있다. 사건일 수도 있고, 어떤 사람의 행동일 수도 있으며, 당신 마음에 일어나는 이미지나 기억일 수도 있다. 당신을 속상하게 만드는 것은 무엇이나 적어라.

4. **개미 생각**(ANT) : 불쑥불쑥 치미는 생각이나 믿음을 적어라. 당신 자신에 관한 부정적인 생각을 모두 찾아내라. '나는 구제불능이야', '그 사람들이 나를 바보천치라고 생각하는 게 분명해'와 같은 비난이나 전혀 쓸모없는 말을 모두 찾아보라.

5. **오류**(Defect) : 마지막으로 당신 생각에 있는 결함이나 오류를 찾아라. 당신의 개미 생각을 모두 꺼내놓고 당신이 실제로 그 말을 얼마나 믿는지 0점에서 10점까지 점수를 매겨라. 각각의 개미 생각에 도

사고 재형성하기 방법은 익숙해지기까지 시간이 걸리지만 심리학자들이 부정적인 생각을 없애는 데 가장 강력한 효과가 있다고 인정하는 방법이다. 그러나 꼭 지켜야 할 점은 다섯 가지 FACAD 항목에 대한 대답을 꼭 노트에 적어야 한다는 것이다. 그저 생각만 하고 말아서는 안 된다. 실제로 적어라. 그러면 더 자신감 있는 자신을 되찾기 위해서 생각과 감정을 분리할 수 있다.

다른 사람도 할 수 있다면…

케이트는 회사에서 열리는 크리스마스 파티에서 날씬한 모습을 자랑하고 싶어 지난 3주 동안 다이어트를 했다. 더군다나 내년이면 쉰 살이 되기 때문에 자기 자신에 대해서도 자신감을 회복하고 멋지게 쉰 번째 생일을 맞고 싶었다. 몇 주 전에 5주 후에는 그 드레스가 몸에 꼭 맞기를 바라면서 검은색 실크 드레스도 샀다. 케이트는 한동안 잘해왔지만, 금요일 밤에 실수를 하고 말았다. 친구들과 어울려 놀다가 가볍게 술 몇 잔만 한다는 것이 그만 엄청나게 술을 마시고 한밤중에 햄버거며 감자튀김을 마요네즈까지 잔뜩 발라 먹고 말았다.

그 후로 케이트는 실망감에서 헤어나질 못하고 있다. 지금까지 기울인 노력을 모두 물거품으로 만들었고 다이어트도 망쳐버렸다는 생각에 빠져 버렸다. 이제 건강한 식사를 할 필요가 있나 싶고 다시 헬스센터에 나갈 필요도 못 느꼈다. 그래봤자 무슨 소용이 있단 말인가?

그러나 케이트는 생각을 고쳐보기로 했다. 아래는 케이트가 적은 사고 재형성하기 5단계다.

1. **감정**: 나는 스스로를 실망시킨 것에 정말 심한 죄책감을 느낀다 (6점). 또한 지난 몇 주 동안 직장 동료들에게 내가 지금까지 얼마나 잘해오고 있는지 잔뜩 떠벌렸는데 금요일 밤에 돼지처럼 먹어댄 것이 부끄럽기도 하다(8점). 나는 내 자신에게 무척 실망했다(5점).

2. **행동**: 건강한 음식을 산답시고 슈퍼마켓을 어슬렁거리고 다닐 필요도 없다는 생각이 들어 아침 내내 소파에 죽치고 앉아 있다. 방금 대충 끼니를 해결할 수 있도록 피자를 시켰다. 헬스 센터에도 가고 싶지 않다. 지난밤에 먹은 음식을 모두 태워 없애려면 헬스장에서 몇 시간을 보내야 할 것이다.

3. **상황**: 모두 어젯밤에 일어난 일이다. 처음부터 술을 마실 생각도 말았어야 했다. '딱 한 잔만'이란 생각이 두 잔이 되고, 세 잔이 되고, 더 많이 마시게 된다. 내가 그런 것을 몰랐던 것도 아닌데…. 나는 또 술을 몇 잔 마시고 나면 꼭 햄버거가 먹고 싶어진다.

4. **개미 생각**: 머릿속에선 이런 생각들이 오간다.
   - 직장 동료들은 나를 뚱뚱한 돼지라고 생각할 거야.
   - 나는 쓸모없는 뚱뚱한 돼지야.
   - 나는 그 새 드레스를 입고 파티에 가지 못할 거야.

5. **오류**: 개미 생각에 있는 오류를 찾아 뒤집어 보자.

내 친구들이 정말로 나를 뚱뚱한 돼지라고 생각할까? 아니야. 제인이 살을 빼기 위해 셀 수 없이 다이어트를 할 때마다 내가 얼마나 응원을 해주었는데 나를 비웃을 리 없어. 다른 여자 동료들도 모두 다 내 친구야. 내가 그 친구들이 힘들 때 비웃은 적이 없는데 나를 뚱뚱한 돼지라고 생각하는 건 말도 안 돼. 어쨌거나 내가 심령술사도 아닌데 다른 사람의 마음을 읽으려고 들 필요는 없지.

나는 돼지야. 그렇지만 내 자신에게 그런 딱지를 붙일 필요가 있을까? 나를 돼지라고 부르기보다는 돼지처럼 먹었다고 하는 표현이 낫겠지. 그리고 내 자신한테 쓸모없는 사람이라는 말을 해서도 안 돼. 그냥 이 경우에 내가 자신을 실망시켰다고만 해야 옳아. 내가 실수한 건 3주 동안 이번 한 번뿐이었어.

그 드레스를 절대로 입을 수 없을 거라고 생각한 것도 과장이야. 아직 시간이 5주나 남았고 이번 주에 헬스장에 가서 운동을 더 하면 어젯밤에 너무 많이 먹은 것을 태워버릴 수 있을 거야. 좋아, 지금 일어나서 슈퍼마켓에 가서 먹을 것을 사고 저녁이 되기 전에 가서 운동도 해야겠어.

사고 재형성하기 방법은 시간이 좀 걸리지만 효과는 정말로 좋다. 다음번에 기분이 나빠져서 생각과 감정을 정리해야 할 때는 이 방법을 써보라. 일단 한 번 해보고, 반복해서 해보라. 너무 쉽게 긴장을 풀어버려서는 안 되고 이 방법을 계속해서 써야 한다. 개미 생각은 실제로 정원에 개미가 들끓을 때처럼 잘 없어지지 않는 매우 끈질긴 해충 같은 생각이다. 관심을 기울이지 않으면 다시 돌아와서 당신을 엉망으로 만들 것이다. 개미들은 땅 아래 깊숙이 숨어 있어서 완전히 없애려면 시간이 걸린다.

당신이 사고 재형성하기 방법을 실천할 때마다 매번 개미들은 더 멀리 달아날 것이다. 충분히 연습을 하면 글로 적지 않아도 개미 생각을 알아차릴 수 있다. 결국에는 개미를 찾아내고 물리치는 일이 새로운 습관으로 자리 잡아서 숨을 쉬거나 눈을 깜박이는 것처럼 자연스러운 일이 될 것이다.

머릿속에서 무슨 일이 일어나는지 반대 심문을 하는 것으로 부정적인 생각을 찾아낼 수 있다. 그러나 침울하거나 마음이 부정적으로 돌아갈 때 이 방법을 써야 한다는 생각이 들어야 한다. 어떤 사람은 필요할 때마다 잊지 않고 이 방법을 쓰기 위해 포스트잇에 FACAD 5단계를 적어서 냉장고나 자동차, 컴퓨터 키보드에 붙여놓기도 한다. 당신은 어떤 방법으로 기억하겠는가?

생각 꾸짖기

사고 재형성하기 방법에서 가장 어려운 부분은 아마 다섯 번째 단계인 개미 생각에 있는 오류 찾아내기일 것이다. 마음에 오가는 감정과 생각을 인식하는 것은 쉽게 할 수 있지만, 그 생각에 도전할 권리가 없다고 느낄지도 모른다.

개미 생각에 있는 오류를 찾아내는 가장 좋은 방법은 당신이 제3자라고 상상하는 것이다. 당신을 아끼는 친구가 당신이 갖고 있는 믿음을 심문하는 것이다. 당신 자신에게 아래의 질문을 던져라.

- 내 스스로 최악의 결론으로 뛰어들고 있지 않은가?(예: 친구가 당신을 바람맞히자 그 친구가 당신을 싫어해서 다시는 당신을 만나기 원치 않는다고 생각하는 것) 어떤 상황이 발생하는 이유는 갖가지고, 머릿속에서 일어

나는 자동적 사고가 그 상황을 설명할 유일한 답은 아니라는 것만 명심하자.

- 단 한 가지 일로 과도하게 일반화하여 '언제나' '절대로'와 같은 말을 사용하고 있지는 않은가?(예: 운전면허 시험에 떨어졌다고 해서 '다시는 운전을 배우지 않을 거야'라고 생각하는 것) 당신이 쓰고 있는 '언제나' '절대로'와 같은 말이 몇 번 일어나지도 않은 일을 극단적으로 과장한 것은 아닌지 자신에게 물어라.

- 일이 어떻게 될지 기다려 보기보다는 미리 끔찍한 미래를 예상하고 있지는 않은가?(예: '시험에 떨어지고 말 거야', '부탁해도 거절할 것이 뻔한데 뭐 하러 부탁해?') 미래를 예측할 수 있는 사람은 아무도 없다. 그러니 미래를 섣불리 예상하지 마라.

- 어떤 일에 실패했다고 말하지 않고 나를 실패자, 쓸모없는 인간, 가치 없는 인간이라고 꼬리표를 붙이지 않았는가?('이번엔 실패했지만 다음에 다시 한 번 해볼 거야'라고 생각하는 대신에 '나는 실패자야'라고 생각하는가?) 좌절과 실수는 당신을 실패자로 만드는 것이 아니라 다음번에는 다른 방법으로 해보라는 교훈을 주는 일임을 잊지 말자.

- 다른 사람의 마음을 읽으려고 들지 않았는가?(누가 하품을 하고 있는 것을 보면 그 사람이 피곤한 것이 아니라 '나를 몹시 지루한 사람이라고 여기는 거야'라고 생각하는가?) 당신이 다른 사람의 마음을 읽을 수는 없는 노릇이니 다른 사람을 한 번 믿어보지 않겠는가?

- 내 자신에게나 다른 사람에게 과도한 부담을 안기는 '꼭 해야만 해', '…해선 안 돼', '이건 의무야'와 같은 말을 자주 쓰는가?('다른 사람을 실망시켜서는 안 돼'라고 생각하면서 다른 사람을 실망시키지 않기 위해 자신을 세차게 비난하는가?) 당신이 그런 함정에 스스로 빠진다는 생각

이 들면 자신에게 물으라. '왜?' '왜 내가, 아니면 왜 그 사람이 그 일을 해야 하는 거지?' 당신 자신을 더 융통성 있게 대하라.

- 내 자신이 이룬 성취를 하찮게 여기지 않았는가?('그 일은 별거 아냐. 아무나 할 수 있는 일이라고', 아니면 친구가 긍정적인 말을 해주면 머릿속으로는 '내가 안됐다고 생각해서 그냥 하는 말일 거야'라고 생각하는가?) 그렇지 않아도 살기 어려운 세상이다. 당신이 이룬 성취를 아무것도 아닌 것으로 만들어 살기 더 어렵게 만들 필요까지는 없다.

당신 자신에게 묻고, 자신이 갖고 있는 쓸데없는 믿음에 있는 오류를 찾아내라. 그렇게 하다 보면 머지않아 자신과 주변을 긍정적이고 자신감 있게 볼 수 있을 것이다.

긍정적인 면 바라보기

현대의 삶은 모호한 의미로 가득하다. 모호한 표현을 담은 이메일에서부터 절반밖에 듣지 못한 대화 내용까지 다른 사람의 의도를 자칫 오해하기가 쉽다. 전화를 하기로 해놓고 깜깜무소식인 친구는 당신에게 유감을 갖고 있어서가 아니라 단지 바빴을 것이다.

한 가지 상황이라도 여러 방식으로 해석될 수 있다. 당신의 믿음이 바로 실제는 아니라는 사실을 기억하라. 당신의 믿음은 한 가지 상황이나 사정을 생각하는 여러 방식 가운데 단지 하나일 뿐이다. 당신이 갖고 있는 믿음이 옳거나 틀린 경우는 드물더라도 그 믿음이 당신에게 힘을 주거나 꺾어 놓고, 건설적인 영향을 미치거나 파괴적인 영향을 미친다는 것은 사실이다. 그렇다면 사기를 꺾는 믿음보다는 힘을 주는 믿음을 선택하는 것이 낫지 않겠는가? 당신에 관해 가장 좋은 믿음을 갖는 것이다. 그로 인해 당신이 얼마나 많이 성취할 수 있을지 알면 놀랄 것이다.

당신 마음으로 총총 기어드는 고약한 개미 생각에 도전할 수 있는 사고 재형성하기 방법은 당신의 자신감을 지켜낼 강력한 무기다. 당신이 일단 도움이 되지 않는 믿음에 이의를 제기하고 그것을 없앴다면 그 믿음을 더 긍정적인 생각으로 바꾸어 자신감을 더더욱 높여야 한다.

이 장 앞에서 나는 면접시험에서 낙방한 여섯 사람의 경우를 선보였다. 여섯 사람이 모두 각자 다른 방식으로 그 사건을 해석한 가운데는 좋게 생각한 경우도, 나쁘게 생각한 경우도 있었다. 그러나 그 여섯 사람이 같은 상황을 각자 다르게 생각한 것처럼 한 사람이 한 가지 상황을 다른 방식으로 생각할 수도 있다. 전화를 해오지 않는 친구는 일에 바쁘거나 개인적인 문제로 정신이 없을지 모른다. 전화번호를 잊어버렸거나 핸드폰을 잃어버렸을 수도 있다. 아니면 전화로 말하기보다는 직접 만나서 이야기할 적당한 기회를 기다리고 있는 것인지도 모른다. 또한 그 사람에게 무슨 일이 생겼을지도 모를 노릇이니 최악의 경우에만 매달려 자신을 괴롭힐 필요는 없다. 다음에 해볼 자신감 쌓기 방법은 여러 가지 다른 가능성을 생각해 보기 위한 것이다.

자신감 쌓기 방법 : 다른 설명 생각해 보기
당신을 바닥으로 끌어내리는 부정적인 생각을 적어 납작 짓뭉개 버리고 나면 자신감을 높여주는 더 건설적인 생각으로 바꿀 수 있다.

당신을 괴롭히는 첫 번째 개미를 적어라. 다음으로는 그것에 대치할 수 있는 몇 가지 다른 설명을 적어라. 우울한 기분일 때는 그 상황을 다른 식으로 보기가 힘들지만 포기하지 말고 해야 한다. 미니 브레인스토밍 시간을 갖고 지금 당장 마음에 떠오르는 생각을 적어보아라. 당신이 처해 있는 상황을 다르게 설명해 보는 것이다.

- 이 상황을 다른 방식으로 볼 수 있겠는가?
- 과거의 경험에 비추어 지금 일어나고 있는 일을 달리 볼 수 있겠는가?
- 친구에게도 이런 식으로 생각하라고 격려하겠는가?
- 같은 상황으로 기분이 처져 있는 친구가 있다면 어떤 조언을 해주겠는가?

창의적으로 생각하고 적어도 몇 가지 대안을 생각해 보자는 목표를 세워라. 여섯 개 정도가 되면 좋겠지만 세 가지만 생각해도 좋다. 그런 다음 건설적이고 현실적인 믿음 하나를 선택하여 다른 종이에 큰 글씨로 적어라. 당신이 이미 그것을 믿는 것처럼 확신을 갖고 큰 소리로 말하라. 개미를 퇴치할 현실적인 설명 하나만 내놓아도 당신을 기분 좋게 만들어주기 충분하다.

당신은 부정적인 생각을 긍정적인 생각으로 바꾸는 것이 현실적으로 가능한 일인지 궁금할 것이다. 그러나 나는 개미 생각을 아무 긍정적인 생각으로나 바꾸라고 말하는 게 아니다. 사실을 무시하고, 순진하고 거짓되게 세상이 멋진 곳인 척하라는 얘기가 아니다. 상황을 감안해서 현실 가능성 있는 대안을 선택해야 한다. 그러나 당신이 다른 설명을 찾을 수만 있다면 당신 안에서 자신감은 다시 자랄 것이다.

다른 사람도 할 수 있다면…

24살 벤은 컴퓨터 부품 업체 회계 과장으로 일한다. 벤은 고객을 만나 자기 회사 제품을 구매하도록 설득해야 하지만 거절당하고 나면 정말 이지 사기가 떨어졌다. 그럴 때마다 벤은 자신을 탓하곤 했다. 그러나 자신감이 무너지도록 내버려두지 않고 자기의 개미 생각을 찾아내 사고 재형성하기 방법을 썼다. 그의 가장 심각하고 끈질긴 개미 생각은 '나는 영업에 소질이 없어'였다. 개미로부터 벗어나기 위해 벤은 생각해낼 수 있는 모든 설명을 적었다.

- 고객이 불평이 많은 사람이라 모든 사람에게 퇴짜만 놓는 거야.
- 나는 잘했지만 고객이 우리 제품을 사기에 적당한 시기가 아니라고 생각하는 거야.
- 고객이 오늘 직장에서 안 좋은 일이 있어서 그랬던 거야. 오늘 고객을 만난 게 불운이었어.
- 우리 회사 제품이 고객이 찾던 제품이 아니야. 동료들도 아무도 그 고객을 설득하지 못했잖아.
- 그 고객이 바보야. 내가 설명하는 것을 알아듣지를 못해.
- 그 고객은 자기 개인적인 일에 몰두해 있었어. 그 순간에는 그 누구에게도 관심을 쏟을 수 없는 상태였다고.

여섯 개의 설명을 적는 간단한 일로 벤은 문제를 장기적인 안목으로 볼 수 있었다. 그는 개미 생각 대신 새로운 믿음으로 '나는 잘했지만 고객이 우리 제품을 사기에 적당한 시기가 아니라고 생각하는 거야'라는 생각을 채택하기로 선택했다. 그 말을 몇 번 소리 내어 말하자 금방 기분이 맑아지는 것을 느꼈다.

긍정적 사고 기르기

누가 당신에게 동전 던지기 내기를 하자고 한다. 동전 앞면이 나오면 상대방이 당신에게 20만원을 주고, 뒷면이 나오면 당신이 상대방에게 20만원을 주어야 한다. 그런 내기에 당신은 선뜻 참여하고 싶을까? 당신이 이길 확률이 그렇게 높지 않기 때문에 내키지 않을 것이다.

그러나 앞면이 나오면 당신이 20만원을 받고 뒷면이 나오면 당신이 18만원을 내놓는 조건이라면 내기를 받아들이겠는가? 솔깃하지만 그래도 선뜻 받아들이고 싶지 않을 것이다. 계속해서 당신이 내놓아야 할 액수를 줄여가다 보면 내기를 받아들이고 싶은 순간이 올 것이다.

심리학자이자 노벨상 수상자인 다니엘 카네만(Daniel Kahneman)이 프린스턴 대학에서 연구한 결과에 의하면 대부분의 사람들은 이익이 손실보다 두 배 더 많게 보장되어야 이런 내기에 응한다고 한다. 따라서 당신이 감수해야 할 손실 위험이 10만원인 반면에 이득은 20만원이 보장될 때 내기에 응할 것이다.

이 말이 의미하는 바는 무엇인가? 인간의 마음은 자연적으로 얻는 것보다 잃는 것에 더 민감하게 반응한다는 것이다. 긍정적인 것보다는 부정적인 것에, 기회를 즐기는 것보다는 위험에 더 고통스러워한다. 그러나 당신이 삶을 보는 시각은 딱 하나로 정해져 있지 않다. 과학은 당신이 세상을 보는 시각을 바꿀 수 있음을 보여준다.

내가 말하고자 하는 것은 '낙관주의'다. 낙관주의자들은 세상에서 좋은 것을 바라보고, 자기가 성취한 일에 점수를 후하게 주며, 성공 추구에 중점을 두는 경향이 있다. 반면에 염세주의자들은 잘못을 찾는다. 자기가 이룬 일은 요행으로 치부하고, 실패를 피하기 위한 일에 중점을 둔다. 당신은 낙관주의자가 되겠는가, 염세주의자가 되겠는가?

어떤 사람들은 삶에 부정적인 시각을 갖고 있는 것이 자기를 지켜준다고 느낀다. 최악의 경우를 예상하는 것으로 실망할 일을 미리 막는 것이다. 그러나 부정적인 마음은 당신을 지켜주지 못한다. 당신을 외따로 격리시킬 뿐이다. 만일 당신이 내 말을 믿지 못하겠다면 작은 실험을 하나 해보라. 한 사람에게는 긍정적이고 행복한 사람처럼 굴고, 한 사람에게는 슬프고 부정적인 사람처럼 굴어보라. 다른 사람을 어떤 태도와 시각으로 대하느냐가 그 사람이 당신을 보고 대하는 태도에 영향을 미친다는 사실을 알게 될 것이다. 염세주의는 부정적인 마음을 키우고 마음의 문을 닫게 만든다. 낙관주의는 사람을 끌어들이고 기회를 열어준다.

직접 해 볼 차례!

당신 자신에게 물어라.

- 나는 삶에 긍정적인 시각을 갖고 있는가, 부정적인 시각을 갖고 있는가?
- 내가 삶을 바라보는 시각으로 얻는 이로움이 있는가?

- 내 시각이 부정적인 경향이 있다면 내가 세상을 보는 방식에 어떤 불리함이 있는가?

당신이 세상을 보는 시각은 태어날 때부터 갖고 태어난 것이 아니다. 연구 결과를 보아도 현재 당신이 삶을 보는 시각이 긍정적이든 부정적이든 당신의 낙관주의 수준을 올릴 수 있다. 당신이 얻는 것은 당신이 중점을 두고 있는 것이다. 당신의 일상생활에서 당신이 잘하고 있는 일을 살펴보자.

자신감 쌓기 방법: 낙관성 기르기

빛은 무지개 색깔을 굴절시키고 분리하는 프리즘을 통과할 수 있다. 그와 비슷하게 당신은 삶의 더 밝고 좋은 일에 중점을 두는 더 긍정적인 렌즈를 통해 당신의 경험을 통과시킬 수 있다.

매일 저녁마다 감사한 일 세 가지를 적어라. 낮 동안 일어난 일, 당신이 갖고 있는 자질, 관계, 아니면 기쁘고 즐거웠던 다른 일도 될 수 있다. 당신이 감사하게 느끼는 일을 당신이 원하는 대로 어떤 방식으로나 해석하는 것이다. 당신이 가치 있게 여기는 일을 찾아야 하므로 내가 예를 제시하지는 않겠다. 당신은 큰일이든 작은 일이든 상관없이 유쾌하고 즐겁고 의미 있는 경험을 즐기기로 선택할 수 있다. 만일 오늘이 지구에서 보낼 마지막 날이라고 한다면 당신은 아마도 감사할 일이 많을 것이다. 많든 적든 괘념치 말고 적어보라.

'감사한 일' 적기 방법은 매우 간단하고 믿기 어려울 만큼 효과적일 뿐 아니라 과학이 뒷받침한다. 심리학자 마틴 샐리그만(Martin Seligman) 교수와 그의 펜실베이니아 대학 연구팀이 긍정적인 사고를 기를 수 있는 여러 가지 방법을 연구하고 비교한 결과로도 이 방법이 가장 효과가 좋았다고 했다. 많은 다른 자기 관리 방법도 몇 주나 몇 달 동안은 자신감을 높여준다. 그러나 이 방법을 단 1주일만 계속하면 6개월까지도 자신감 증진 효과가 지속된다.

하루에 세 가지 감사한 일을 찾아보는 것으로 당신은 삶에서 감사한 일을 더 잘 인식하도록 자신을 훈련할 수 있다. 여러 가지 긍정적인 일과 상호작용을 더 많이 인식하여 자신감과 기분을 올리고 지속시킬 수 있다. 단지 일이나 관계나 더 자신감 있기 원하는 특정 분야만이 아니라 삶의 모든 분야에서 세 가지 감사할 일을 찾아보라.

또한 당신의 긍정적인 순간을 기록할 고급스러운 노트나 다이어리를 장만하라. 기분이 좋지 않을 때 지난주나 지난달에 적어 두었던 긍정적인 순간들을 뒤돌아본다면 당신 삶에 감사한 일이 얼마나 많은지 기억하고 기분은 밝게, 자신감은 올릴 수 있을 것이다.

성공 그려보기

중요한 인터뷰나 프레젠테이션 같은 큰일을 앞두고 신경이 곤두서 있을 때는 음료수를 쏟는 민망스러운 실수를 저지른다거나 사람들 앞에서 얼굴을 붉히는 등의 끔찍한 시나리오를 상상하기가 쉽다. 그러나 나쁜 일이 벌어지는 장면을 눈앞에 그릴 수 있다면 좋은 일도 그려볼 수 있지 않겠는가?

강한 믿음을 쌓아 올릴 수 있는 또 다른 방법은 긍정적인 시각화의 힘을 이용하는 것이다. 당신이 백일몽에 빠져 본 적이 있다면(나는 이런 경험이 수도 없이 많다!) 당신도 시각화의 재능을 부여받은 것이다.

운동선수들은 오래전부터 운동 수행 능력을 높이기 위해 시각화를 이용했다. 결승선을 맨 먼저 넘는다거나 완벽한 골프 스윙을 휘두른다거나, 트리플 악셀에 성공하고 착지까지 깔끔하게 마무리하는 그림을 그려보는 것으로 성공 가능성을 더 높였다.

자연 과학에서도 시각화의 힘을 확인해 주었다. 하버드 대학교 심리학 교수인 스티븐 코슬린(Stephen Kosslyn)은 움직임을 상상하는 것이 실제로 움직일 때 활성화하는 뇌의 영역을 활성화하게 한다는 것을 뇌 스캔으로 보여주었다. 거울 뉴런(mirror neuron)이라 하는 뇌의 특수화된 세포는 단순히 그 활동을 생각하는 것만으로도 활성화한다. 뇌가 볼 때는 활동을 상상하는 것이나 실제로 그 행동을 하는 것이나 다를게 없다. 아직도 확신이 서지 않는다면 최근의 다른 연구 결과를 더 이야기해 주겠다. 영국에서 활동하는 레슬리 워커(Leslie Walker) 교수는 긍정적인 시각화가 암에 미치는 영향을 연구했다. 워커 교수는 받고 있는 치료가 암과 싸워서 물리치는 것을 그림으로 그려볼 수 있거나 시각화하는 환자의 예후가 더 좋다고 말했다. 이렇듯 시각화는 현시대 가장 무서운 질병에도 효과가 있다. 그렇다면 자신감을 높이기 위해 시각화를 이용하는 것쯤이야 그보다는 훨씬 더 쉽지 않겠는가?

운전면허 시험을 치르고, 세미나에서 발표를 하고, 콘서트에서 바이올린 솔로 연주를 하는 모습을 시각화하라. 실전에 앞서 해야 할 일을 머릿속으로 그려보고 나면 최고의 자신감으로 일을 해낼 수 있다.

성공할 준비 갖추기

어떤 사람은 생각이나 기억이 차단되는 멘탈 블록(Mental block)이 일어나 자기는 시각화를 할 수 없다고 말한다. 그러나 시각화는 누구든지 할 수 있다. 한 번 해보자. 당신이 집에 가는 길이라고 상상하라. 힘든 하루를 보냈고 이제 당신은 당신 집 현관문 앞에 서 있다. 무엇이 보이는가? 문은 무슨 색깔인가? 열쇠구멍은 어디 있고 어떻게 생겼는가? 편지함이나 문고리, 손잡이가 있는가? 그것 보라, 당신도 할 수 있다. 시각화는 머릿속으로 어떤 그림을 상상하는 것에 지나지 않는다. 당신은 할 수 있다.

자신감 쌓기 방법 : 마음에 영화 화면 만들기

시각화는 느긋하게 등을 뒤로 기대고 앉아 당신 삶을 영화로 만들어 보는 것과도 같다. 당신이 무척 성공적인 삶을 살아서 누가 당신 삶을 책으로 썼다거나 영화로 만들었다고 상상하라. 이제 당신은 그 영화의 일부를 보고 있다. 두려움을 극복하고 멋지게 역경을 이겨낸 부분이다.

시각화를 하기 위해서는 조용한 곳을 찾아야 한다. 울려대는 전화기, 떠들어내는 동료, 기차소리, 울어대는 아기가 없는 곳으로 가라.

- 더 자신감 있게 해내고 싶은 일이나 상황을 생각하라. 봉급 인상을 요구하거나 파티에서 사람들과 활발하게 어울리고 싶을 것이다. 회식자리에서 당당하게 건배를 제안하고, 테니스 경기에서 멋지게 서브를 날리고, 사랑하는 사람과 대화로 갈등을 풀고 싶을 것이다. 그런 장면을 모두 영화 화면에서 보고 있다고 상상하라.

- 당신의 모습과 입고 있는 옷을 생생하게 묘사하는 것으로부터 시작하라. 차분하게 평상심을 유지하면서 얼굴에는 가벼운 미소까지 떠오른다. 아니면 큰소리로 웃음을 터트리기도 한다. 옷은 어떤가? 말쑥하고 멋진 옷차림, 깨끗하고 하얀 신발, 당신의 모습을 더 자세하게 상상하라.

- 당신 삶에 일어나기 원하는 장면을 만들어 나가라. 당신이 그 경험을 즐기고 있다고 상상하라. 상사와 당당하게 협상을 하고, 데이트 상대와 유쾌하게 식사를 하고, 청중으로부터 큰 박수를 받고 있는 자신의 모습을 그려보라. 이 장면들은 당신이 원하는 일이나 상황이다. 자신의 마음 영화에서 당신 자신을 슈퍼스타로 만들어라.

- 장면을 되감기해서 정신적 이미지를 가능한 한 생생하고 더 자세하게 더하라. 색깔과 깊이와 질감을 더해 놀랍도록 현실감 있게 만들어라.

- 마음 영화에 다른 감각도 넣어라. 시각화를 하고 있는 것이지만 당신의 마음 영화를 거대한 입체 경험으로 만드는 것이다. 당신이 하고 싶은 말을 하는 모습과 당신 주변에서 들리는 소리를 들어보라. 상사가 당신에게 축하인사를 건네고, 함께 파티에 참석한 동료들의 웃음소리도 들린다. 당신을 인터뷰하는 사람이 앉아 있는 안락의자의 가죽 냄새도 맡는다. 사랑하는 사람과 함께 나누고 있는 치즈케이크의 맛도 느껴보라. 당신 머리 위로 높게 들어 올린 트로피의 무게감과 차가운 느낌도 느껴보라.

- 마지막으로 당신의 정서를 더하라. 당신은 어떤 기분인가? 물론 우리는 긍정적인 정서를 원한다. 당신은 차분하고, 집중되어 있고, 활기에 찬 정서를 원하는가?

당신 마음에 확실히 새겨지게 하기 위해서는 마음 영화를 몇 차례에 걸쳐 상영해야 한다. 그러나 시각화란 것은 그것이 전부다. 당신의 성공을 보는 일은 생각보다 복잡하지 않다.

시각화는 약간 긴장하게 만드는 상황이나 완전히 걱정에 휩싸이게 만드는 큰 사건에 대비하게 해준다. 이 책에 있는 여러 가지 방법을 이용해 훈련해 나가면 당신의 자신감은 올라갈 것이다. 연습을 하면 할수록 마음에 당신의 삶이란 영화 화면을 더 쉽고 생생하게 떠올릴 수 있다. 당신에게 일어나기 원하는 일을 생생하게 그리면서 성공적인 결과를 시각화하기 위해 애를 쓰면 쓸수록 당신의 자신감은 더욱 올라갈 것이다. 지금 당장 해 보는 것이 어떤가?

앞으로 또 위로!

- 당신의 믿음은 지금 당신에게 일어나고 있는 일을 개인적으로 해석한 것에 지나지 않는다는 사실을 기억하라. 당신이 믿고 있는 것은 실제가 아니다. 당신이 부정적인 믿음을 갖고 있으면 당신은 자신과 세상을 부정적으로 느낀다. 당신이 긍정적인 믿음을 갖고 있으면 당신은 스스로를 강하고 자신감 있게 느낀다.
- 당신 내면의 비난자는 그 누구보다 더 심하게 당신을 판단하고 비판한다. 당신이 자의식적일 때 다른 사람들보다 당신 머릿속에서 들려오는 목소리가 당신을 더 심하게 판단한다는 사실을 명심하라.

- 당신의 믿음은 갖고 태어난 것이 아니다. 어떤 생각은 자동적으로 머릿속으로 들어온다. 그러나 그 믿음에 의식적으로 이의를 제기하면서 도움이 되지 않는 생각은 버려야 한다.

- 더욱 낙관적인 시각을 받아들여라. 이것은 장밋빛 전망을 갖고 세상이 멋진 곳인 척하라는 뜻이 아니다. 단지 나쁜 일보다는 좋은 일에 중점을 두겠다고 선택하라는 것이다.

- 걱정을 물리치고 힘든 일을 해내기 위해 시각화 방법을 이용하라. 시각화는 효과가 매우 좋지만 그에 합당한 관심을 받지 못했다.

- 헤어나오기 어려운 상황 한가운데서 자신감을 유지해야 한다면 부정적인 생각을 더 긍정적인 생각으로 바꾸기 위해 자기 역량을 확언하는 고양이 생각을 이용하라.

- 당신의 믿음은 몇 년에 걸쳐 형성되었다. 당신이 해로운 믿음과 싸우고 그 믿음을 더 긍정적인 생각으로 바꾸기 위해서는 반복적인 노력을 기울여야 한다.

Chapter 03

자신감 있게 행동하기

당신이 자신감 있게 보이면 어떤 일이든 성공할 수 있다.

— 제시카 알바(Jessica Alba), 할리우드 영화배우

이번 장에서 배울 것

- 처음에는 자신이 없더라도 자신감 있게 행동하는 법을 배울 수 있다. 자신 있게 행동하다 보면 실제로 더 자신감 있게 느낄 수 있다.
- 자신감 있어 보이고 다른 사람에게도 자신감을 불어넣을 수 있는 몸짓 언어와 어조를 배운다.
- 간단한 호흡법과 근육이완법을 이용해 더욱 자신감 있게 느낄 수 있는 방법을 배운다.
- 내가 쓰고 있는 말을 살펴 불필요하고 자신감 없는 말은 쓰지 않는다.
- 주변에서 역할 모델을 찾아 관찰하여 더욱 자신감 있게 말하고 행동하는 법을 배운다.

자신감 있는 사람은 자신을 마음껏 밖으로 발산하고 실제보다 더 커 보이지 않던가? 반면에 자기 믿음이 부족한 사람은 어쩐지 더 작아 보인다. 대부분의 경우 우리가 입을 열기도 전에 우리 몸짓이 우리 마음 상태가 어떤지 다 방송해 버린다. 자세, 손동작, 눈과 손이 계속해서 그 사람의 마음 상태를 알리는 메시지를 내보낸다.

우리는 몸짓 언어를 통해 소통하고자 하는 비언어적 메시지를 전달할 수 있다. 속마음이야 어떻든 당신은 자신 있는 몸짓 언어를 자연스런 습관으로 만들 수 있다. 당신은 마치 자신감이 넘쳐 나누어 주기라도 하려는 듯 자신감에 철철 넘치는 모습과 목소리를 낼 수 있다.

다른 사람의 눈을 가리기 위해서 자신감 있는 척 가장하는 것이 아니다. 자신감 있게 행동하면 믿음과 감정으로 이어지는 회로를 재배선할 수 있다. 당신도 눈치를 챘겠지만 다시 우리는 행동, 생각, 감정의 고리로 돌아왔다. 당신이 마음을 단단히 먹고 자신감 있는 몸짓 언어를 사용한다면 자신감 있게 생각하고 느낄 수 있다. 심리학자들은 그것을 회상적 합리성(retrospective rationality) 원리라고 부른다. 당신의 뇌는 당신이 믿고 있는 것과 일관성 있게 행동하고 있다고 믿고 싶어 한다. 따라서 당신이 자신감 있는 사람처럼 행동한다면 당신의 뇌는 당신이 자신감 있는 사람이라고 믿어 당신의 행동을 설명할 것이다.

뿐만 아니라 자신감은 전염성이 있다. 많은 사람들이 가장 자신감을 필요로 하는 상황은 다른 사람 앞에서 무슨 말을 할 때나 다른 사람과 상호작용할 때라고 여긴다. 당신이 자신감 있는 것처럼 행동하면 다른 사람은 당신을 자신감 있는 사람으로 여긴다. 그들은 당신이 잘해낼 것으로 믿고, 당신이 잘 못할 때보다는 잘할 때 더 잘 알아본다. '아름다움이 보는 사람의 눈에 있다'면, '자신감은 관찰하는 사람의 눈에 있다.' 다른 사람은 당신 머리에서 무슨 일이 일어나는지, 당신이 긴장하는지 그렇지 않은지 모른다. 당신이 자신감 있게 행동한다면 그들은 당신을 자신감 있는 사람으로 믿고 당신을 그렇게 대할 것이다.

당신이 그것을 어떻게 여기든 자신감을 갖고 행동하는 것이 확실하게 승리하는 길이다.

> 당신이 열정과 열의를 갖고 있다면 당신은 열정과 열의를 끌어들인다.
> 삶은 친절하게도 받은 대로 돌려준다.
> — 노먼 빈센트 필(Norman Vincent Peale), 동기부여 연설가

당신은 알아야 할 것을 이미 알고 있다

당신은 당신이 원하는 대로 언제나 자신감 있다는 인상을 주지는 못할 것이다. 그러나 다행인 것은 당신은 이미 몸짓 언어에 관해 생각보다 더 많은 것을 알고 있다는 것이다.

한편 나는 당신이 자신감 있는 사람과 덜 자신감 있는 사람의 차이를 매우 명확하게 그려볼 수 있을 것으로 확신한다. 그렇다면 자신감 있는 태도는 어떻게 보이는지 살펴보자.

직접 해 볼 차례!

당신이 아는 사람이나 본 사람 중에서, 아니면 텔레비전에서 보았던 사람 중에서 자신감 있는 사람을 마음속으로 그려보라. 마음의 눈으로 그 사람들을 보라. 그들이 어떤 모습을 보이고 어떤 소리를 내는지 생각해 보라.

- 그 사람들의 몸가짐은 어떤가?
- 손은 어떻게 하고 있는가?
- 어떤 표정을 짓고 있는가?
- 말할 때 목소리는 어떤가?

숨을 쉴 때마다

자신감 있게 행동하는 일은 사회생활을 하고 일을 하면서 사람을 만날 때 자신감 있게 보이는 일과 관련 있다. 그러나 피아노 연주나 프레젠테이션을 하기 전, 또는 운전면허 시험을 보기 전에 당신의 신체 생리를 바꾸기 위해 써 볼 방법도 있다.

마음은 신체에 영향하고, 신체는 마음에 영향한다. 스트레스 상황에 있을 때 호흡은 빨라지고 얕아져서 숨이 턱까지 차오른다. 그러나 호흡에만 중점을 두는 것으로 우리는 불안을 없앨 수 있다. 횡격막은 우리가 숨을 쉴 때 자연스럽게 따라 움직이는 가슴과 배를 가르는 기다란 가로막이다. 횡격막 호흡법을 배우면 부정적인 정서의 뇌관을 의지로 제거할 수 있다.

자신감 쌓기 방법: 횡격막 호흡
다음 방법에 따라 횡격막 호흡을 연습해 보자.

- 오른손은 가슴에 올려놓고 왼손은 배꼽 위에 올려놓아라. 공기 중

에서 나는 좋은 냄새를 맡으려고 코를 킁킁거리듯 짧게 몇 번 숨을 쉬어라. 아니면 코가 흘러내리는 것을 막으려는 것처럼 몇 번 숨을 쉬라. 왼손이 움직이는 것을 느껴야 한다.

- 이제 호흡을 깊고 느리게 하여 당신의 배 안으로, 폐의 아랫부분으로 들이마시라. 오른손은 아무런 움직임도 없고 오직 왼손만이 숨을 들이마시면 올라가고 숨을 뱉으면 내려가야 한다. 천천히 넷을 셀 때까지 들이마시고 또다시 천천히 넷을 셀 때까지 숨을 내쉬라.

- 몇 분 동안 이런 식으로 호흡하면 마음이 안정된다. 몸이 이완되어 혈액이 구석구석까지 퍼지면서 손가락과 발가락이 따뜻해질 것이다.

횡격막 호흡을 익숙하게 연습하여 긴장을 누그러뜨려야 할 일이 있을 때 이용하라. 급하게 필요할 때 재빨리 호흡을 횡격막 호흡으로 바꿀 수 있어야 한다. 많은 사람들이 스트레스를 받을 때 담배를 찾는다. 그러나 개인과 조직의 성과개선을 도와주는 컨설팅 업체 대표인 토니 슈워츠(Tony Schwartz)와 캐서린 매카시(Catherine McCarthy)가 연구한 결과에 따르면 폐 한가득 담배연기를 삼키지 않고도 심호흡으로 스트레스를 효과적으로 완화할 수 있다.

기본적인 횡격막 호흡 방법을 배우고 나면 이 호흡법을 훨씬 더 발전된 자신감 쌓기 방법에 이용할 수 있다. 다음에 배울 ABCD 4단계에서도 이 호흡법을 긴장과 걱정을 비롯해 감정을 다루는 방법으로 이용한다.

자신감 쌓기 방법: ABCD로 정서 안정시키기

부정적인 정서에 빠졌더라도 ABCD 4단계로 해결할 수 있다. 요점은 정서를 무시하거나 그런 정서가 없는 척하는 것이 아니라, 수용하지만 접어둘 것은 접어두고 해야 할 일을 하는 것이다.

- **감정을 인정하라**(Acknowledge your feelings). 우리 감정은 우리를 인간으로 만들어주는, 없어서는 안 될 부분이다. 감정을 무시하려거나 억제하려고 해도 소용없다. 따라서 무엇보다 먼저 우리가 느끼는 감정을 받아들여야 한다. 신체가 느끼는 감각과 떠오르는 생각, 그리고 감정을 관찰하라. 잠시 시간을 내어 당신이 느끼는 감정을 이해하도록 하라. 그런 다음 당신이 느끼고 있는 정서에 말을 걸거나(아니면 속삭이거나 아니면 종이에 써서) 이름을 붙여라. 가령, '이것은 짜증이 난 감정이야', 아니면 '이것은 두려움의 감정이야'라고 말을 하는 것이다.

- **호흡하라**(Breathe). 이제 횡격막 호흡 방법을 이용해 심호흡을 하라. 숨이 배 가득 채워지는 것에 집중하라. 불안하고 쓸모없는 생각이 마음에 지나가더라도 호흡에만 집중하라. 그러다 보면 감정이 당신에게 미치는 힘이 줄어들 것이다. 동시에 몸의 근육을 이완하라. 악 다문 턱관절과 꼭 쥔 주먹을 펴라. 어깨에서 긴장이 모두 빠져나가게 하라. 부정적인 감정이 가라앉기 시작하는 것을 느낄 때까지 호흡을 계속하라.

- **깔깔 소리 내어 웃어라**(Chuckle). 크게 소리 내어 웃어라. 사람들이 많이 있는 장소에 있다면 크게 소리 내어 웃는 일이 멋쩍을 것이다. 그럼 미소라도 지어라. 얼굴에 커다란 미소를 띠어라. 실험 결과에 따르면 억지로라도 웃으면 감정이 밝아진다고 한다. 설령

기분이 나아지기 원치 않는다 하더라도(이 점에 대해서는 이 장 후반부에 더 설명할 것이다) 기분이 밝아진다. 우리 행동은 우리 감정에 영향을 미친다는 사실을 기억하라. 따라서 당신이 판단하기에 웃을 수 있는 상황이 아니라고 하더라도 미소를 짓거나 웃으면 긴장이 완화되고 부정적인 정서에서 벗어나 기분이 밝아진다.

- **긍정적인 일을 하라**(Do something positive). 이제 당신은 해야 할 일을 할 준비가 되었다. 당신의 감정은 당신에게 그 상황으로부터 달아나라고 말할지 모른다. 그러나 ABCD를 3단계까지 해오는 동안 마음의 합리적인 부분이 정서를 조절하게 만들 수 있다. 이제 파티에 가야 하는 상황이든, 데이트에 나가야 하든, 시험을 치러야 하든, 당신 자신에게 해야 할 일을 하라고 말하라.

훌륭한 자세와 완벽한 포즈

나는 옛날에 슈퍼맨 영화와 텔레비전 드라마를 보면서 어떻게 사람들이 클라크 캔트가 바로 그 슈퍼맨이라는 것을 알아보지 못하는지 궁금했다. 배우가 두 사람을 다르게 연기하는 큰 부분은 자세다. 슈퍼맨은 턱을 치켜들고 가슴을 앞으로 내밀고 꼿꼿하게 선다. 클라크 캔트는 어깨를 앞으로 약간 굽히고 시선을 자기 발아래에다 둔다.

어떤 사람이 자신감 있는 사람인지 아닌지 알 수 있는 첫 번째 신호는 그 사람의 걸음걸이와 자세다. 멀리서도, 그 사람과 눈을 맞추기 전부터 벌써 어깨와 고개가 구부러져 있는지, 확신에 차서 꼿꼿하게 세워져 있는지 볼 수 있다. 자신감을 내뿜을 수 있는 가장 빠른 길은 자세를 가다듬는 것이다.

당신 머리 꼭대기에 은줄이 달려 있고 머리 위쪽에 거대한 꼭두각시를 다루는 사람이 있다고 상상하라. 당신이 기차 플랫폼에 서 있건, 비행기 의자에 앉아 있건, 욕조 안 따뜻한 물속에 앉아 있건, 의자에 앉아 있건 꼭두각시 다루는 사람이 줄을 위로 잡아 올린다. 그렇게 언제나 누군가가 당신 머리에 달린 은줄을 부드럽게 위로 끌어올린다고 상상하라. 그러면 등은 똑바로 펴지고 머리는 올라가며, 목 근육은 꼿꼿해질 것이다. 실제로 당신 몸의 모든 근육이 당신 키를 있는 대로 키워놓으면서 길어진다.

우리는 보통 자세에 별 신경을 쓰지 않는다. 특히 피곤할 때는 자세에 신경 쓰기 어렵다. 앞으로 며칠 동안만 자세에 신경을 써보라. 자세에 의식적으로 신경을 쓰고 꼭두각시 다루는 사람이 부드럽게 당신을 위쪽으로 잡아당긴다고 상상하라. 마음은 몸이 행동하는 대로 반응할 뿐 다른 선택의 여지가 없으므로 당신이 자신감 있게 행동하면 당신은 자신을 자신감 있는 사람이라고 여길 것이다.

행동으로 옮겨라 : 최고에게서 배우기

자신감 있는 사람을 역할 모델로 삼으면 자신감 있는 몸짓 언어의 비밀을 더 빨리 체득할 수 있다. 사회 활동에 적극적으로 참여하고 쉽게 주목받는 친구가 주변에 있을 것이다. 아니면 유명인사가 텔레비전 토크쇼에 나와 자기 확신에 차서 말하는 것을 감탄하며 바라본 적이 있을 것이다. 당신의 역할 모델은 실재인물일 수도 있고 허구인물일 수도 있으며, 이미 고인일 수도, 생존해 있는 사람일 수도 있다. 나는 청중 앞에 설 때 '스타 트렉 : 넥스트 제너레이션'에 나오는 존 룩 피카드 선장(배우

패트릭 스튜어트Patrick Stewart가 역할을 맡은)을 떠올린다. 그의 울림 있는 목소리와 태도에는 자신감과 흡인력이 넘친다.

역할 모델은 당신이 진정으로 감탄하고 존경하는 인물이어야 한다. 당신이 싫어하는 사람을 흉내 내려 해서는 안 된다. 역할 모델의 어떤 면을 좋아하건 그 사람이 하는 행동을 자세히 살피고 어떻게 하면 자신감 있어 보이는 행동을 할 수 있을지 영감과 아이디어를 얻어라. 자, 그렇다면 당신이 닮고 싶은 높은 자신감을 가진 사람은 누구인가? 적어도 역할 모델이 될 수 있는 세 사람의 이름을 적고 그 사람을 관찰하라. 텔레비전이나 인터넷에서 그 사람의 자세나 제스처, 몸짓 언어가 나타난 사진을 모아라. 그 사람의 어조는 어떻고 어떤 단어를 사용하는가? 그 사람이 갖고 있는 특징적인 행동, 말, 태도를 몸에 익혀 당신 자신을 자신감 있는 사람으로 내보이도록 하라.

얼간이처럼 굴지 마라

자신감 있는 사람은 등을 보이고 있을 때조차 자신감이 풍겨 나온다. 자신감에 넘치는 사람이 하는 손짓과 몸짓을 살펴보라. 기업에서 잘 나가는 사람이나 텔레비전 프로그램을 진행하는 사람이 손을 호주머니에 집어넣고 동전을 짤랑거린다거나 머리를 긁적이는 모습은 보지 못했을 것이다. 그런 사람은 손톱을 깨물거나 체중을 이 다리에 실었다, 저 다리에 실었다 하면서 몸을 삐딱하게 하고 서 있지 않는다. 발장단을 치거나 손을 가만두지 못하고 이리저리 움직이지도 않는다. 부산스럽게 몸을 움직이는 것은 의사소통을 방해한다는 것을 알기 때문이다. 빠르고 작은 몸동작은 틱 장애가 있거나 경련을 일으키는 것처럼 보인다. 느리고 큰 몸동작이 당당하게 보이게 한다.

다른 사람이 말을 하고 있을 때는 손을 차분하게 가만히 두어라. 손을 어떻게 처리해야 할지 모르겠다면 주변에 있는 자신감 있는 사람을 살펴 아이디어를 얻어라. 아래와 같은 몸짓은 자신감 있어 보이지 않는다.

- 볼펜, 반지, 열쇠고리를 쉴 새 없이 만지고 놀리는 일
- 머리나 얼굴이나 몸을 만지는 행동
- 손가락을 입에 넣거나 손톱을 물어뜯는 행동

물론 당신도 상대방이 자리를 떠버리기를 원치 않는 이상 팔짱을 끼거나 양손으로 자기 몸을 안고 있는 행동은 삼가야 한다는 것을 알 것이다.

그러나 하고 있는 말을 강조하고 싶을 때는 손을 이용하라. 몸짓 언어 연구는 말을 할 때 손을 이용하는 사람이 시각적으로 더 주목을 끌고 심리학적으로도 관심을 더 집중시킨다고 말한다. 그러나 손을 이용할 때는 큰 동작으로 해야 한다. 가령 손바닥을 위로 치켜들면 사람들의 관심을 집중시킬 수 있다.

발에도 의식을 두어야 한다. 특히 앉아 있을 때 자신감이 덜한 사람들은 발장단을 치고 다리를 꼬고 앉는다. 자신감 있는 남자는 바닥에 발을 곧게 대고 다리를 약간 벌린 채 앉는 경향이 있다. 자신감 있는 여자는 발을 바닥에 놓고 무릎을 서로 붙이고 앉는다.

자신감 있는 태도와 몸짓은 하루아침에 당장 배우기는 어렵다. 의식적인 노력이 필요하고, 몸의 자세와 손과 발에 의식을 기울이고 있

지 않는 한 자기도 모르게 옛날 습관으로 돌아가고 만다. 그렇지만 노력하다 보면 자신감이 찾아올 것이다.

자신감 쌓기 방법: 근육이완으로 스트레스 해소하기

마사지를 받으러 갔는데, 어깨와 등이 뭉쳐 있다는 말을 들어본 적이 있는가? 그런 사람이 당신만은 아니다. 걱정이 있을 때는 몸이 바짝 긴장되기 마련이다. 어깨는 귀를 향해 올라가고, 주먹은 자기도 모르게 쥐어져 있으며, 턱은 앙다물어지고, 긴장감이 올라가면서 이를 갈기도 한다. 몸을 곧게 펴는 것은 몸의 근육을 긴장시키는 것과는 다르다. 몸은 길고 똑바르게 펴져 있지만 근육은, 특히 어깨와 등 근육은 편안하게 이완되어 있는 것이 좋은 자세다. 자연스럽고 유연하게 움직이려면 어깨가 충분히 이완되어 있어야 한다.

중요한 일을 앞두고 몸의 긴장이 심해진다는 생각이 들면 몇 분 시간을 내어 점진적 근육이완 요법을 해보라. 핵심은 신체 점검표를 훑듯 긴장을 풀어내면서 머리에서부터 발끝까지 온몸의 근육을 긴장시켰다 이완시키는 것이다.

- 얼굴과 턱 근육을 긴장시켜라. 몇 초 동안 얼굴을 찡그리고 이빨을 꽉 깨물었다가 긴장을 탁 푼다. 턱의 긴장을 완전히 풀고 의식적으로 볼, 이마와 눈 주위의 근육을 이완시킨다.
- 이제 어깨와 등과 가슴, 그리고 손으로 옮기자. 주먹을 쥐고 누구를 한 대 때리기 직전처럼 상체를 단단히 긴장시켜라. 몇 초 동안 쥐어짜듯 긴장시켰다가 긴장을 한꺼번에 탁 풀어라.
- 다음으로는 배로 옮겨라. 온 힘을 다해 배를 긴장시켰다가 탁 풀

어라. 엉덩이로 옮겨서 몇 초 동안 엉덩이를 강철처럼 긴장시켰다가 이완하라.

- 다음으로는 허벅지에 주의를 집중시켜라. 발로 땅을 단단히 누르고 허벅지가 꼭 죄어지도록 무릎을 서로 꼭 붙였다가 긴장을 풀어라. 마지막으로 발이다. 발가락을 안쪽으로 공처럼 모으고 몇 초 동안 그대로 있다가 풀어라.

익숙하게 할 수 있을 때까지 이 방법을 집에서 연습하라. 고객과 함께 기차 여행 중이거나 사회자가 당신을 무대로 부르기를 기다리면서 이 방법을 이용할 수 있다. 점진적 근육이완법을 횡격막 호흡과 함께 이용하면 효과가 크다.

해내기 전까지는 그런 척하라

당신에게 묻고 싶은 질문이 있다. 당신은 행복하기 때문에 웃는가, 아니면 웃는 것이 당신을 행복하게 만드는가?

행복하기 때문에 웃는 것이라는 당신 생각이 아마 옳을 것이다. 그러나 연구 결과는 애초에 행복을 느끼지 않아도 웃으면 더 행복해진다고 말한다. 정말이지 멋진 일 아닌가?

1970년대에 심리학자들이 행복하거나 슬프지 않아도 몇 분 동안 웃어보거나 얼굴을 찡그려보도록 했다. 어떤 결과가 나왔는지 아는가? 얼굴을 찡그린 사람들은 더 슬픈 기분을 느꼈다. 웃은 사람들은 더 행복해졌다. 웃는다는 간단한 행동이 당신의 신경계에 활력을 불어넣고 기분 좋은 호르몬이 흘러나오도록 수문을 활짝 여는 것이다.

그러니 나쁜 기분을 떨쳐버리고 당당하고 활력 있고 싶다면 억지로라도 웃어라. 당장 기분을 업 시켜줄 것이 필요하다면 잠깐 자기를 바라보면서 긍정적인 마음을 갖고 미소를 지어보아라. 처음에는 어색하더라도 얼굴이 아파질 때까지 해보라. 몇 번은 소리 내어 웃기까지 하라. 나는 웃기 위해서 책상 서랍 안에 웃음을 폭발시키는 만화를 넣어놓거나 유머 사이트에 링크를 걸어놓는 사람도 알고 있다. 처음에는 자연스럽지 못하게 느껴져도 일단 한 번 해 보라. 단, 사람들 눈을 피해서 하는 것이 좋을 것이다! 웃어젖히는 당신을 보면서 사람들이 고개를 갸웃하거나 정신이 나갔다고 고개를 흔들지 모른다.

다시 행동, 생각, 감정이란 돌고 도는 고리를 생각해 보자. 당신이 웃는 행동을 한다면 당신은 행복을 생각하고 더 행복하게 느끼면서 더 자신감 있어질 것이다. '일이 잘 되어갈 때는 웃기가 쉽지만 일이 잘 못되어 갈 때는 웃는 것이 중요하다'라는 말이 있다. 1970년대 심리학자를 향한 당신의 믿음은 보상을 받을 것이다.

옷차림도 당당하게

데이트에 나간다거나 직장에서 주목을 받고 싶을 때 외모와 옷차림에 신경을 쓰는 것으로 더 자신감을 느낄 수 있다. 이상적인 세계에서는 내면이 중요하다고 말하지만 실제 세상에서는 사람을 외모로 판단한다. 나는 직장을 구하거나 직업을 바꾸는 문제, 자신감을 기르는 문제, 새로운 사업에 도전하는 문제로 일대일 코칭을 많이 한다. 만일 당신이 나를 찾아와 상담을 요청했는데 내가 펑퍼짐하고 편안한 운동복 하의에 강아지를 산책 시키러 나갈 때 입을 만한 윗도리를 입고 있다고 해보자. 그런 옷차림이 신뢰감을 줄까?

 당신이 풍기는 인상으로 사람들이 당신을 대하는 태도가 달라지므로 외모는 중요하다. 사람들이 당신을 단정치 못하고 고리타분한 옷차림을 하고 다닌다고 비웃는다면 자신감을 갖기 쉽겠는가?

행동으로 옮겨라 : 성공할 수 있는 옷차림

입으면 우쭐 자신감이 생기는 좋은 옷을 한 벌쯤은 갖고 있을 것이다. 하지만 왜 좋은 옷을 한두 벌로만 제한하는가? 친한 친구에게 조언을 구하라. 조언을 구할 친구를 선택할 때는 두 가지를 염두에 두어야 한다. 첫째, 당신이 어떤 생각을 말했을 때 무시한 적이 없고 언제나 당신을 지지하고 격려해주는 친구. 둘째, 당신이 더 자신감 있게 느끼고 싶은 상황에서 패션 감각이 뛰어난 친구. 가령 인터뷰나 새로운 직장에 갈 때 적당한 옷차림을 조언해 줄 수 있는 친구가 있고, 파티나 데이트에 갈 때 입을 옷을 조언해 줄 친구가 있을 것이다. 친구를 선택했으면 조언을 구하라.

- **옷장 정리.** 주말에 친구를 집에 초대하여 옷장에서 절대로 입어서는 안 될 옷을 골라내 달라고 부탁하라. 그런 다음 편안하고 자신감을 올려줄 새 옷을 구입하라. 가격이 비싸거나 최신 유행 옷이 아니어도 된다. 당신 스스로 자신이 멋지다고 느낄 수 있는 옷이면 좋다.
- **머리 모양.** 단정한 머리 모양을 할지, 산뜻해 보이게 할지 결정하라.
- **화장**(필요하다면). 화장에도 유행이 있다. 얼굴을 화사하게 보이도

록 할지, 차분하게 보이고 싶은지 결정하라.
● **액세서리.** 안경을 쓰고 있어 더 나이 들어보이지는 않는가? 혹시 커리어맨이나 커리어우먼으로 보이기는커녕 촌스런 서류가방이나 핸드백을 들고 다니지는 않는가?

친구의 조언을 비난으로 받아들여서는 안 된다. 당신은 바로 그런 조언을 듣기 위해 그 친구를 선택했고, 당신이 마땅히 누려야 할 자신감을 높이는 과정 중에 있다.

영혼의 창

눈을 맞추는 일은 중요하다. 고객과 협상을 할 때도, 데이트를 신청할 때도, 청중 앞에서 연설을 할 때도 다른 사람의 눈을 바라보아야 한다. 자신감 있는 사람은 과감하게 상대의 눈을 바라본다. 사람의 시선을 피하면 뭔가 숨기는 일이 있거나 불안해 보인다.

그러나 눈을 맞추려다 노려보는 것으로 오해를 받을 수도 있다. 황금률은 상대방이 말을 하고 있을 때 그 사람의 눈을 바라보는 것이다. 그러나 당신이 말을 할 때는 다른 곳을 바라보아도 된다. 다른 사람이 말하는 것을 관찰해 보아도 할 말을 생각하고 있거나 머릿속에 있는 생각이나 이미지를 설명하면서는 다른 곳을 바라본다.

심리학자들은 1970년대부터 눈 맞춤에 관심을 기울였다. 연구 결과로도 상대방이 하는 말에 귀를 기울일 때는 적어도 전체 대화 시간의 80~90퍼센트는 상대방의 눈을 바라보아야 한다. 그러나 내가 말을 할 때는 50퍼센트 정도는 시선을 떨어뜨려야 한다. 말을 하는 동안 너무 오래 상대방을 응시하면 약간 이상한 사람으로 오해받을 수 있다. 그렇다고 너무 시선을 피하면 수줍어하는 것으로 보일 수 있다.

물론 말을 하면서 몇 초나 상대방을 바라보는지 시간을 잴 필요는 없다. 단지 더 자신감 있는 태도를 보일 수 있도록 당신의 눈이 무엇을 하고 있는지 의식하라는 말이다.

자신감 있게 말하기: 천천히, 낮고 크게

사람들이 말하는 방식은 그들이 선택한 단어보다도 마음 상태에 관해 더 많은 것을 전달한다. 우리는 너무 조용히 말하는 사람에게 '찍소리 없이 조용하다(quiet as a mouse)'고 말한다. 아주 높은 톤으로 말하는 사람에게는 '시끄럽게 찍찍댄다(squeaky like a mouse)'고 한다. 당신은 그런 꼬리표를 달고 싶지 않을 것이다.

> 지배력이 있는 사람은 천천히 말하고 굴종하는 사람은 빠르게 말한다.
> 빨리 말하지 않으면 아무도 자기 말에
> 귀를 기울이지 않을 것이기 때문이다.
>
> — 마이클 케인(Michael Caine), 배우

생쥐보다는 사자 같은 자신감을 전달하도록 하자. 목소리에 자신감을 싣자는 문제에서는 아주 간단한 사실 하나만 기억하면 된다. 천천히, 낮고 크게 말하라.

당신이 아는 자신감 있는 사람을 생각해 보라. 그 사람이 어떤 모습을 보이는지 머릿속으로 그려보라. 그들의 말소리는 어떤가? 크고 명확할 것이다. 우물우물하거나 중얼거리지 않는다. 무슨 말인지 알아들으려면 온통 주의를 기울여야 할 만큼 작게 말하지도 않는다. 강아지나 고양이만 들을 수 있을 정도로 높은 톤으로 말하지도 않는다. 너무 빨리 말하지도 않는다. 천천히, 낮고 크게 말하라. 이제 실제로 해보자.

- 말을 약간 느리게 시작하고 속도를 잘 조절하라. 의식적으로 천천히 말하려고 노력하라. 각각의 문장을 더 천천히 말하려고 노력하는 동시에 한 문장을 끝내고 다음 문장을 시작할 때 간격을 더 길게 두도록 애써야 한다. 심장이 몇 번 고동칠 때까지 쉬고 심호흡을 한 다음 조심스럽게 다음 말을 선택한 후에 말하라.
- 목소리 톤도 생각해야 한다. 자신감 있는 사람은 꽥꽥거리는 소리나 날카로운 소리나 낄낄대는 소리를 내지 않는다. 낮고 깊은 어조로 말한다. 목소리에는 타고난 범위가 정해져 있는데 인위적으로 목소리를 낮게 내라는 것이 아니라 자연스러운 저음으로 말을 하라는 것이다.
- 마지막으로 목소리 크기를 생각해야 한다. 자신감 있는 사람은 큰소리로 말한다. 아마 당신도 목소리를 좀 키워야 할 것이다. 내 말을 믿지 못하겠다면 친한 친구들에게 물어보라. 정말 솔직하게 말해달라고 부탁하라. 필요하다면 더 크게 말할 수 있겠는가?

자신감 있게 말하는 방법은 아주 간단하다. 그러나 당장 자신감 넘치게 말할 수 있기를 기대하지는 마라. 처음에는 그렇게 말을 하기가 어색할 것이다. 자기 목소리가 이상하게 들리고 너무 크게 느껴질지도 모른다. 그러나 나는 진심으로 당신이 말을 아주 잘할 수 있게 돕고 싶다. 그러니 내 말대로 한 번 해보아라. 평생 동안 굳어진 습관이지만 바꾸려고 애써야 한다. 회의에 갈 때마다, 전화를 할 때마다, 파티에서 누구와 이야기를 나눌 때마다 느리고 낮고 크게 말하도록 의식적으로 노력을 기울이라. 머지않아 당신은 자신감 있고 호소력 있는 어조로 말을 하게 될 것이다.

자신감 쌓기 방법 : 목소리 훈련

명확하게 발음하고 목소리를 더 크고 분명하게 내기 위해 입술과 목과 혀를 준비운동시키는 재밌는 방법이 있다. 나는 이 방법을 유명한 연극 감독으로부터 배웠다. 긴장감이 심해지면 말을 더듬거나 중얼거리는 습관이 있는 사람에게 이 방법은 특히 효과가 좋다. 연습하는 소리를 누가 엿들을 염려가 없는 조용한 곳을 찾아서 크고 분명하게 아래 음절을 소리 내어 보라.

- 퍼 버(Puh buh) : p와 b 소리는 입 앞부분과 입술을 준비시킨다.
- 커 거(Kuh guh) : 이 두 경자음은 목과 혀 뒷부분을 준비시킨다.
- 터 더(Tuh duh) : 이 두 소리는 혀끝을 포함해 입 중간을 준비시킨다.

입술과 얼굴의 움직임을 크게 해서 근육이 움직이는 것을 느껴보라. 거울 앞에서 연습해 입술과 얼굴이 움직이는 모습을 보는 것이 더 좋다. 음절 한 쌍부터 부드럽게 시작하여 최소한 열두 번씩 반복하라(퍼 버, 퍼버, 퍼버, …). 소리를 거의 뱉어낼 때까지 매번 소리가 약간씩 더 커지게 소리를 내라.

횡격막으로 호흡하는 것 또한 기억하라. 배 안으로 호흡을 깊게 하면 성량이 더 풍부하고 길어진다.

불필요한 말버릇

내가 직장생활을 시작한 지 얼마 안 되었을 때 동료와 함께 워크숍을 진행한 적이 있다. 개회사를 하고 30분가량 말을 했는데 나는 문제없이 잘했다고 생각했다. 그러나 동료는 내가 첫 10분 동안에만 "있잖아요"라는 말을 40번도 넘게 했다고 했다. 나중에는 그 말을 몇 번이나 하는지 세는 것도 귀찮아서 그만두었다는 것이다.

나는 깜짝 놀랐고 정말이지 내 자신에게 짜증이 났다. 그러나 그 일로 큰 교훈을 얻었다. 많은 사람들이 "있잖아요", "그러니까", "제 말 뜻은", "음~" 같은 말을 많이 쓴다. 이런 말들은 특별한 의미를 부여하는 말들이 아니다. 군더더기일 뿐이다.

당신이 자주 쓰는 말을 살펴보라. 사람들이 가장 많이 쓰는 말은 "어", "음" 등이지만 이런 말도 많이 쓴다.

- 저는 '단지' 과장일 뿐입니다.
- 그건 '그냥' 제 취미일 뿐입니다.
- 다시 만나길 '바랍니다'.

'단지', '그냥', '바랍니다'와 같은 말은 당신을 약해 보이게 하므로 쓰지 않는 것이 좋다. 뿐만 아니라 당신 입에서 나오는 말을 전부 생각해 보라. "…하도록 노력하겠습니다"라고 말하기보다는 "…하겠습니다"라고 말하라. "제가 …을 좋아하는 것 같습니다"라고 말하지 말고 "저는 …을 좋아합니다"라고 말하라.

또한 더 긍정적인 말을 쓰는 것이 좋다. "있잖아요"라는 말을 너무 자주 쓴다는 것을 알고 난 후로 한동안 나는 무척 자의식적이 되었다. 매번 "있잖아요"라는 말이 튀어나올 때마다 내면의 비난자가 공격해 내 자신이 바보스럽다고 느꼈다. 그렇지만 차츰 나아졌다. 말을 하기 전에 의도적으로 쉬고 좀 더 신중하게 단어를 선택하는 것으로 나는 불필요한 말을 가려낼 수 있었다.

당신이 쓰는 말에서 쓸데없는 말은 가려낼 수 있도록 친구의 도움을 받아라. 회의석상이나 행사에서 앞에 나가 말을 해야 할 때는 믿을 수 있는 친구에게 모니터 해달라고 부탁하라. 그렇게 당신을 자신감 없어 보이게 만드는 말은 찾아내어 쓰지 마라.

실수에서 배우면 다음번에는 제대로 해낼 수 있다.

다른 사람도 할 수 있다면…

55세인 도널드는 한 은행의 지역 본부장이다. 그가 책임지고 있는 은행 지점은 400개가 넘고 관리하는 직원도 6,000명이 넘는다. 그러나 도널드는 직장 생활에 정체기를 겪고 있다면서 코칭을 받기 위해 나를 찾아왔다. 실적을 덜 내는 다른 지역 본부장들이 그를 앞질러 승진하고 있다는 것이다. 그는 자기가 이룬 성과를 알리고 싶었지만 자기 홍보를 잘하고 있지 못했다. 함께 이야기를 나눈 결과 우리는 그의 인지도를 높이고 실제로 승진을 책임지고 있는 은행 간부들과의 관계를 개선해 보기로 했다.

그는 사람들이 자신을 알리기 위해 어떻게 행동하는지 알아내기 위해 동료들을 관찰하기 시작했고, 어떻게 하면 자기 성과를 돋보이게 만들 수 있을지 알아냈다. 중요한 행동 하나는 회의에서 말을 더 많이 하는 것이었다. 그는 회의에서 말을 가장 많이 하는 동료가 중역의 눈에 더 띈다는 사실을 알았다. 얼마나 가치 있고 보탬이 되는 말을 하느냐가 아니라 단순히 입을 여는 행위가 중요했다. 그래서 도널드는 회의에서 더 말을 많이 하자는 목표를 세웠다. 그는 지금까지 회의에 참석할 때마다 자발적으로 말을 많이 하지 않고 자신감이 없는 사람처럼 다른 사람들이 말하는 것을 살피기만 하는 편이었다. 그는 회의에 들어가기에 앞서 사전 준비 없이 즉흥적으로 말을 하는 것처럼 발언하고 질문을 던지기 위해 준비하는 시간을 가졌다.

또한 도널드는 많은 동료들이 런던에 있는 은행 본부에 필요한 것보다 더 자주 방문한다는 사실을 알았다. 그는 오직 필요한 경우에만 방문했지만 경쟁자들은 더 멀리에서도 본부를 더 자주 찾았다. 자기 지역 본부 상황을 보고한다는 명목이었지만 그보다는 대인관계를 위해서였다. 몇 가지 간단한 행동 변화를 주는 것만으로도 도널드는 다음 승진 때는 자기가 막강한 후보라는 자신감을 느꼈다.

아는 것을 행동으로 옮기기

당신은 자신감 있게 행동하는 것이 무엇인지 알았다. 그러나 행동으로 옮기는 것은?

행동을 바꾸는 일은 식은 죽 먹기처럼 간단하기도 하고 동시에 끔찍하게 어렵기도 하다. 이해하기 쉽다는 면에서는 간단하다. 자세를 더 똑바로 펴고 더 큰 소리로 말하는 것은 복잡한 계산을 암산하는 것만큼 어렵지 않다. 그러나 습관을 바꾸어야 한다는 면에서 어렵다.

담배를 끊는 것을 생각해 보라. 이론은 간단하다. 담배를 쓰레기통에 던져버리고 다시는 집어 들지 않으면 된다. 그러나 많은 사람들이 담배를 끊는 데 어려움을 겪는다. 아침에 일어나자마자 담배부터 집어 들고, 커피를 마시거나 친구들과 맥주를 마시면서 담배를 피우는 것이 습관이 되었기 때문이다.

자신감 없는 태도로 말하고 행동하던 과거의 몸에 밴 습관도 마찬가지다. 이제부터 당신이 해야 할 일 뒤에 있는 개념은 이해하기 쉽다. 그러나 이 새로운 습관을 유지하기 위해서는 자기가 하는 행동을 끊임없이 의식해야 한다. 당신이 더욱 자신감 있게 행동하기 원한다면 연습해야 한다. 연습을 하고 또 하라. 그다음에 조금 더 하고, 또 하라.

직접 해 볼 차례!

자신감 있는 몸짓 언어를 몸에 익히고자 할 때 너무 많은 것을 한꺼번에 하려고 하는 것은 실수다. 몇 가지를 완전히 습득한 다음 다른 것으로 넘어가라. 그렇다면 지금 당장 연습할 세 가지 행동은 무엇인가?

- --
- --
- --

당신이 이루고자 하는 몇 가지 변화를 글로 적는 것은 훌륭한 출발점이다. 사람들과 어울릴 때 더 당당하게 행동하고 사랑하는 사람에게 더욱 적극적으로 행동하기 원할 수 있다. 인맥을 쌓고 고객을 만날 때, 사람들 앞에서 말을 할 때 더욱 자신감 있었으면 할 수도 있다. 당신이 원하는 것이 무엇이든 그 능력을 자기 것으로 만들 수 있도록 계속해서 다음 장에서 SPOT 목표 세우는 법을 알아보자.

앞으로 또 위로!

- 더욱 자신감 있는 사람이 되기 위해 자신 있게 행동하는 법을 배우고 나면 싸움의 절반은 이긴 것이다. 처음에는 자신이 없더라도 자신감 있는 태도로 행동하면 당신은 스스로에 대해 자신 있게 생각하고 느끼게 될 것이다.
- 당신의 자세가 말에 앞서 지금 당신 마음이 어떤지 다 나타내 버린다. 자세를 똑바로 하고 당당해 보이도록 머리에 붙어 있는 은줄이 위로 잡아당긴다고 상상하라.
- 주변에서 자신감 있는 사람들을 찾아보라. 그들이 어떤 말을 하고 어떻게 행동하는지 잘 보고 그들에게서 배운 것을 당신 자신의 행동 목록에 통합하라.
- 몸의 긴장을 해소할 수 있을 때까지 횡격막 호흡과 근육이완법을 연습하라.
- 하룻밤 사이에 무엇이 달라지기를 기대하지 마라. 나쁜 습관을 버리고 새로운 습관이 몸에 붙게 하기 위해서는 연습과 인내심이 필요하다.

Chapter 04

자신 있게 목표 설정하기

꿈을 향해 당당하게 나아가면서
꿈꾸는 삶을 살기 위해 분투하다 보면
평상시에 예기치 못했던 성공을 만날 것이다.

— 헨리 데이비드 소로(Henry David Thoreau), 작가

이번 장에서 배울 것

- 최대의 능력을 발휘하게 해 줄 내 강점을 찾는다.
- 행동하도록 동기를 부여할 자신감 있는 미래를 그린다.
- 만족하고 자신감 있는 삶을 살게 해줄 개인적 가치를 찾아낸다.
- 실제로 성취하기 원하는 효과적인 목표를 설정한다.
- 더 자신감 있는 나를 만들어 나갈 실제적인 단계를 밟아나간다.

스파이스 걸스(Spice Girls)는 여자 팝 그룹 가운데 역사상 최고의 음반 판매 기록을 자랑한다. 이들의 데뷔곡 '워너비(Wannabe)'는 말도 안 되는 가사에도 불구하고 전 세계적으로 수백만 장이 팔렸다. 당신도 "what I want, what I really really want"라고 노래하는 이 그룹의 노래를 들어보았을 것이다. 그런데 노래를 더 들어보면 이들이 "정말로 정말로" 원하는 것이 "지그재그 하(zigazig ha)"라고 한다.

뭐라고? 나는 '지그재그 하'가 동사인지 명사인지도 모르겠다. 무슨 행동을 말하는 것인지, 물건을 말하는지도 알 수 없다. 그러나 그것이 무엇이든, 스파이스 걸스는 그것을 정말로 정말로 원한다. 그렇다면 당신이 정말로 정말로 원하는 것은 무엇인가?

'당신은 무엇이든 할 수 있다. 그러나 당신이 모든 것을 할 수는 없다'는 말이 있다. 목표를 세우지 않으면 목적지도 없이 돌고 돌게 될 것이라는 말이다. 한도 끝도 없이 에너지를 사방팔방에 뿌리느라 그 어디에도 당도하지 못할 것이다. 목표가 있으면 나아갈 방향을 명확히 설정하고 계획을 세울 수 있으며 행동에 옮길 수 있다.

새해를 맞으면 우리는 너 나 할 것 없이 새해 결심을 한다. '올해는 반드시 날씬한 몸매를 만들자', '더 좋은 일자리를 찾자', '사회성을 기르자', '나쁜 습관을 버리자', '저축을 하자' 등등. 그렇지만 대부분의 사람들이 결심을 지키지 못하고 소위 작심삼일로 끝내고 만다. '바쁘니까', '다른 급한 일부터 해야 해서'와 같은 핑계를 대면서 오랜 나쁜 습관으로 또다시 젖어들고 만다.

그런 당신에게 좋은 소식이 있다. 수많은 연구 결과와 그동안 해온 실제적 경험을 보면 우리가 추구할 목표를 효과적으로 세우는 방법이 있다는 것이다. 그래서 나는 당신이 정말로 정말로 원하는 것을 얻을 수 있도록 돕는 방법을 나누고자 한다.

수정 구슬 들여다보기

미래를 들여다 볼 수 있다면 얼마나 좋을까! 로또 당첨 번호를 미리 안다면, 집값이 올라갈지 내려갈지 알 수 있다면, 직업, 관계, 건강, 자녀, 그 외에도 모든 것이 앞으로 어떻게 될지 알 수 있다면 얼마나 좋을까! 물론 그럴 수 있는 사람은 없다. 그러나 당신은 그 다음으로 좋은 일을 할 수 있다. 당신 미래를 당신 손으로 직접 만드는 것이다.

자신감 있는 사람은 미래가 저절로 펼쳐지기만 기다리지 않고 스스로 미래를 만든다. 최고의 직업을 갖고 가장 좋은 사무실을 차지하고 싶다면 그것을 손에 넣기 위해 무엇을 어떻게 해야 할지 방법을 알아낸다. 가정을 꾸리고 안정되게 살고 싶다면 미래의 배우자를 만날 기회를 만든다. 당신도 그렇게 할 것이다. 당신이 원하는 삶의 비전을 만드는 것으로 삶을 당신 손 안에 쥘 수 있다.

그렇다면 비전이란 무엇인가? 비전이란 당신이 원하는 삶에 대한 그림이다. 삶이 여정이라면 당신의 목적지는 어디인가? 당신이 가치와 보람이 있는 미래를 향해 가고 있다고 믿는다면 역경과 장애를 겪더라도 원하는 미래로 가는 도중에 다소 불편한 일을 만난 것뿐이라고 여길 수 있다. 당신의 비전에 가까이 다가가고 있다는 것을 알고 있으므로 통제감과 자신감을 느낀다.

자신감 있는 사람은 확실한 비전을 갖고 있다. 바꿀 수 없는 계획이 아니라 전반적인 방향이다. 그들이 그것을 비전이라 부르지 않더라도, 비전을 갖고 있지 않은 것은 아니다. 아마도 그들은 그것을 장기적 목표, 계획, 야망이라고 생각할 것이다. 아니면 목적의식이나 삶의 의미라고 여길 것이다. 그러나 핵심은, 자신감 있는 사람은 삶의 비전을 갖고 있다는 것이다.

성공할 준비 갖추기

당신이 존경하는 사람에 관한 모든 것을 모으라. 친구, 동료, 유명인사, 역사나 영화에 나오는 인물도 될 수 있다. 그 사람의 어떤 면을 존경하는가? 당신 자신의 삶에서 원하는 것에 대해 그들이 말해주는 것이 무엇인지 자신에게 물어라.

비전이 있으면 계획을 세우고 행동으로 옮길 수 있다. 비전을 갖는 일은 휴가를 선택하는 것과 같다. 휴가를 어디로 갈지 결정할 때 우리에게는 수많은 선택이 주어진다. 아스펜으로 스키를 타러 갈 수도 있고, 호수 지방을 산책하는 것도 좋으며, 뉴욕에서 쇼핑을 할 수도 있고, 베이징 관광을 가도 되고, 인도 땅을 걸어도 되고, 바하마에서 태양을 즐길 수도 있다. 그러나 어디를 갈지 결정하기 전까지는 계획을 세우거나 마음이 들뜰 수 없다. 해변에서 칵테일을 음미하거나, 부츠 밑에서 사각거리는 눈을 느끼고 있는 내 모습을 그려볼 수 있어야 실제로 발동이 걸린다. 목적지가 정해져야 가져갈 짐을 꾸릴 수 있고, 거기까지 가는 데 이용할 교통수단을 정하고, 필요한 도구와 거기 가서 할 일과 방문할 곳을 정할 수 있다.

한편 그날 하루 일진이 사나웠더라도 다가오는 휴가를 그려보는 것으로 다시 마음에 여유를 찾고 신이 나서 생활할 수 있다. 삶의 비전이 당신에게 해줄 수 있는 일도 그와 마찬가지다. 따라서 당신은 비전을 갖는 것으로 다음과 같이 될 수 있다.

- 삶을 계획하고 활력 있게 살 수 있다.
- 밝은 미래가 내 것이 될 수 있음을 상기한다.
- 비전을 성취할 때까지 의욕을 잃지 않고 노력할 수 있다.

인간은 미래를 생각할 수 있는 유일한 동물이므로 그 재능을 잘 이용해야 한다. 당신의 원대한 야망이 사회생활에서 자신감 있고 인기 있는 사람이 되는 것이든, 사업에 성공하는 것이든, 운동 경기에서 승리하는 것이든, 훌륭한 부모가 되는 것이든 진짜로 거기 도달하게 해줄 비전이 필요하다.

직접 해 볼 차례!

비전이란 큰 문제이지만 작은 일부터 시작할 수 있다. 나는 이것을 '묘비 질문'이라 부른다.

- 당신의 묘비에 어떤 좌우명을 적고 싶은가? 10단어 내외로 적어라.
- 당신이 살면서 이루고 싶은 것은 무엇이고, 당신 삶에서 길이 기억되기 원하는 것은 무엇인가?

> 기왕에 생각할 것이면 크게 생각하라.
>
> — 도널드 트럼프(Donald Trump), 기업가

당신의 장점을 살려라

비전을 만드는 것은 환상을 꿈꾸는 백일몽과는 다르다. 나는 제임스 본드나 제이슨 본 같은 끝내주는 국제 스파이가 되고 싶지만 그런 일이 현실이 될 가능성은 거의 제로다. 사격장에 나가봤지만 내 사격 실력은 보통도 안 되었다. 나는 맨손 싸움에도 소질이 없고 압박감이 심한 상황에서는 어떤 일도 잘 못한다.

성공을 향한 비전은 현실에 근거해야 한다. 자기 강점, 타고난 재능, 내가 잘하는 일이 무엇인지 알아야 한다. 우리는 저마다 자기 강점을 갖고 있고 그런 자기만의 강점을 이용할 때 일을 더 자신감 있게 해낼 수 있다.

축구팀에 비교해 생각해 보라. 훌륭한 중앙공격수와 실력이 탁월한 골키퍼가 있다고 해보자. 그런데 감독이 골키퍼를 중앙공격수 자리에 기용하고 중앙공격수에게 골키퍼를 시켰다면 어떻게 될까? 선수들이 경기에서 최고의 기량을 발휘할 수 있을까? 실력을 발휘하지 못할 확률이 높다. 이 두 선수가 새로운 역할에 자신감을 느끼겠는가? 아마도 아닐 것이다.

약점을 곱씹기보다는 강점에 중점을 둘 때 더 자신감이 있고 성공할 확률도 높다. 당신이 이끌어 가고자 하는 삶의 비전을 만들 때도 강점에 중점을 두고 노력할 때 거기 도달하기 위해 최선을 다하게 된다.

정말 싫고 못하는 일을 하는 것보다 잘하는 일에 에너지를 쏟는 것이 훨씬 더 재미있다는 것을 당신도 직접 경험하여 알 것이다. 정말 하기 싫은 일이 무엇이냐고 물으면 생각할 것도 없이 당장 대답이 나오는 일은 무엇인가?

당신이 정말 멋지게 잘 해낼 수 있는 일은 무엇인가? 많은 사람들이 자기가 가진 재능이 별것 아니라고 깎아내린다. 그러나 설령 당신이 가진 재능이 당신에게는 당연한 것으로 여겨지더라도 다른 사람에게는 쉬운 일이 아니다. 당신은 외국어에 능통한가? 요리로 친구와 가족을 기쁘게 해주는 재능을 가졌는가? 컴퓨터가 고장 났다고 할 때마다 기술자를 자청하는가? 사람들이 문제를 호소할 때마다 마음을 함께 나누면서 귀 기울여주는 재능을 가졌는가? 당신이 가진 재능이 무엇이든 그 재능을 이용할 때 능력 있게 일하고 문제를 해결하기도 더 쉽다.

모든 일을 다 잘하는 사람은 있을 수 없다. 자신감 있는 사람은 자기 약점만 들먹이며 자신을 들볶지 않고 자기의 강점에 점수를 준다. 데이비드 베컴이 자기가 골키퍼가 아닌 것으로 스스로를 들볶지는 않을 것이다. 당신의 삶이 축구경기라면 당신의 강점이 무엇인지, 어떤 포지션이 당신에게 가장 적절한지 알아내라.

한 사람이 모든 것에 다 능할 수는 없다.
각자 자기가 특별히 잘하는 일을 갖고 있다.
— 에우리피데스(Euripides), 그리스 극작가

직접 해 볼 차례!

당신의 강점을 찾아내도록 도와줄 두 가지 진술이 있다.

- 나는 _____ 을 잘한다.
- 나는 _____ 을 즐긴다.

이 두 가지 진술을 복사하여 한 진술 당 적어도 열 가지는 적어보자. 그렇다, 열 개다. 대부분의 사람이 자기 강점을 말해보라고 하면 지나치게 겸손하다. 당신도 겸손한 성격을 극복해야 한다. 삶의 여러 가지 분야를 모두 생각해 보라. 당신의 강점은 사람을 다루는 일에 있을 수도 있고 숫자, 사실, 동물, 계획, 음식, 기술, 생각, 패션, 자기 자신, 아니면 다른 것을 다루는 데 있을 수도 있다. 마음에 떠오르는 모든 강점을 포착하라. 별 볼 일 없고 사소한 것이라는 생각이 들더라도 적어라. 모두 적고 나면 그것을 다시 살펴보라. 무엇이 보이는가?

지금 한 번 해보라. 5분만 시간을 내어 깨끗한 종이 위에 이 문장을 완성해 보라. 곧 당신은 새로운 강점이 머릿속에서 튀어나오는 것을 느낄 것이다. 만일 강점이 떠오르지 않는다면 친구나 가족에게 도움을 청해보라. 직접 만나든 전화를 걸든, 지금 당신이 자기 계발 프로젝트를 하고 있는 중이라고 설명하는 이메일을 보내든 하라. 페이스북에 '제가 잘하는 일이 뭐라고 생각하는지 답글 달아주세요'라는 글을 올려놓아도 좋다.

당신이 자신에 관해 생각하는 것보다 친구와 가족들은 당신에 관해 훨씬 더 많은 긍정적인 말을 적극적으로 해줄 것이다. 따라서 당신은 금방 자신의 강점을 많이 모을 수 있을 것이다. 시간이 많으면 더 깊이 있게 자기 장점을 찾아보라. 이 연습은 살면서 가졌던 좋은 시간을 되새겨보자는 것에 목적을 두어야 한다. 삶을 되돌아보면서 삶의 다른 단계마다 이용했던 강점을 찾아낼 수 있을 것이다.

그렇지만 시간을 들여야 한다. 이 일은 한 번에 앉아 끝낼 수 있는 일이 아니다. 시작할 수 있는 좋은 방법은 옛날 앨범을 넘겨보면서 과거 좋았던 시간을 되새겨 보는 것이다. 와인을 들고 소파에 앉아 함께 했던 사람들, 즐거웠던 경험들을 펜과 노트를 들고 돌아보아도 좋고, 아니면 따뜻한 커피와 크루아상을 놓고 컴퓨터 앞에서 해보아도 좋다. 과거에 이룬 일들을 되돌아보는 일은 생각보다도 훨씬 더 재미있을 것이다.

행동으로 옮겨라 : 자기 강점 이야기하기

자기가 가진 강점을 발휘하면서 산다면 만족스럽고 성공적인 삶을 살 수 있지만 우리는 오히려 자기 강점에서 멀어지도록 길을 잘못 접어드는 일이 많다. 가장 만족한 삶을 살았던 시기가 언제냐고 물으면 어린 시절이었다고 대답하는 사람이 많다. 따라서 이런 이야기하기 연습은 잊고 있던 강점을 추적하는 데 좋은 방법이다.

분명하게 기억할 수 있는 시점까지 되짚어 올라가라. 어떤 사람은 사춘기까지밖에 기억하지 못하지만, 어떤 사람은 7, 8살까지도 기억해낸다. 기억할 수 있는 한 기억을 최대한으로 끌어내어 적어보라.

1. **그때 당신에게 일어난 일을 대략적으로 적어라.** 어디에서 살았고, 누구와 시간을 보냈으며, 무엇을 했는지 몇 가지 핵심 사항을 적으

면 된다. 옛날 사진을 넘겨보면 기억을 되살리는 데 도움이 될 것이다.

2. **당시의 중요 사항을 적어라.** 그때 경험하거나 이룬 성취에서 가장 핵심이 되는 것은 무엇인가? 당신이 성취한 모든 것을 포함하도록 가능하면 광범위하게 성공을 정의하라. 큰일이거나 작은 일이거나 당신이 해냈고, 극복했고, 자랑스럽게 여겼고, 즐겼던 모든 일을 적어라. 각각의 일에 대해 몇 단어나 한 문장만 적어도 된다. 그러나 그 해에 이룬 일을 적어도 두세 가지는 적겠다는 목표를 세워라.

3. **이어서 그 다음 해로 넘어가라.** 현재에 이르기까지 매해에 대해서 1번과 2번 질문에 답하라.

4. **당신이 가장 소중하게 여기는 순간을 펼쳐라.** 되돌아보면서 큰 기쁨을 느꼈던 소중한 일이나 성공한 일을 설명하는 글을 한 단락 써라. 글은 당신이 한 일을 친구에게 이야기해 주는 식의 일인칭 시점으로 써라. 당신이 한 행동과 결정에 중점을 두어라. 기억에 남는 순간이 된 당신이 한 일, 한 말, 만든 변화를 적어라.

5. **이야기에서 동사에 주목하라.** 당신이 한 행동과 결정을 살펴라. 어떤 재능을 발휘하여 일을 성공시켰는가? 당신의 강점은 어떤 일에서도 발휘될 수 있다. 다른 사람의 말에 경청하고 자신이 귀한 사람이라고 느끼도록 다른 사람을 대하는 것도 재능이다. 문제를 분석하고 기술을 이해하는 능력이나 동물을 다루는 능력이 있을 수도 있다. 고결한 인품으로도 당신이 강하다고 느낄 수 있다. 손으로 무엇

을 만들고, 다른 사람에게 감동을 주고, 협상을 하고, 공감을 보이고, 현상유지에 도전하고, 다른 사람에게 봉사하는 일에 강하다고 느낄 수도 있다.

이 연습은 시간이 걸리지만 할 만한 가치가 있다. 한 번에 끝내버릴 생각을 하기보다는 며칠이나 몇 주에 걸쳐 하라. 과거의 성취와 좋았던 시간을 되돌아보는 일은 즐겁다. 게다가 과거의 성취와 당신이 갖고 있는 능력을 되새기다 보면 자신감이 부쩍 올라갈 것이다.

이 책의 가치는 읽는 데 있지 않고 실제로 해보는 데 있다는 것을 기억하라. 자기 강점을 찾아내는 일이 무엇인지 이해를 못할 사람은 없겠지만 이해가 곧 실행은 아니다. 당신의 강점을 알아야 직장 안에서건 밖에서건 자신감 있게 할 수 있는 역할을 찾을 수 있다.

자신 있는 미래 만들기

이제 당신의 비전을 세워야 할 시간이다. 비전은 당신의 미래에 대한 영감을 불러일으키는 그림이다. 당신의 삶이 어떻게 될 것인지가 아니라 당신이 삶을 어떻게 만들고 싶은지에 대한 것이다. 비전에는 당신이 삶에서 성취하기 원하는 모든 것이 담겨 있으므로 소름이 돋을 만큼 장엄해야 한다. 당신이 삶의 비전을 제대로 세운다면 그것을 생각할 때마다 당신 얼굴에 미소가 떠오를 것이다. 비전을 세울 준비가 되었는가?

행동으로 옮겨라 : 삶의 비전 만들기

당신의 미래는 과거나 현재보다 더 나아질 수 있다. 꿈을 크게 가져라. 당신의 삶이 매우 근사하게 풀린다면 당신은 어떤 모습으로 살고 있을까? 자, 이것은 기회다. 이 연습을 시작하기 전에 기분을 긍정적이고 낙관적으로 만들어야 한다. 좋아하는 활동을 하여 차분하고 낙관적인 기분으로 만들어라.

이제 30분 정도 방해받지 않고 생각할 수 있는 시간과 장소를 마련하라. 5년이나 10년 후에 특별한 당신 생일 파티가 열렸다. 마음의 눈으로 당신을 축하하기 위해 아는 사람이 모두 모인 파티를 그려보아라. 당신이 다른 삶을 살기로 마음먹은 지 10년이 지났다. 당신은 열심히 일했고 역경을 극복했으며 원하던 목표를 이루었다. 이제 기쁨과 웃음소리가 공중에 울려 퍼지는 소리를 들으라. 당신을 위해, 당신이 살아온 삶을 위해, 그리고 당신이 이룬 성공을 위해 술잔을 들어 올려라. 중요한 몇몇 사람에게 당신의 성공을 축하하는 연설을 부탁하라. 그들이 당신에 관해 무슨 말을 할까? 아래 단계를 통해 당신의 비전을 세워라.

1. 마음껏 상상력을 발휘하라. 단순하게 지금 상황을 미래로 확대하는 일은 피하라. 당신의 비전은 확실하게 현실이 될 일이 아니라 가능성이다. 앞으로 10년 동안 삶이 원하는 대로 잘 풀렸다고 상상하라. 미래는 어떤 모습이고 어떤 기분일까?

2. 누구에게 당신 삶을 축하하는 연설을 맡길지 생각해 보라. 당신의 멋진 삶의 여러 영역을 이야기해 줄 사람을 선택하라.

3. 그 사람들이 당신에 관해 할 말을 자세하게 적어라. 제1장에서 살펴본 자신감 있는 삶의 8가지 영역을 생각해 보라. 신체적 건강, 친밀한 관계, 가족, 사회, 직업, 경제 생활, 삶의 목적의식, 그리고 여가

생활이다. 이번 장 앞쪽에서 생각해 본 당신의 강점도 기억하라. 사람들이 하는 연설에는 당신이 성취한 일만이 아니라 당신이 거기 이르기 위해 이용한 강점도 들어 있어야 한다.

4. 사람들이 하는 말을 듣고 당신이 어떤 반응을 보일지 생각해 보라. 주인공으로서 당신은 지난 10년 동안 당신이 걸어온 길에 대한 생각을 나누지 않고 그 자리를 모면할 수 없다. 무슨 말을 하겠는가? 당신이 하고 싶은 가장 중요한 말은 무엇인가? 지금 이 자리에 오기까지 당신은 당신의 강점을 어떻게 이용했는가? 그 자리에서 어떤 기분을 느끼는가?

다른 사람도 할 수 있다면…

알렉스는 28세고, 지난 4년 동안 시내 중심가에 있는 소매상점 부지점장으로 일했다. 그는 부부가 사는 집에 방 하나를 빌려 살면서 그럭저럭 불편하지 않게 지내고 있고 친하게 지내는 친구들도 있다. 그러나 직장생활에도 독신생활에도 따분함과 좌절감을 자주 느끼지만 자기만의 공간을 마련할 만한 돈은 없다. 그러던 어느 날 알렉스는 이대로 가다간 10년이 지나 38살이 되어도 늙은 부지점장으로 월세를 살면서 지금과 똑같은 기분으로 똑같은 생활을 할 것이란 생각에 정신이 번쩍 났다. 더 이상 이대로 있을 수는 없었다. 그는 자기 인생을 자기 손에 쥐기로 결심했다. 그는 자기 미래가 어떻게 변하기 원하는지 적었다.

오늘은 내 마흔 번째 생일이다. 친구들과 가족, 여자 친구가 모두 나를 축하해 주기 위해 한자리에 모였다. 지난주에 내가 일하는 기술

자문회사 사장이 내게 회사 동업자로 일하자고 요청했으므로 축하받을 일이 두 가지다.

우리 아버지가 맨 먼저 내게 축하의 말을 했다. "아들아, 생일 축하한다. 나는 네가 무척 자랑스럽다. 네가 20대 후반이었을 때 나는 네가 삶을 목적 없이 살고 있다고 느꼈고 금방 30대, 40대가 될 텐데 아무것도 이룬 것이 없으면 어쩌나 걱정이 많았다. 그런데 이렇게 달라진 네가 무척 자랑스럽다. 다시 대학에 들어가서 소프트웨어 엔지니어링을 공부하고 삶을 다르게 살기 시작한 것도 자랑스럽지만, 가장 자랑스러운 것은 네가 가족에게 기울인 노력이다. 20대에는 가족과 멀리 지냈지만 지금은 부모를 보러 집에도 자주 들르고 조카들에게도 다정하고 멋진 삼촌 노릇을 하고 있다. 생일 축하한다, 아들아. 이제 얼른 너의 반쪽과 가정을 꾸리기 바란다."

다음은 절친한 친구 피터가 내 성공을 축하해 주었다. "생일 축하해, 친구. 나는 네가 이 정도로 해낼 줄 정말 몰랐어. 갚지도 못할 거면서 언제나 월말에 갚겠다고 돈을 빌려 달라던 옛날의 알렉스로 남을 줄 알았더니, 이렇게 좋은 집에서 이런 축하파티를 열 줄이야. 네 집 부엌이 우리 아파트 전체보다 더 넓어. 그렇지만 이런 성공은 네가 열심히 공부하고 일을 한 결과야. 너는 이 모든 것을 누릴 자격이 있어. 잘했어, 친구야. 오늘을 마음껏 즐겨라!"

마지막으로 내 상사이자 친구(그 사람을 윌리엄이라고 부르겠다)가 축하의 말을 했다. "나는 자네가 성공하고자 하는 의지가 아주 강해 보이는 것이 인상적이어서 고용했지. 물론 자네가 아무런 경험도 없다고 반대하던 사람들도 있었어. 그렇지만 나는 자네 눈빛에서 매우 단호한 의지를 보았네. 자네는 우리 회사에서 일하게 된다면 일을 제대로 마치기 위해서라면 초과 근무도 마다하지 않겠다고 말했어. 자네는 자네가

한 약속을 지켰네. 나는 오늘 자네 생일을 축하하고, 동시에 1월부로 나의 파트너가 되는 것을 축하하네!"

직접 해 볼 차례!

지금 당장은 당신이 삶의 비전을 적기 위해 30분도 시간을 낼 수 없다 하더라도 하루 몇 분 백일몽에 잠겨 보내는 시간이 분명 있을 것이다. 그런 시간 중에 당신의 이상적인 미래를 그려라. 자, 지금 당장 해 보아라. 눈을 감고 창밖을 내다보며 마음의 눈이 미래로 향하도록 하라.

- 당신은 무엇을 하고 있는가?
- 누구와 함께 있는가?
- 직장에서 그리고 직장 밖에서 무슨 일이 일어나는가?

당신의 상상력이 마음껏 발휘되게 두어라. 단, 백일몽에 잠겨 있는 동안 기계 조작만은 금할 것!

당신이 삶의 비전을 추구하는 데 일어날 수 있는 최악의 일은 무엇인가? 그 비전을 성취하지 못하고, 지금 이대로의 모습으로 끝나고 마는 정도일 것이다. 그러나 당신의 비전을 좇는 데 일어날 수 있는 최상의 일은 무엇인가? 당신이 꿈을 이루었다면 얼마나 좋을지 상상하라.

완벽한 그림

달리 생각할 수도 있다. 비전은 미래에 대한 그림이므로 당신이 원하는 대로 마음껏 그려보는 것이다. 당신도 대부분의 사람들의 뇌가 왼쪽이나 오른쪽, 어느 한쪽으로 더 치우쳐 있다는 말을 들었을 것이다. 좌뇌형 사람은 논리적이고 선형적인 방식으로 생각하며 그림으로 그리기보다는 글로 쓰기를 선호한다. 우뇌형 사람은 더 창의적이고 말보다는 이미지에 더 영향을 받는다.

나는 좌뇌형이다. 나는 내 생각을 글로 쓰기를 더 좋아하고 그림이나 창의적인 것은 불편하다. 반면 이미지를 좋아하는 우뇌형 사람들은 언어 앞에서는 움츠러든다. 당신이 말이 아닌 다른 형태로 비전을 만들기 원한다면 그렇게 하도록 해라. 잡지에서 그림을 오려내 스크랩북을 채우거나 콜라주를 만들어도 좋고, 당신의 비전을 상징하는 그림을 그리거나 만화로 만들어도 좋다. 종이 반죽으로 조각을 빚거나 자기 모습을 비디오로 찍어도 좋다. 무엇이든 당신에게 맞는 방법을 이용해 당신의 비전을 만들어 보아라.

진정한 삶 살기

이것은 당신의 비전이고 당신의 삶이란 것을 기억하라. 당신의 비전은 당신의 진정한 목적과 야망을 포착해야지, 친구나 동료, 부모나 형제, 이웃의 야망을 그려서는 안 된다. 많은 사람이 자기가 원하는 일이 아니라, 해야만 한다고 생각하는 일을 하는 경우가 많은데 다른 사람에게는 더할 수 없는 행복이 자기에게는 힘들고 단조로운 일이 될 수도 있다.

다른 사람이 하니까 나도 덩달아 따라 하고 있는 것은 아닌지 생각해 보아라. 다른 사람의 기대대로 대출을 받아 집을 사고 자리 잡고 살지 마라. 다른 사람이 모두 더 많은 봉급과 화려한 직함을 좇더라도 그것이 당신이 진정 원하는 길이 아니라면 그럴 필요 없지 않겠는가? 다른 사람이 무엇을 기대하든 당신이 원하는 일을 좇아야 한다. 남들이 다 하는 일이니까 하기보다는 당신이 정말로 원하는 일을 추구하라. 진정한 자신감은 주변 사람의 꿈을 좇는 것이 아니라 자기 자신의 꿈을 따르는 것에서 나온다.

> 나는 성공의 열쇠가 무엇인지는 모르지만 실패의 열쇠가 무엇인지는 안다.
> 그것은 모든 사람을 웃기려고 하는 것이다.
> — 빌 코스비(Bill Cosby), 코미디언

비전인가 백일몽인가?

비전을 백일몽과 구별되게 하는 것은 성취이며, 비전은 당신이 성취하기 바라는 것에 대한 동기를 부여하는 그림이다. 비전은 당신에게 행동하고자 하는 의욕을 불어넣지만 백일몽은 행동도 없고 결과도 없는 단지 하릴없는 생각이다.

비전과 백일몽의 차이

비전	백일몽
자기 노력에 달렸다.	운에 달렸다(예: 로또에 당첨되었으면 좋겠다. 탤런트 스카우터의 눈에 띄면 좋겠다.)

내 삶은 내가 주도한다.	다른 사람이 내 삶을 이래라저래라 하게 허용한다.
내가 책임지고 일한다.	일이 잘못된 것에 다른 사람이나 상황을 탓한다.
원하는 상황을 내가 만든다.	상황이 좋아질 때까지 기다린다.
행동 계획을 세운다.	간간이 생각이야 하지만 절대 오래 가지 못한다.
매일 작은 노력을 통해 성취한다.	현실 가능성이 없는 장면을 꿈꾸거나 조급하게 이루려고 한다.
오늘 당장 행동한다.	행동은 다음으로 미룬다.

선택은 당신에게 달렸다. 변하기를 바라기만 한다면, 어깨만 으쓱하고 아무것도 하지 않는다면 당신이 실망시킬 사람은 오직 당신뿐이다. 책임자 노릇을 하라. 당장 책을 내려놓고 무엇인가 하라. 단지 펜을 들고 종이에 적는 것일지라도 행동을 하는 것이다!

가치 있는 삶 살기

무엇보다도 자기 자신에게 진실하라.
— 윌리엄 셰익스피어(William Shakespeare), 극작가

당신이 가치 있게 여기는 것은 무엇인가? 당신에게 중요한 것은 무엇인가? 당신이 오직 한 가지만 되거나 가질 수 있다면 그 한 가지는 무엇인가? 이것은 삶의 진정한 의미를 묻는 중요한 질문이다. 당신 삶

의 의미는 무엇인가?

가치란 사람들이 삶을 어떻게 살아야 할지 행동 지침으로 삼는 기준이나 지침이다. 어떤 사람은 이것을 삶의 태도나 철학이라고 부르기도 한다. 그러나 중요한 것은 그것을 무엇이라 부르느냐가 아니라 그것이 당신에게 어떤 일을 하게 만드느냐다. 당신의 가치는 당신에게 중요한 것이고, 당신이 관심을 갖고 소중히 여기는 것이다. 자기 가치에 따라 사는 사람은 충족감을 느끼고, 자신감 있으며, 만족한다. 자기 가치에 따라 살지 못하는 사람은 좌절하거나 우울하다.

이 모든 말이 좀 거창하게 들린다고 생각하는가? 그렇다면 당신은 삶을 어떤 규칙이나 원칙에 따라 살고 있지는 않을 것이다. 또한 당신은 '내가 가치 있다고 여기는 일은 무엇인가?'라는 질문을 놓고 고심하는 일도 별로 없을 것이다. 그렇다고 당신이 가치를 갖고 있지 않다는 의미는 아니다.

가령 당신이 돈밖에 모르고 사람을 발톱에 때처럼 여기는 사장의 태도에 거슬리는 일이 많다면 당신은 돈보다는 사람을 더 중시하는 사람이다. 적어도 당신의 가치는 어떤 대가를 치르더라도 돈을 벌어야 한다는 것은 아닐 것이다. 또는 친구가 언제나 전화한다고 해놓고 잊어버리는 것이 당신의 심기를 건드린다면 당신은 아마도 약속을 지키고 친구 간에 신의를 지키는 것을 중요한 가치로 여기는 사람일 것이다. 당신이 용납하거나 용납지 않는 주변 사람의 행동이나 상황이 당신이 가치 있게 여기는 것이 무엇인지 알려준다.

자신감 있고 성공적인 사람은 비전을 갖고 있고 자기가 가치 있게 여기는 일도 알고 있다. 나는 당신도 그렇다고 믿는다. 비전은 자기가 성취하고자 하는 것을 그린다. 가치는 자기가 어떤 사람이고 어떤 일을 하지 않으려고 하는지, 어떻게 행동하거나 행동하지 않으려고 하는지 정의한다.

당신은 현재 당신의 가치대로 살고 있지 않을지 모른다. 인생은 언제나 쉽지만은 않고 살다 보면 자기 가치와 어긋날 때도 있다. 그러나 일단 자기가 가치 있게 여기는 것을 알았으면 그것에 맞게 살아야 한다. 당신은 새로운 자유를 경험할 것이다. 당신에게 중요치 않은 것에는 괘념치 않고 대신 당신에게 중요한 것에 중점을 둘 수 있다.

직접 해 볼 차례!

당신의 가치는 당신이 깨닫고 있는 것보다 더 중요할지 모른다. 당신의 가치가 시험받지 않을 때를 찾아라. 아래와 같은 상황을 생각해 보라.

- 어떤 상황인가?
- 당신은 무엇을 했고 어떤 기분이었는가?
- 당신 자신과 당신의 가치에 대해 무엇을 알았는가?

행동으로 옮겨라: 나의 가치 찾아내기

다음은 당신이 가치 있게 여기는 것이 될 수 있는 것들을 적은 목록이다. 당신이 가치 있게 여기는 것은 부와 재산처럼 눈에 보이는 것일 수도 있고, 안정감과 사회적 위치와 같은 상황일 수도 있으며, 청렴과 친절 같은 개인적 성품이나 자질일 수도 있다. 당신에게 가장 큰 중요성과 의미를 갖는 것은 무엇인가? 당신이 중요하게 여기는 항목에 동그

라미를 하거나 다른 종이나 노트에 옮겨 적어보아라.

친구, 영향력, 성취, 개인적 성장, 도전, 사회 공헌, 창의성, 존경, 예측 가능성, 가족, 인격, 즐거움, 탁월함, 지위, 친절, 자율성, 권위, 독자성, 다른 사람 돕기, 재미, 사랑, 유머, 안정, 충성, 필요한 존재, 소유, 평화, 매력, 배움, 건강, 책임, 안전, 자유, 모험, 영적 성장, 성공, 통제, 변화, 일상, 운동 능력, 신앙, 정직, 소유주 지분, 위치, 인정, 환경, 사랑받는 존재, 자녀, 독립, 소속, 공동체, 능력, 여행, 예술/심미, 부.

가치 목록은 한도 끝도 없다. 당신이 가치 있다고 여기는 단어나 말을 더 적어라. 책에서 읽었거나 들은 사람만이 아니라 함께 일하고 어울리는 사람에 관해서도 생각해 보아라. 그 사람들이 살았던 삶의 어떤 점이 좋은가? 그 사람들이 했던 일 중에 당신도 하고 싶은 일은 무엇인가?

당신은 이런 가치들 가운데 많은 것이 당신 삶에서 중요한 역할을 했다고 느낄 것이다. 그러나 가치를 유용하게 만들기 위해서는 핵심 가치를 찾아야 한다. 여러 가지 대안들을 비교하고 선택을 내리는 데 있어 당신의 가치가 도움이 되어야 한다. 어떤 선택이 당신의 가치에 어긋난다면 즉시 다른 길을 찾아야 한다. 그러나 너무 많은 가치를 갖고 있다면 효과적인 결정을 내릴 수 없다. 최대로 10개 정도의 가치를 갖고 있는 것이 좋고, 실제로 그보다 약간 더 적은 것이 낫다.

각각의 가치가 당신에게 어떤 의미인지 생각해 보라. 전반적으로 삶에 큰 의미를 차지하는가, 아니면 그저 갖고 있는 것으로 좋은가? 그것을 빼앗긴다면 어떤 기분이 들까?

다음으로는 당신에게 가장 중요한 가치를 그것에 따라 살고 결정을 내릴 지침으로 만들어야 한다. 당신의 가치가 당신의 행위를 어떻게 인도하고 있는가? 자기 가치 안에 가족을 포함시킨 세 사람이 정한 세 가지의 다른 규칙을 살펴보자.

- 나는 가족을 그 어떤 일보다 우선으로 놓는다. 설령 그 결과로 내 경력에 어두운 전망을 만들더라도 가족이 살 집과 먹을 음식을 마련할 수 있는 한은 가족이 먼저다. 우리 가족도 내가 언제나 가족을 가장 우선시한다는 것을 안다.
- 나는 매주 토요일을 가족과 함께 보낸다. 그렇다고 그로 인해 내가 좋아하는 활동(럭비 경기를 보는 것)을 못하지는 않는다. 강요는 아니더라도 내가 하는 활동에 가족이 함께 참여하도록 설득하면 된다.
- 나는 가족을 내가 하는 모든 일의 중심에 두지만 현실적인 상황을 감안한다. 일주일에 적어도 세 번은 집에 일찍 들어와 가족과 함께 저녁을 먹고 아이들에게 책도 읽어주고 잠도 재워주겠다는 목표를 세우고 있지만 때때로 그 약속을 지키지 못하는 일이 있더라도 그것으로 인해 나를 벌주고 힘들게 하지는 않겠다.

마지막 단계는 당신의 가치에 순위를 매기는 것이다. 포스트잇에 적어 당신이 가장 소중히 여기는 가치가 제일 위로 올라오게 놓거나, 아니면 간단히 목록을 중요한 순서대로 위에서부터 차례로 다시 써도 된다. 그러나 당신의 가치에 매긴 순위에 너무 얽매이지는 마라. 살다 보면 하나를 내놓으면 다른 하나를 얻는 일이 많다. 누구에게나 하루는 오직 24시간뿐이고, 몸이 두 개라서 동시에 두 장소에 있을 수도 없다. 부자가 되고 싶은 사람은 마음껏 사람들을 만나 즐거운 시간을 누릴 수 없다. 즐겁고 신나는 삶을 원한다면 다른 부자 친구만큼 돈을 많이 모을 수 없을 것이다. 당신이 무엇보다도 친절한 사람으로 기억되기 원한다면 정직함을 희생해야 하고 가끔씩은 선의의 거짓말도 해야 한다.

내가 규칙 목록을 정해 놓고 열병식을 하듯 융통성 없는 방식으로 살라고 제안하고 있는가? 당신의 가치는 일련의 지침이지, 법규가 아니다. 상황마다 다르게 해석해야 한다. 그러나 당신이 소중히 여기는 가치를 찾아내는 것으로 당신의 원칙에 가장 적절한 선택과 기회를 저울질해볼 수 있다. 당신은 당신에게 중요한 과제와 상황에 시간과 에너지를 할당할 수 있다. 역사를 돌아보면 자기 가치를 위해 목숨을 내놓은 사람도 많다. 당신은 적어도 더 나은 선택을 할 수 있는 법을, 가끔씩은 '아니오'라고 말하는 법을 배울 수 있다.

다른 사람도 할 수 있다면…

마흔한 살인 니나는 헤드헌트 회사 컨설턴트로 일한다. 경제적으로는 넉넉한 생활을 하지만 최근 고객과 동료들에게 짜증이 많이 난다. 니나는 자기의 열정이 다른 곳에 있다는 것을 알고 자기 삶의 비전을 적어본 다음 식당을 경영하기로 결정했다. 그 일이 몇 년이 걸리는 장기 목표라는 것을 알고 자기 비전을 성취할 때까지 자신을 버티게 해줄 가치를 찾기로 했다.

처음에 적은 열두어 개의 가치 가운데서 마지막으로 5개를 선택했다. 다음은 니나가 지침으로 삼고 살겠다고 적은 진술이다.

- **가슴 뛰는 삶.** 나는 매일 새로운 도전을 원한다. 돈은 많이 벌지만 지루한 것보다는 매일 일어나는 일에 즐겁게 놀라면서 일하고 싶다.
- **소속감.** 내가 좋아하고 믿을 수 있는 사람이 내 주변에 있어야 한다. 무슨 일을 하게 되든 나는 다른 사람들과 협력해서 할 것이다. 나 혼자서 크게 성공하는 것보다는 적당히 성공하고 행복한 팀의 일부로 일하고 싶다.
- **남편.** 우리가 결혼한 지 1년밖에 되지 않았지만 신혼시절은 금방 가고 결혼생활을 유지하기 위해서는 노력이 필요할 것이다. 직장이 너무 바빠서 우리 관계를 소홀히 하는 일이 없길 바라며 우리 관계가 평생 동안 나를 지탱해 주기를 바란다.
- **건강.** 건강하게 먹고 운동을 하면서 살겠다. 일이 아무리 많아도 일주일에 두 번은 수영을 하고 건강을 돌보겠다.
- **공정함.** 내가 만나는 모든 사람을 존중하고 나 또한 다른 사람에게 존중받는 일은 내게 의미가 크다. 지금까지는 고객의 아주 못된 태도도 참았지만 더 이상은 그러지 않을 것이다. 내 정신 건강에 해로운 사람은 가까이 하지 않을 방법을 찾을 것이다.

마지막으로, 너무도 당연한 말이지만 가치를 진술할 때는 자기 자신에게 정직해야 한다. 비전이 삶에서 진정으로 원하는 것을 반영해야 하는 것과 마찬가지로 가치는 당신이 어떻게 살아야 하는지가 아니라 어떻게 살기 원하는지를 비추어야 한다. 다른 사람이 당신의 가치 목록을 볼 일은 없으므로 당신이 정직하지 못하더라도 속이는 사람은 당신 자신뿐이다. 따라서 더 진행하기 전에 당신이 적은 가치들을 읽어보면서 자신에게 물어라.

- 내가 선택한 가치는 모두 내게 매우 중요한 것인가?
- 부모, 배우자, 친구, 동료의 가치가 아니라 분명 내 가치를 담고 있는가?
- 내 가치 목록을 보면 기분이 좋고, 내가 되고자 원하는 사람을 잘 포착했다고 느끼는가?

이 질문에 모두 '그렇다'라고 대답했다면, 당신은 진정으로 자신을 행복하고 자신감 있게 만들어줄 가치를 갖고 있는 것이다. 우리는 모두 부모의 양육 방식, 사회, 종교, 미디어, 동료 집단이 우리에게 부여한 짐을 지고 다닌다. 따라서 당신의 가치가 진정으로 당신이 원하는 삶을 대변하는지 잘 살펴야 한다.

> 무엇보다도 자기 자신에게 진실하고,
> 또한 진심을 다할 수 있는 일이 아니라면 그 일에서 발을 빼라.
> ― 하디 D. 잭슨(Hardy D. Jackson), 작가

조언 한마디 : 쉬운 해결책의 유혹에 빠지지 마라

당신은 '비전과 가치라고?' 하는 생각이 들지도 모른다. 아마도 당신이 이 책을 집어든 이유는 발표하기, 데이트하기, 부모 노릇하기, 사람들과 어울리기 같은 몇 가지 분야에서 더 자신감을 키우고 싶었기 때문일 수도 있다. 따라서 비전과 가치 부분은 건너뛰고 목표 세우기로 곧장 뛰어들고 싶을지도 모른다.

물론 그것은 당신의 선택이다. 단도직입적으로 말해 우리 대부분은 쉬운 해결책을 원한다. 기적의 다이어트 법을 원하고, 관계 회복도 하룻밤 사이에 이뤄낼 방법을 찾으며, 자신감도 즉각 올릴 방법을 알고 싶다. 우리는 쉽고 고통이 없는 즉각적인 결과를 원한다. 그렇다, 다른 책이나 전문가는 자신감을 금방 올릴 수 있다고 말하기도 한다. 그러나 나는 당신에게 최고의 자신감을 선사할 접근법을 나누고 있다. 당신은 이 책에 투자한 만큼 얻을 것이다.

이 책에 있는 도구와 방법은 효과가 있다. 그러나 당신이 노력을 기울이지 않으면 소용없다. 분명 효과가 있는 방법이더라도 당신이 노력을 기울여야 한다. 전 세계의 저명한 연구자들이 수십 년 동안 연구한 결과가 목표를 세우고 자신감을 북돋울 최상의 방법을 말해준다. 나를 믿으라. 나는 심리학자다!

삶의 영역 하나나 둘만 해결하는 것은 그럴싸한 지름길로 보인다. 그러나 삶의 모든 측면은 서로 연결되어 있다. 당신 삶의 몇 개 영역을 먼저 시작하고 보면 다른 영역도 성장시키고 발전시킬 기회가 있다는 것을 알게 될 것이다. 삶을 전체적으로 생각해야 시간과 노력을 가장 효율적으로 투자할 길을 찾는다. 새롭고 더욱 자신감 있는 온전한 삶으로 가는 길은 당신의 장기적인 비전과 당신이 소중히 여기는 가치를 고려하는 것에서 시작된다.

목표 없이는 게임을 할 수 없다

당신은 삶의 비전과 가치를 정했다. 이 책에서 가장 어려운 연습 2가지를 해냈으니 나머지는 누워서 떡 먹기다!

당신의 비전은 가슴을 뛰게 하지만 당신이 도달하기 원하는 곳과 이루기 원하는 것에 대한 광범위한 그림이다. 당신의 비전에는 상당히 큰 야망이 담겼을 것이다. 비전이 조금도 벅차지 않다면 당신은 자신을 너무 싼값에 넘기고 있는 것이다. 그렇지만 어떻게 그것을 이룰 것인가? 삶의 큰 결정을 내려야 할 때는 당신의 가치가 인도하겠지만, 당신이 정직하게 살기 원하고, 성공하기 원하고, 가족과 즐겁게 살기 원한다는 것을 아는 것이 비전을 이루는 데 필요한 단계를 말해주지는 않는다. 그렇다면 당신은 어떻게 그 단계를 밟아나가겠는가?

그것을 설명하기 위해서 당신이 계획한 휴가를 생각해 보자. 휴가에 어디를 갈지 생각하면 흥분으로 가슴이 두근거려야 한다. 그러나 휴가 갈 준비를 하기 위해서는 해야 할 일의 목록을 만들어야 한다. 옷장에서 입고 갈 옷 꺼내기, 친구에게 커다란 여행 가방 빌리기, 세탁소에 외투 세탁 맡기기, 여권 준비하기, 선글라스와 자외선 차단제 새로 구입하기.

그와 마찬가지로 비전을 성취하기 위해서도 구체적인 목표와 계획을 세워야 한다. 당신의 비전은 당신의 목표와 계획에 있는 항목을 하나하나 확인하면서 그것을 성취할 때까지 앞으로 나아가도록 동기를 부여할 것이다.

목표를 효과적으로 세우기

효과적인 목표를 세우는 방법은 많다. 많은 연구들이 언제, 어디서, 어떻게 목표를 향해 일할지 정확히 알고 일을 해나갈 때 더 성공적이라고 한다. 효과적인 목표를 세울 때 기억해야 할 것은 SPOT이다.

크고 의미 있는(Stretching and Significant) **목표**

S는 목표를 크고 의미 있게 세우라는 것이다. 당신의 목표는 어렵지만 도전할 만한 가치가 있어야 한다.

목표는 성취하기 위해 있는 힘껏 능력을 다해야 할 만큼 야심찬 것이어야 한다. 연구 결과를 보면 사람들은 곧잘 자기 능력을 과소평가한다. 당신 역시도 아마 당신이 생각하는 것보다 더 유능한 사람일 것이다. 따라서 당신의 능력을 키우고 도전하게 할 목표를 세운다면 당신이 성취할 수 있는 것에 스스로도 놀랄지 모른다.

그러나 늘어날 정도로만 목표를 세워야지, 끊어져 버릴 만큼 잡아 늘여서는 안 된다. 고무줄이 늘어나는 데 한계가 있는 것처럼 목표도 현실에서 벗어난 성취 가능성이 전혀 없는 것이어선 안 된다. 목표를 약간 늘려 잡는 것이 쉽게 도달할 수 있는 목표보다는 의욕을 더 북돋우지만 비현실적이고 도달키 어려운 목표는 좌절시키고 지치게 한다. 따라서 늘리되 끊어지게 늘리지는 마라.

두 번째 S는 의미를 나타낸다. 당신의 목표는 중요하고, 호소력 있으며, 마음을 끌어야 한다. 당신이 그것을 원해야, 간절히 원해야 한다. 당신의 목표가 가슴이 뛰는 것도 아니고 별 의미도 없다면 목표에 곧 흥미를 잃고 말 것이다. 외국어를 배우는 것은 멋진 일이다. 그러나 단지 배워야 해서 배우는가, 아니면 빨리 그 나라로 날아가서 배운 언어 능력을 시험해보고 싶어 견딜 수가 없기 때문인가? 또 승진을 하면 정말 좋을 것이다. 그러나 그 이유가 배우자가 당신을 압박하기 때문인가, 아니면 당신이 못 견디게 책무가 막중한 인물이 되고 싶어서인가? 당신이 간절히 원하고, 갖고 싶어 견딜 수 없는 목표여야 한다.

긍정적인(Positive) 목표

당신이 다이어트를 하고 있는데 누가 당신에게 "초콜릿은 절대 먹지 말아요. 초콜릿 조각을 부러뜨리는 소리나 그것을 입안에 넣을 때 나는 초콜릿 향은 생각도 말아요. 혀에서 녹아 목으로 넘어가는 그 맛은 더더욱 생각지도 마세요."라고 말한다고 해보자. 당신은 초콜릿을 생각하지 않을 수 없고, 먹고 싶어 군침이 꼴깍꼴깍 넘어갈 것이다.

목표를 세울 때도 중점에 둔 것을 얻는다. '나는 걱정을 덜 하고 싶어'라는 부정적인 목표를 세운다면 당신의 마음은 '걱정'이라는 말에 중점을 두어 결국에는 걱정을 더 하고 만다. 당신 자신에게 '회의에서 실수해서 창피한 꼴을 당하지 않아야 할 텐데'라고 말한다면 당신의 마음은 '창피'라는 말에 달라붙어서 전보다도 더욱 자의식적이 되고 말 것이다. 부정적인 말이 담긴 목표보다는 '나는 더욱 낙천적으로 생각하기 원해', '나는 회의에 자신감 있게 참여하겠어'와 같은 긍정적인 목표를 세우는 것이 낫다.

연구 결과를 보아도 '나는 무엇을 원한다'라고 긍정적인 목표를 세우는 사람이 피하고 싶은 것을 진술하는 부정적인 목표를 세우는 사람보다 더 많은 것을 성취한다.

이제 당신도 핵심을 알았을 것이다. 당신이 계발하고, 얻고, 가꾸기 원하는 것이 있다면 어떤 말로 목표를 세우겠는가?

관찰 가능한(Observable) 목표

당신이 '파티에서 더 활발하게 사람들과 어울리자'라는 목표를 세웠다고 해보자. 그 목표를 달성했는지 어떻게 알 것인가? 새로 만난 사람

스무 명에게 물어서 확인을 하겠는가? 처음부터 10명이나 6명, 1명에게 말을 건다는 목표를 세우는 것은 어떤가?

효과 있는 목표를 세우기 위해서는 당신이 그 목표에 도달했는지 여부가 관찰 가능해야 한다. 목표를 수량화하지 않으면 언제 그것을 성취했다고 자기 등을 두드려 줄지 알 수 없다. 당신의 목표는 구체적이고, 공정한 관찰자가 '예'라고 고개를 끄덕이거나 '아니오'라고 고개를 흔들 수 있을 만큼 분명해야 한다.

관찰 가능한(그리고 효과적인) 목표와 모호한(그리고 비효율적인) 목표가 어떻게 다른지 보자.

관찰 가능한 목표와 모호한 목표 비교

관찰 가능한 목표	모호한 목표
나는 회의 중에 적어도 세 번은 나서서 말을 하겠다.	나는 회의 중에 눈에 띄겠다.
나는 전국 신문에 우리 회사 이름이 나게 만들겠다.	나는 유명한 기업가가 되겠다.
나는 더욱 적극적으로 살기 위해 매일 작고 새로운 경험을 하겠다	나는 내 삶의 선택에 더욱 적극적으로 임하겠다.
나는 일주일에 한 번은 부모님께 전화를 걸어 적어도 10분은 대화를 나누겠다.	나는 부모님을 위해 더 노력하겠다.

기한을 정한(Timed) 목표

당신은 봉급 인상을 요구하기 원하고, 사람들 앞에서 말하는 것에 대한 두려움을 극복하고 싶고, 멋진 데이트 상대를 만나고 싶다. 부당한 대우를 하는 사람에게 당당하게 맞서고 싶고, 자원봉사 활동을 하고 싶고, 사업을 창업하고 싶다. 문제는 언제?

마감 기한은 동기를 부여한다. 언제까지 무엇을 하겠다고 결정하는 것이 '언젠가는 할 거야'라고 말하는 것보다 훨씬 효과가 크다. 마감 기한은 계속해서 목표를 상기시키고 움직이게 촉구한다.

그러나 '나는 2025년에 봉급 인상을 받을 거야'라는 식으로 기한을 너무 멀리 잡으면 곤란하다. 그렇다고 다음 달에 이루자는 목표를 세운다면 압박감이 심할 수 있다. 따라서 어렵지만 현실적인 목표 기한을 정하라. 오늘 행동하게 만들되 어떻게 기한 내에 이룰지 걱정이 너무 심하지 않을 목표를 세워라.

의미 있는 날로 목표 달성 일자를 정한다면 결과가 더 좋을 것이다. 내년 생일쯤, 결혼기념일쯤, 크리스마스쯤이라고 목표를 정한다면 목표를 성취할 때까지 당신 마음에서 그 생각이 사라지지 않을 것이다.

그렇지만 '정해진 시간 안에 목표를 달성하지 못하면 어떻게 되지? 시간을 두 배로 더 길게 잡아서 기한 안에 목표를 달성할 수 있게 하는 것이 낫지 않을까?'하는 생각이 들지도 모른다. 그러나 대답은 '안 된다'이다. 절대로 안 된다. 직장에서 프로젝트를 하거나 특정한 날에 친구를 도와주기로 약속했다면 그 약속을 지켜야 할 것이다. 그러나 사적인 목표를 추구하기 위한 행동을 하게 하는 문제에 있어서는 당장 행동하게 하는 목표가 나중에 행동해도 좋은 목표를 이긴다. 기한 안에 목표를 80~90퍼센트밖에 달성하지 못하더라도 계속해서 행동을 미루게만 만드는 멀고 먼 목표보다는 낫다. 이루고 싶은 목표가 있다면 기한을 정해 시도해 보라.

참여하라

효과적인 목표 세우기에 관해서는 충분히 이야기했다. 당신도 잘 이해했을 것으로 믿는다. SPOT, 간단하지 않은가? 그러나 내가 앞서도 이야기를 했지만(앞으로도 또 이야기할 것이다) 이 책에서 가장 큰 도움을 얻을 수 있는 방법은 읽는 것으로 그치지 않고 행동으로 옮기는 것이다.

당신의 목표는 무엇인가? 어떻게 당신의 놀라운 미래의 그림을 구체적인 목표로 바꿀 수 있겠는가?

행동으로 옮겨라 : 당신이 정말로 원하는 것은 무엇인가?

당신의 비전은 당신이 만들고 싶은 미래에 대한 가슴 설레는 그림이다. 당신의 가치는 자신을 강하고 자신감 있는 사람이라고 여기기 위해서 어떻게 행동해야 하는지 인도하는 길잡이다.

당신의 비전과 가치를 목표로 전환하기 위해서는 그 비전과 가치에서 가장 원하는 것 세 가지가 무엇인지 생각해야 한다. '나는 …을 원한다'라는 문장 세 개를 완성하라.

물론 당신의 목표는 세 가지 이상일 것이다. 그러나 지금은 세 가지만 고수하자. 더 자신감 있는 삶으로 가는 길을 막 출발했을 때는 목표하는 일이 적은 것이 좋다. 목표가 너무 많으면 노력이 집중되지 못하고 분산될 우려가 있다. 처음에 정한 세 가지 목표를 성취하거나 중대한 발전을 이루고 난 후에 다시 비전을 생각하고 새로운 목표를 추가하면 된다.

다음으로는 세 가지 진술을 SPOT 목표로 다시 써라. 목표를 늘려 잡고 의미 있게, 긍정적이고 관찰가능하게, 기한을 정해 세워야 한다는 것을 잊지 말자.

다른 사람도 할 수 있다면…

37세인 패트릭은 꽤 잘나가는 그래픽 디자이너로 국제 건강관리 회사의 마케팅 부서에서 일했다. 그는 자기 직업의 창의적인 측면을 즐기지만 많은 팀원과 함께 거대한 프로젝트를 진행하다 보니 전체적인 그림에서 극히 일부분밖에는 알지 못했다. 패트릭은 자신이 거대한 기계의 톱니바퀴 하나에 불과하다는 생각을 떨칠 수 없었다. 평생 자기 일에서 충족감을 느끼지 못하면서 살지 않으려면 변화가 필요했다.

패트릭은 삶의 비전과 가치를 찾는 연습을 끝내고, 자기의 그래픽 디자인 회사를 세우겠다고 결심했다. 패트릭은 몇 명의 열정 어린 직원과 함께 작은 회사를 운영하는 삶의 비전을 세웠다. 그가 중요하게 여기는 가치 중 하나는 자기 일을 자기가 전적으로 통제하는 것이다. 그는 커다란 일의 일부분에서 일하는 것보다는 작은 프로젝트를 전부 다룰 수 있기 원했다. 패트릭은 비전의 중점을 유지하기 위해서 자기 비전을 SPOT 목표로 바꾸었다.

- **크고 의미 있는 목표**(S). '나는 내 비즈니스를 창업하고 싶고 내가 일할 프로젝트는 내가 선택하기 원한다.'

  그는 혼자 일해본 적이 없으므로 이 목표는 그의 역량을 상당히 확대하는 것이었다. 직접 비즈니스를 운영하려면 행정 업무를 새로 배워야 했다. 그러나 작은 프로젝트를 완수하는 일은 자신이 처음부터 끝까지 책임지고 한다는 면에서 의미가 컸다.

- **긍정적인 목표**(P). '나는 생활이 넉넉하고 1년에 적어도 두 번은 휴가를 갈 수 있을 만큼 돈도 벌기 원한다.'

  그는 이 목표를 그가 피하고자 하는 것(예 : 나는 돈 걱정은 하고 싶지 않다)에 중점을 두지 않고 원하는 것에 중점을 두어 표현했다.

- **관찰 가능한 목표**(O). '나는 그래픽 디자인 서비스를 필요로 하는 작은 회사들을 조사하여 새로운 고객을 확보하겠다. 하루에 적어도 10개 회사에는 전화를 해보겠다.'

  그의 목표는 명백하게 관찰이 가능하다. 그가 매일 전화하는 회사 수를 세기만 하면 된다.

- **기한을 정한 목표**(T). '나는 6개월 후면 혼자 일할 것이다.'

  패트릭은 아직 비즈니스 운영에 관해 배워야 할 것이 많았으므로 해야 할 일을 조사하기 위한 시간으로 6개월을 잡았다. 기한을 정했으므로 그는 곧장 일을 시작해야 한다.

글의 힘

당신은 이제 비전, 가치, 그리고 목표를 정했다. 아직 하지 않았으면 머릿속을 달리는 생각과 꿈을 포착하기 위해 펜을 들고 종이에 쓰거나 컴퓨터 키보드를 두드리기 시작하라. 삶을 바꾸고 자신감을 기르고 싶다면 나를 믿어라. 시작하기 전에 당신의 비전, 가치, 목표를 글로 적어야 한다는 것을 믿어라.

자기계발 책에 자주 오르내리는 연구가 있는데 나도 그 이야기를 다시 한 번 해야겠다. 1950년대 여러 연구자들이 하버드대학교 학생들에게 목표가 무엇인지 물었다. 당신도 짐작했겠지만 대부분의 신입생들은 목표를 갖고 있었다. 그러나 그중에 실제로 자기 목표를 글로 적어둔 학생은 3퍼센트밖에 되지 않았다. 30년이 흐른 후에 추후 조사가 이루어졌다. 결과가 어떠했을 것 같은가? 그 3퍼센트의 학생들은 나머지 97퍼센트의 학생들이 이룬 부를 합한 것보다 더 많은 부를 일궜다.

나는 그 이야기가 오랜 세월 돌고 도는 도시 괴담 같은 것이라고 생각한다. 그렇더라도 이 유명한 이야기는 글로 적어두는 것의 위력이 얼마나 강한지 암시한다.

다행히도 목표를 글로 적어두는 것의 위력을 뒷받침하는 진짜 과학 이야기도 있다. 심리학자 델리아 치오피(Delia Cioffi)와 랜디 가너(Randy Garner)가 수행한 연구다. 그들은 대학 캠퍼스를 돌아다니는 학생들에게 지역 학교에서 에이즈에 관한 교육이 있는데 그 프로그램에 참여할 생각이 있느냐고 물었다. 학생들 중 절반은 그럴 의사가 있다고 신청서에 서명했고, 절반은 말로만 참여하겠다고 답했다. 며칠 후에 실제로 교육 프로그램에 나타난 학생들을 조사했을 때 참여하겠다고 서명한 학생들의 참여율이 세 배나 더 높았다.

자, 생각을 해보라. 세 배나 더 가능성이 높다. 이것은 큰 차이다. 목표를 글로 적어두는 것은 진정 특별한 위력을 발휘한다. 생각을 현실로 만들 가능성이 높기 때문이다. 우리는 글로 적은 것은 잘 잊지 않는다. 자기가 자기 스스로 성공하도록 돕는 것이다. 당신도 성공할 확률을 세 배로 높이고 싶은가?

커다란 결과를 향한 작은 발걸음

당신은 목표를 세웠다. 또한 당신의 굳은 약속을 스스로에게 상기시킬 수 있도록 어딘가 잘 보이는 곳에 목표를 적어 붙여 두었다. 다음으로 해야 할 일은 무엇인가?

'천릿길도 한걸음부터'라고 말하는 것이 무척 진부한 말이라는 것은 안다. 그러나 그 말을 수없이 들었다고 해서 진리가 아닌 것은 아니다.

당신의 목표가 올해 안에 마라톤에 참가하는 것이라고 해보자. 당신은 마라톤이 있는 날 아침에 일어나서 운동화를 신고 42.195킬로미터를 달린다는 생각에 익숙해져야 한다. 그렇다면 준비를 어떻게 하겠는가? 물론 더 짧은 거리를 달리는 것으로 시작할 수 있다. 아직 몸이 준비되지 않았다면 빠르게 걷기부터 시작할 수 있다. 몇 주를 빨리 걷고 나면 1킬로미터는 달릴 수 있을 것이다. 한 달 후에는 몇 킬로미터를 달릴 수 있을 것이고 다음으로 10킬로미터, 11, 12, 13킬로미터, 그리고 더 먼 거리도 달릴 수 있게 될 것이다.

당신의 목표를 성취하고 하늘 높은 자신감을 쌓는 것도 똑같은 방식으로 이룰 수 있다. 물론 우리는 즉각적인 결과를 좋아하지만, 그것은 백일몽이지 현실이 아니다. 자신감 있는 사람은 원대한 목표를 작게 나누어 단계적으로 성취해 나간다.

당신의 최종 목표가 완전히 다른 직업으로 전직하는 것이라면 당신은 일정한 능력을 기르고 특별한 경험을 쌓고 적당한 자리를 알아보아야 한다. 강좌를 들어야 할 수도 있고 시험을 치르거나 자격증을 따야 할 수도 있다. 만일 당신의 비전이 시골에 집을 장만하여 더 평화롭게 사는 것이라면 매달 돈을 모아야 한다. 살 곳을 조사해야 하고, 이사를 한 후에 무엇을 해서 생활비를 벌 수 있을지 알아보아야 한다. 가족이 있다면 가족의 요구도 생각해야 한다.

당신의 목표가 무엇이든 그 목표를 향해 나아가기 위해 해야 할 행동 목록을 작성하라. 마음에 떠오르는 모든 행동을 적는 것으로부터 시작하라. 혼자서 브레인스토밍을 하는 것이다. 크든 작든 마음에 떠오르는 모든 행동을 적어라. 어떤 순서로 일을 하지, 언제 그 모든 일을 할 시간이 있을지는 염려하지 마라.

더 이상 생각이 나지 않을 때까지 모든 생각을 다 적어라. 마지막으로 당신의 행동 목록을 살피고 오늘 할 수 있는 일 하나를 선택하라. 몇 개를 할 수 있다면 가장 그럴듯한 일 하나를 선택하라. 그런 다음 실행하라. 그렇다, 당장 하라. 당신의 비전과 목표를 향해 한발을 내딛어라. 책을 내려놓고 실천하라.

자신감이 먼저가 아니라 행동이 먼저다

당신이 책을 내려놓고 무엇인가를 했다면, 그러니까 첫 번째 행동을 해냈다면 축하하라. 당신은 자신이 생각했던 것보다 자신에 대한 확신이 더 강한 소수 엘리트 집단 가운데 한 사람이다.

그러나 여기까지 계속해서 책만 읽어왔더라도 자신을 비난하지는 마라. 당신은 내가 좀 느닷없이 당신에게 들이댄다고 여길 수도 있다. 실제로 무엇을 하기 전에 자신감을 올리는 데 도움이 될 몇 가지 연습이 더 있었으면 하고 바랄지도 모른다.

그러나 목표를 세우고 행동 목록을 만드는 것이 멋지게 출발하는 것은 맞지만, 그것으로 충분치는 않다. 당신의 자신감은 의도가 아니라 행동한 결과로 자란다. 많은 사람들이 좋은 의도를 갖고 있다. 우리는 친구들이 무엇을 하기 원한다는 말을 수도 없이 듣는다. "살을 빼야 하는데…", "직장을 옮기고 싶어", "담배를 끊어야 하는데…", "내 사업을 했으면 좋겠어" 등등의 말을 늘 듣는다. 그러나 그것을 행동으로 옮기기 전까지 그것은 단지 머릿속에 있는 생각(아니면 종이 위에 적힌 글자)에 지나지 않는다.

사람들은 종종 행동을 하기 전에 자신감 있게 느낄 때까지 기다린다. 그러나 자신감은 그렇게 생기지 않는다. 그 전에 행동이 선행되어야 한다. 행동이 당신을 자신감 있게 느끼게 만들어 줄 것이다. 행동을 하기 전에 더 자신감 있게 느낄 때까지 기다린다면 자신감은 평생 생기지 않을 것이다.

우리가 하는 행동, 갖고 있는 생각, 느끼는 감정은 서로 연결되어 있다는 사실을 기억하라. 우리는 대부분 행동하는 방식을 바꾸는 것보다 기분을 바꾸는 것이 더 어렵다고 느낀다. 그러니 어딘가에서 자신감이 불쑥 나타날 때까지 기다리지 마라. 그런 일은 일어나지 않는다.

다시 1장으로 돌아가서 나는 자신감을 '당장은 힘들게 느껴져도 문제를 적절하고 효과적으로 해결하기 위해 행동할 수 있는 능력'으로 정의했다. 우리 대부분은 새로운 도전을 해야 할 때 겁을 먹는다. 그러나 행동을 하는 것으로 그 불안한 마음을 달랠 수 있다. 작은 행동이라도 해라. 그러면 조금 더 자신감이 생길 것이다. 다른 행동을 더 하고 나면 자신감이 더 많이 차오를 것이다. 다시 하고 또 하라. 처음 성공이 더 큰 성공을 위한 길을 닦아줄 것이다. 처음 시작할 때는 자신감이 없을지도 모르지만 자신감을 얻기 위해서는 시작을 해야 한다는 사실을 잊어서는 안 된다.

성공은 행동에 연결되어 있는 것으로 보인다.
성공하는 사람은 계속해서 행동한다.
— 콘라드 힐튼(Conrad Hilton), 힐튼 호텔 창업자

첫 번째 행동

아주 작은 행동으로라도 시작을 하라. 그 첫 행동이 탄력을 낼 것이다. 그 일이 벅차게 느껴진다면 자신에게 오늘은 5분만 하겠다고 말하라. 자, 단 5분이다. 하루 24시간 중에 당신이 지금 당장 시간을 투자해야 하는 부분은 1시간 중에서도 12분의 1에 불과하다. 그 나머지 시간에는 당신이 하고 싶은 일을 아무 일이나 할 수 있다.

당신이 새로운 직업을 찾는다면 옛날에 써둔 이력서라도 뒤져보고 당신이 만들 수 있는 변화를 적어라. 오늘 그 문제로 몇 분만이라도 시간을 할애한다면 당신의 잠재의식은 밤새 그 일에 매달린다. 당신이 더 나은 신체를 갖고 싶다면 내일 헬스센터에 가기 전에 오늘 당장 운동복으로 갈아입고 잠깐 빨리 걷기라도 해라. 단 몇 분에 지나지 않아도 오늘 당장 행동에 옮기는 것이 내일이 될 때까지 아무것도 하지 않는 것보다 낫다.

요점은 그냥 시작하라는 것이다. 당신은 당장 당신 자신과 일에 관해 기분이 더 나아질 것이다. 누가 알겠는가? 그 일이 즐거워서 5분이나 더 하고 싶을지도 모른다.

설령 5분밖에 하지 않았더라도 당신 자신에게 축하를 해 주어라. 웃는 것은 공짜이니 당신 자신에게 커다란 미소를 선사하라. 그리고 목표를 성취하기 위한 첫 번째 행동을 해낸 것에 당신 자신이 얼마나 자랑스러운지 말하라. 주변에 사람들이 많다면 속으로만 조용히 속삭여라. 나는 책상에 앉아 있는 동안 내가 성취한 일에 기분이 좋아지면 함성을 지르고 박수를 치거나 일어나서 펑키 춤을 춘다. 당신은 그런 모습이 바보스럽다고 여길지도 모르지만 그렇게 하면 내 기분이 좋아지니 말리지 마라!

직접 해 볼 차례!

당장 무엇을 할 수 있을지 생각하라. 이 책의 다음 부분으로 넘어가기 전에 당장 당신이 5분 동안 할 수 있는 일에 무엇이 있을까? 개인적인 삶이나 직업에서 더 자신감이 필요한 일이 무엇이든 당신의 목표를 위해 5분을 투자하라. 책을 덮고 무엇인가를 하라. 목록을 만들고, 전화기를 집어 들고, 이메일을 보내고, 산책을 나가고, 구직 광고를 살펴보고, 신선하지 못한 음식을 버리고, 당신의 목표를 향해 나아가는 데 도움이 될 일이라면 무엇이든 하라. 아주 작은 행동도 굴러가면서 커다란 공이 된다. 당신은 이 행동 하나로 더 기분이 좋고 더 빛나고 더 자신감 있어질 것이다. 자, 어서 한 번 해보라.

지금 당장 힘차게 실행에 옮긴 좋은 계획이
다음 주에 실행할 완벽한 계획보다 훨씬 낫다.
— 조지 S. 패튼(George S. Patton), 미국 장군

자신감이 형성되는 모멘텀

'악마는 사소한 데 깃들어 있다'는 말이 있다. 이 말은 계획의 사소한 세부사항을 간과한다면 일이 심각하게 잘못될 수도 있다는 뜻이다.

나는 그 말보다 '천사는 사소한 데 있다'고 말하기를 더 좋아한다. 의도를 현실로 만들 때 어떤 행동을 할지 더 구체적으로 생각하는 것이 성공할 준비를 더 제대로 갖추게 만든다는 의미다.

심리학자들은 그냥 의도와 실행 의도를 구별한다. 의도를 실행 수준에서 계획한 사람이 의도를 실행에 옮길 확률이 훨씬 더 높다는 연

구 결과를 수십 년 동안 얻고 있으므로 그 두 가지 의도를 구별해야 한다. 실행 의도는 목표를 성취하기 위해 행동하기로 계획한 행동 목록을 실제로 펼친 것이다. 이것은 정확하게 하려고 하는 일이 무엇이고, 누가 참여하고, 어디서 일이 일어나고, 언제 할지 자세하다.

당신이 몸매를 가꾸기 원하여 매일 팔굽혀펴기를 20번 하고 윗몸 일으키기를 40번 하기로 목표를 세웠다고 해보자. 매일 하겠다고 약속만 하지 않고 그 일을 정확하게 어떻게 할 것인지 계획한다면 실제로 실행할 가능성을 더 높일 수 있다. 그 일을 아침에 침대에서 바닥으로 발을 내려놓자마자 할 것인가? 아니면 커피를 끓이기 위해 주방으로 갔을 때 커피물이 끓는 동안 할 것인가? 아니면 저녁때 텔레비전을 보면서 할 것인가?

시간을 좀 더 들여 계획의 세부사항까지 자세하게 생각하는 것이 결과에 커다란 차이를 만든다. 여기 과학적인 연구결과도 있다. 피터 골위저(Peter Gollwitzer) 교수와 베로니카 브랜드스태터(Veronika Brand-statter) 교수는 학생들에게 크리스마스이브를 어떻게 보냈는지에 관한 에세이를 제출하도록 했다. 그러나 과제를 12월 26일까지 제출해야 한다는 점이 문제였다. 상상할 수 있겠지만 제시간 안에 보고서를 낸 학생은 3분의 1에 불과했다. 그러나 다른 학생들에게는 언제 그리고 어디서 보고서를 쓸 것인지 생각하게 하여 구체적이고 관찰가능하며 시간제한이 있는 결과를 요청했다. 이 그룹에 속한 학생들은 75퍼센트가 시간 안에 과제를 제출했다.

여기서 얻을 수 있는 교훈은 명확하다. 당신의 목표를 성취할 기회를 두 배로 늘리기 원한다면 무엇만이 아니라 '언제', '어디서', '어떻게'도 생각해야 한다는 것이다. 다양한 의도를 멋지게 실행에 옮길 수 있는 간편한 방법은 표를 만드는 것이다.

행동 계획

1 무엇을	2 정확히 어떻게	3 누가 참여하여	4 어디서	5 언제 할 것인가?
행동 1				
행동 2				
행동 3				

다른 사람도 할 수 있다면…

33세인 데이비드는 부채에서 벗어나기 위해 애쓰고 있다. 여자 친구 루이자에게 청혼한 후로 2년 안에 만 파운드의 부채를 갚기 위한 SPOT 목표를 세웠다. 아래는 그의 행동 계획이다.

1 무엇을	2 정확히 어떻게	3 누가 참여하여	4 어디서	5 언제 할 것인가?
부채 청산 방법 조사	여러 은행에 전화해서 이율이 더 낮은 대출이 있는지 알아보기	나 혼자	루이자가 거실에서 텔레비전 볼 때 방해하지 않도록 침실에서 일한다.	근무가 없는 월요일
더 많은 조사	금융 전문가의 도움을 받을 수 있는지 제이슨에게 조언 구하기	능력 있는 금융 전문가를 알고 있는 제이슨	집	2주 후에 제이슨 부부를 만날 때
더 많은 조사	신용카드를 더 유리하게 이용할 수 있는지 인터넷으로 정보 찾기	인터넷에서 정보를 찾는 데 도사인 직장 동료 로드	직장 컴퓨터	내일 로드가 나를 도와줄 시간을 20분 정도 낼 수 있다면
소비 줄이기	일주일 생활비가 얼마나 드는지 계산하기	나와 루이자	집	루이자가 휴무인 이번 주말

이 다섯 단계를 생각하면서 당신의 표를 채워라.

1. 왼쪽 칸에는 당신이 해야 할 일을 적어 넣어라.

2. 열두 살짜리 아이에게 그 일을 하도록 설명한다고 생각하면서 적어라. 훨씬 더 구체적으로 말을 해야 할 것이다. 1번 칸에 '새로운 직업 찾기'라고 써넣을 수 있고, 2번 칸에는 '보조 교사로 일할 자리가 있는지 알아보기 위해 이전 동료와 지인들에게 이메일을 보낸다'와 같이 자세하게 적는다.

3. 도움을 청할 사람을 생각해 본다. 가령 체중을 줄이기 원한다면 얼마 전에 개인 트레이너를 고용한 친구에게 당신도 개인 트레이너에게 지도를 받아야 할지 조언을 구하는 것이다. 받을 수만 있다면 모든 도움을 받아야 하므로 도움이나 조언을 구할 사람을 알고 있다면 받아들여라.

4. 일을 가장 효율적으로 할 수 있는 특별한 장소가 있는지 생각해 보라. 요가 강좌를 수강하려면 요가학원을 찾아야 하고, 새로 다니기 시작한 직장에서 요하는 능력을 익히려면 도서관을, 구직 광고를 조사하기 위해서는 인터넷 카페, 친구를 즐겁게 해주기 위해서는 좋은 식당을 찾아야 할 것이다.

5. 마지막으로 그 일을 실천에 옮길 기한을 정하라. 당신의 전체적인 목표는 기한이 몇 주나 몇 달 뒤겠지만 목표에 따른 개별적인 행동을 끝내야 할 날은 며칠이나 기껏해야 몇 주 후가 될 것이다. 행동을 미뤘다가는 영원히 하지 못하는 수가 있다.

축하한다. 당신은 이제 행동 계획을 갖고 있다. 그것을 날마다 볼 수 있는 곳에다 붙여 놓아라. 여러 장 복사해서 집안이나 직장 곳곳에 붙여 두면 더욱 좋다. 서랍에 감추어 두지 마라. 계획한 행동을 하나 하나 마쳐 나간다면 당신은 곧 더 자신감 있는 새로운 당신을 만날 것이다.

내일이 절대로 오지 않는다면

자신감이 기분이나 감정에 지지 않고 행동을 하는 것에 달린 문제라면 미루는 습관은 악하디악한 적이 아닐 수 없다. 미루는 습관은 즉각 행동으로 옮기지 않고 기분대로 하게 한다. 미루는 습관도 자신감과 마찬가지로 행동, 생각, 감정의 고리를 돌고 돌면서 악순환을 거듭한다. 자신감 있는 행동은 자신감 있는 믿음과 자신감 있는 기분으로 이어지고, 행동을 미루는 것은 그 일을 할 수 없다는 믿음과 그 일을 절대로 하지 않을 것이란 어렴풋한 두려움으로 이어진다. 당신이 피하면 피할수록 더 피하고 싶어질 것이다.

어떤 사람은 자기 결정이 옳다는 확신이 들 때까지 결심과 행동을 미룬다. 특히 큰 결정을 내려야 할 때는 완벽한 계획을 세우고 적당한 순간이 오기를 바라는 마음으로 두고 보자는 태도를 취한다. 그러나 기다리는 것은 오직 거짓 안정감을 줄 뿐이다. 삶의 중대사를 결정해야 할 때는 옳은 결정인지 확신을 하기 어렵다. 어떤 결정을 내리고 나면 다른 길이 더 낫지 않았을까 혼란스럽기만 하지, 앞뒤가 명확히 보이는 결정은 많지 않다. 또한 너무 오래 기다리다 보면 기회를 놓치고 말기 쉽다. 비어 있는 좋은 일자리는 오래 당신을 기다려주지 않는다. 마음이 끌리는 사람도 어느새 다른 사람과 데이트를 시작해버릴 수 있다. 당신이 사고 싶은 집도 다른 사람이 먼저 계약해 버릴 수 있다.

계속해서 행동을 내일로, 내일로 자꾸만 미루는 사람이 당신만은 아니다. 조사 결과를 보면 다섯 명 중에 한 명이 자기가 단순히 잘 미루는 정도를 넘어 언제나 미루기만 하는 습관을 가졌다고 대답했다. 다행히도 당신의 기분을 바꾸고 행동할 수 있도록 자극할 수 있는 방법이 있다.

자신감 쌓기 방법 : 습관 깨기

내가 당신이 무엇이든 하게 만들 마법의 지팡이를 갖고 있는 것은 아니다. 당신이 해야 할 일을 당장 시작하게 만들 수 있는 유일한 사람은 바로 당신이다. 그러나 조금 더 당신의 등을 떠밀어 볼 방법은 있다.

믿음직한 일기장과 노트를 다시 꺼내야 할 시간이다. 자꾸만 미루는 습관에 안녕을 고하고자 한다면 자신에게 물어라.

- 이 일을 지금 당장 시작하는 데 따른 이점은 무엇인가?
- 이 일을 나중으로 미루어 생길 불리한 점은 무엇인가?
- 이 일을 당장 하지 않고 피하기 위해 내가 하는 변명은 무엇인가?
- 이 일을 하느라 잃어야 할 것은 무엇인가?
- 이 일을 시작하는 내게 어떤 보상을 줄 수 있을까?

다른 사람도 할 수 있다면…

사진사로 일하는 마흔다섯 살 줄리아는 옛날 친구들 모임에 초대받았다. 그러나 친구들이 자기보다 돈도 더 많이 벌고 큰 집에 살며, 다른 친구들은 결혼을 했지만 자기는 결혼도 못한 일 등으로 비교당할 걱정이 앞섰다. 그러나 줄리아는 습관 깨기 질문을 통해 아래와 같은 사실을 깨달았다.

- 친구들을 만나는 데 따른 이점으로는 몇 년 동안이나 만나지 못했던 친구들과 다시 연락하며 지낼 수 있고 새로운 우정도 쌓을 수 있다는 것이다.
- 모임에 나가지 않는 데 따른 불리한 점은 몇 년 동안이나 만나지 않은 친구들과의 옛 우정을 다시 쌓을 기회를 잃는 것이다.
- 친구들과의 만남을 피하기 위한 변명은 자기가 친구들보다 행복하지 못하고 성공적인 삶을 살고 있지 못하다고 느끼는 것이다.
- 잃을 것은 없다. 최악의 경우라면 일찍 자리에서 나오면 되므로 2시간 허비하는 것뿐이다.
- 모임에 나가고 싶게 만들 자극제로 줄리아는 다른 자리에도 입을 수 있는 새 드레스를 사기로 했다.

상황이 바뀌고 자신감이 무릎까지 차오를 때까지 기다리기보다는 (그런 일이 일어날 가능성은 거의 없다!) 당신이 스스로 삶의 변화를 불러와야 한다. 당신이 원하는 자신감을 당신 것으로 만들 수 있다. 그러나 이 책은 읽고 그냥 제쳐두는 책이 아니다. 오로지 참여하고, 연습을 실제로 해보고, 생각을 하고, 첫 발을 내딛을 때만 자신감을 키울 수 있다. 따라서 지금 당장 첫발을 내딛는 데 따른 이점은 무엇인지 생각해보라.

자신감은 의심이 들고 긴장감이 느껴지더라도 행동할 때 생긴다는 것을 기억하라. 일단 행동을 하면 자신감이 생긴다. 당신은 마음이 놓이고 자랑스러울 것이다. 잠이 더 잘 올 것이다. 그러니 지금 당장 행동하라.

앞으로 또 위로!

- 당신은 원하는 삶에 대한 비전을 만드는 것으로 삶에 대한 더 큰 통제감과 자신감을 느낄 수 있다. 삶이 여정이라면 당신의 비전은 목적지에 대한 그림이다.
- 당신의 강점, 즉 당신이 쓰기 좋아하는 능력을 생각해 보라. 당신의 강점을 삶의 비전에 통합해 넣고 당신이 발전해 나가는 데 이용하라.
- 당신의 비전을 만들어라. 가령 4,5년 후에 당신을 위한 축하 파티가 열렸다고 상상하라. 그때 당신의 삶이 어떤 모습이길 바라는가?
- 자신감 있는 사람은 자기가 소중하게 여기는 가치를 안다. 삶을 그 가치에 따라 살기 원하는 원칙과 지침을 갖고 있다. 당신이 당신의 가치를 이해한다면 당신은 어떤 일에 시간과 에너지를 더 투자하고 무엇을 거절해야 할지 알 것이다.
- 효과적인 목표 설정을 뒷받침하는 많은 과학적인 연구 결과는 특히 두 가지를 보여준다. 첫째, 언제 어떻게 행동할지 계획을 세운다면 목표를 성취할 수 있다. 둘째, 당신의 목표와 계획을 글로 적어야 한다.
- 당신의 목표를 크고 의미 있게, 긍정적이고 관찰가능하게, 기한

을 정해(SPOT) 세워라.

- 당신의 자신감은 당신의 행동의 결과로 자란다는 사실을 기억하라. 행동을 하기 전에 더 자신감이 생길 때까지 기다려서는 안 된다. 더 자신감 있고 싶다면 뛰어들어서 무엇이든 해야 한다.

Chapter 05

갖고 있는 자원 끌어모으기

자기가 갖고 있는 자원을
사는 동안 다 소모하는 사람은 거의 없다.
— 리처드 E. 버드(Richard Evelyn Byrd), 극지 탐험가

이번 장에서 배울 것

- 자신감 배터리를 재충전할 수 있는 나만의 자원을 찾는다.

- 내가 아는 사람들로부터 어떤 도움과 격려, 조언을 얻을 수 있을지 알아본다.

- 과거에 이루고 성공한 일을 적는 것으로 과거에 이룬 일과 미래에 이룰 일을 상기한다.

- 걱정을 사라지게 할 방법으로 마음 챙김을 배운다.

- 몸과 마음을 모두 돌보는 것이 얼마나 중요한 일인지 배우고 끊임없이 자신에게 상기시킨다.

- 가장 힘든 활동을 하기에 가장 적당한 시간이 하루 중에 언제인지 안다.

어떤 날은 하는 일마다 잘 풀리고 자신감으로 충만한 하루를 보낸다. 목표를 향해 나아가면서 분명 전보다 더 많은 것을 성취하고 더 강해 졌다고 느끼는 날도 있다. 그러나 우리가 느끼는 기분과 자신감은 날마다 그 정도가 다르다. 어떤 날은 자신감이 하늘을 찌르지만 어떤 날은 바닥으로 떨어지기도 한다. 직장에서 누구와 다투거나 비난을 당하는 날도 있고, 컴퓨터에 저장해둔 중요한 파일이 지워지는 사고가 나기도 한다. 우리는 너 나 할 것 없이 갈등과 문제를 겪고, 기분 나쁜 일을 당하며, 화가 나서 소리를 지르고 싶은 날도 있고, 완전히 슬픈 기분에 빠져버리는 날도 있다.

다행히도 우리는 모두 기분을 밝게 하고 자신감을 충전할 자원을 갖고 있다. 감정에 져버리기보다는 자신감을 재충전할 행동을 할 수 있다. 당신이 마음대로 쓸 수 있는 자원을 철저하게 조사하여 에너지를 충전할 수 있다. 아무리 힘든 일을 겪는 시간 중에도 자신감을 회복하고 유지할 수 있는 방법이 있다.

당신은 독특한 사람

각자 저마다 힘을 재충전하는 데 쓸 자원은 다르다. 나는 기분이 좋지 못한 일을 겪은 날에는 헬스 센터로 간다. 내 반쪽은 머핀을 굽는다. 내 친구는 작업복을 입고 클래식 카 밑으로 기어들어간다. 내 고객 한 사람은 컴퓨터를 조립한다.

당신도 당신만의 자원을 갖고 있을 것이다. 다음과 같은 활동은 어떤가?

- 운동, 요리, 목욕, 노래 하기
- 삶의 중심으로 삼고 있는 영성이나 신앙
- 예술이나 음악
- 사람들과의 만남
- 과거의 긍정적인 경험 회상
- 특별한 장소 방문
- 책, 영감을 주는 인용구, 역사적 인물에 관한 이야기

아마도 당신은 당신이 갖고 있는 몇 가지 자원에 습관적으로 의지하고 있을 것이다. 복싱에어로빅이나 필라테스에 몰두할지도 모르고, 좋아하는 영화DVD를 보거나 맛있는 요리를 하느라 부산을 떨 수도 있다. 향초를 욕조에 빙 둘러 켜놓고 따뜻한 물에 몸을 담글 수도 있고, 온라인 컴퓨터 게임에서 외계인을 잡거나 친구에게 전화를 걸어 수다를 떨 수도 있다.

그러나 언제나 같은 자원에만 의지하지 않도록 하라. 자원마다 다른 경우에 다른 방식으로 도움을 주기 때문이다. 다음 연습으로 당신이 이용할 수 있는 모든 범위의 의식, 활동, 그리고 힘을 얻을 수 있는 여러 가지 자원을 알아내 보자. 당신은 완전히 지쳐버렸다고 느낄 때 어떤 방법으로 회복하는가?

행동으로 옮겨라: 자신감 자원 이용하기

기분이 좋아지고 긴장이 풀리게 만드는 일을 하라. '나는 …할 때 기분이 좋다'라는 간단한 문장 구조를 적어 놓고, 계속해서 말줄임표 부분

을 채워 나가라. 머릿속에 떠오르는 생각이 무엇이든 가벼이 여기지 마라. 생각이 구체적이면 기분이 별로 좋지 못할 때 더 많은 도움을 얻을 수 있다. 이 연습을 며칠, 몇 주에 걸쳐 계속하라. 한동안 그냥 놔두고 있다 보면 점차 다른 생각들이 잠재의식 속에서 올라올 것이다.

목록을 완성하고 난 다음에는 어느 방법이 당신에게 가장 효과가 높고 건설적이며, 어느 방법이 가장 효과가 적은지 생각해 보라. 가령 아이스크림을 한 숟갈 퍼먹으면 긴장이 풀릴지 모르지만 아무리 기분이 좋아지더라도 매일 밤 아이스크림을 세 숟갈씩 먹는 것이 생산적인 일인가? 이 목록을 당신의 정서를 관리하고 자신감을 유지할 수 있는 방법으로 소중히 간직하라.

실제로 해보자. 당신의 자원 목록을 만드는 일은 잠깐이면 된다. 펜을 들고 이 세 가지 문장을 채우는 것부터 시작하라.

- 나는 _____ 할 때 기분이 좋다.
- 나는 _____ 할 때 기분이 좋다.
- 나는 _____ 할 때 기분이 좋다.

다른 사람도 할 수 있다면…

프리랜서 텔레비전 프로듀서로 일하는 아담은 최근에 이혼했고 나이는 46세다. 그는 자기 일을 좋아하지만 일이 너무 힘들고 기복이 심한 점이 싫다. 일이 없을 때는 생활비를 어떻게 충당해야 할지 걱정이다. 일을 하고 있을 때는 온통 일에만 시간을 뺏기고 까다로운 방송사 중역과 도도한 배우들과 입씨름을 벌이기 일쑤였다. 일로 받는 스트레스와 새로운 사람을 만나고 다시 데이트를 해야 하는 두려움을 이겨내기 위해 아담은 자기의 자원 목록을 작성했다. 아래는 아담이 생각해 낸 열 가지 자원 목록이다.

- 나는 두 아이들과 시간을 보낼 때, 특히 정원에서 축구를 하고 공부를 도와줄 때, 또 아이들이 내가 요리하는 것을 도와줄 때 기분이 좋다.
- 나는 음악을 들을 때, 특히 마음을 차분하게 가라앉히고 싶을 때는 마들렌느 페이루(Madeleine Peyroux) 음악을 듣는 것이 좋다.
- 나는 공원에서 싸이클을 탈 때, 특히 어둡고 조용한 늦은 저녁에 탈 때 기분이 좋다.
- 나는 심슨 가족과 패밀리 가이 만화를 보면서 웃을 때 기분이 좋다.
- 나는 커피콩을 갈아 신선한 커피를 내릴 때 기분이 좋다. 집에 있지 않을 때는 더블 샷 라떼로도 좋다.
- 나는 아침에 팔굽혀 펴기를 30번 하고 나면 기분이 좋다.
- 나는 크리스와 이야기를 하고 나면 기분이 좋다. 전화나 인스턴트 메시지로 짧게 주고받는 대화지만 바보 같은 기분이 들 때 그와 이야기를 하고 나면 분별력을 얻는다.
- 나는 아버지에게 전화를 하고 개들과 '말'하는 것도 좋아한다. 통화를 하다가 개들이 짖는 소리가 배경으로 들리면 나는 미친 사람처럼 혼자서 씩 미소를 짓는다.
- 케이시 리치스(Kathy Reichs)와 리 차일드(Lee Child)의 책 같은 어두운 스릴러를 읽는 것도 좋다. 또한 제임스 패터슨(James Patterson),

데이비드 발다치(David Baldacci)와 같은 류의 읽을거리도 기분전환이 된다.

- 나는 최근의 게임 결과를 놓고 아무하고나 토론을 벌이는 것도 좋아한다.

당신의 자원 목록을 마련했으면 자주 이용하라. 아무리 바빠도 자원을 이용할 시간을 내라. 아침에 눈 뜬 다음 맨 먼저 하는 일로 습관을 만들어도 좋고, 직장에서 퇴근한 다음 맨 먼저 하는 일이나 자기 전에 마지막으로 하는 일로 만들어도 좋다. 물론 직장에서도 할 일이 많고 집에 와서도 할 일이 많아서 시간을 내기가 어려울 것이다. 하지만 일에 대한 책임만이 아니라 자기 자신에 대한 책임도 있지 않은가?

바쁜 하루 중에 당신 자신을 위한 시간을 단 10분밖에는 낼 수 없다 하더라도 날마다 에너지와 자신감을 충전하기 위한 습관으로 만들어라. 일단 하고 보라. 현실이 당신에게 던지는 쉽지 않은 일들을 극복하게 해줄 것이다.

친구에게 도움 받기

인간은 사회적 동물이다. 누구나 사회적 상호작용이 필요하다. 아무리 자급자족적으로 살아가는 사람이라도 다른 사람과 시간을 보내는 것으로 얻는 이로움이 있다. 그런데 왜 더 큰 자신감을 얻기 위한 여정을 혼자 가려고 하는가? 친한 친구, 부모, 친척, 학교 선생님, 직장 동료, 상사, 스승, 이웃에게 격려와 지원과 조언과 공감을 구하라. 당신이 성공하는 데 도움을 줄 조력자 명단에 그들 이름을 올려라.

당신이 성공하도록 도와줄 사람에게 목표와 계획을 이야기하라. 시작하기 위해 당신이 아끼는 사람들 앞에서 절대로 그들을 실망시키지 않겠다고 약속하라.

그러나 전화기를 집어 들고, 이메일을 보내고, 방문하기 전에 그들에게서 어떤 종류의 도움을 받을 수 있을지 먼저 생각해야 한다. 우리 어머니는 낙관적인 마음과 무조건적인 사랑을 얻기 위해서는 더할 수 없이 좋은 자원이지만 내가 실수를 저지르고 우스운 꼴이 되었을 때 무엇을 어떻게 해야 할지 조언을 구할 상대는 아니다. 마찬가지로 이전 상사는 골치 아픈 문제에서 벗어나는 방법을 말해주는 데에는 날카롭고 통찰력이 있지만 긍정적인 격려를 주는 데는 서툴렀다.

직접 해 볼 차례!

당신이 불안하게 흔들릴 위험에 처했을 때 반드시 이루겠다고 마음먹은 자신과의 약속과 도전을 되새기게 해줄 사람이 누구인가? 마음이 울적할 때 위로해줄 사람이 누구인가? 동료와 겪고 있는 갈등이 풀리지 않을 때, 직업 경력에서 중대한 결정을 내려야 할 때, 애정문제로 딜레마에 빠졌을 때 누구에게 조언을 구할 수 있을까?

그러나 당신 말에 귀를 기울이고 당신이 스스로 결정을 내리도록 도와줄 사람에게 도움을 구해야지, 당신을 비난하고 판단하려 드는 사람에게는 도움을 청하지 마라. 자신감을 쌓으려고 노력할 때는 당신을 격려하고 지지해줄 사람이 필요하다. 당신의 결정에 책임을 지게 하거나 의존할 사람이 필요한 게 아니다.

> 우정은 당신을 더욱 번성케 하고 역경을 함께 나누고 짊어져 줄여준다.
> — 키케로(Cicero), 로마 철학자

친구인가, 아니면 친구이자 적인가

사교계 명사이자 상당한 재산 상속녀로 유명한 페리스 힐튼은 자신을 둘러싼 친구이자 적인 사람들을 가리켜 '프레너미(frenemy)'라고 불렀다. 그녀는 자신을 둘러싼 사람들이 모두 자신에게 진정으로 도움이 되는 사람들은 아니라는 사실을 예리하게 꼬집었다.

마찬가지로 당신 주변에 있는 모든 사람들이 당신의 자신감에 좋은 영향을 미치고 있지는 않을 것이다. 누가 당신을 특정한 방식으로 대한다면 당신은 자신이 그런 사람이라고 믿기 쉽고 진짜로 그런 사람처럼 행동할 것이다. 당신에게 용기를 주는 긍정적인 사람들과 시간을 보내면 당신은 자신에 대해 더욱 자신감을 갖게 될 것이다. 당신의 사기를 꺾는 부정적인 사람이 계속해서 당신에게 악영향을 미치도록 허락한다면 당신의 자신감은 급강하할 것이다.

그 말이 무슨 뜻인지 모를 사람은 없을 것이다. 그렇다면 당신에게 그다지 좋지 못한 영향을 끼치는 친구와 지인에게는 어떻게 대해야 할까? 당연히 당신은 모든 사람에게 사랑받기 원한다. 그러나 당신의 자신감을 손상시키고 열정과 에너지를 빼앗는 사람이 있다면 태도를 분명히 해야 할 것이다. 당신이 받는 것보다 언제나 투자하는 것이 더 많다면 그 사람들과 보내는 시간을 크게 줄이는 것도 생각해 보아야 한다. 전적으로 독이 되는 관계라면 완전히 끊어야 한다. 과거에는 어떤 식으로 관계를 맺었든지 간에 당신은 자신을 돌보고 더 자신감 있는 삶을 향해 자신을 주장할 수 있어야 한다.

한편 나쁜 사람들이 당신의 자신감을 갉아먹을 수 있는 것처럼 좋은 사람들은 당신의 자신감을 올려줄 수 있다. 우리가 행동하는 방식은 주변 사람들이 행동하는 것을 우리가 어떻게 보느냐에 달렸다. 따라서 당신의 지인 중에 누가 당신의 자신감에 힘을 실어주고, 당신의 목표를 성취하는 데 도움이 될 수 있을지 생각해 보라. 당신에게 이래라저래라 하는 동료에게 더 분명하게 맞서기 원한다면 이미 그런 일에 능한 친구와 점심을 같이 하는 것이 좋을 것이다. 공부에 더 매진하려고 한다면 책을 좋아하는 친구들과 시간을 더 많이 보내야 한다. 목표를 나눌 수 있는 동지들과 시간을 더 많이 보내라. 자신감은 전염성이 있다. 당신은 어떤 사람이 당신에게 영향을 미치기 원하는가?

행동으로 옮겨라 : 신중하게 동지 선택하기

심리학자와 사회학자, 경제학자들이 몇십 년 동안 모은 근거를 보면 우리가 함께 어울리는 사람들이 우리 행동과 행복에 실제적인 영향을 미친다. 흡연자들과 어울리면 물론 담배를 끊기가 더 어려울 것이고, 열광적인 스포츠 팬들과 어울리면 자연적으로 운동 경기를 더 많이 보게 될 것이다. 미주리 대학교 연구 결과에 따르면 같이 어울리는 사람들이 문제와 걱정거리를 지나치게 많이 토로하는 경우 자기도 우울증과 불안으로 이어지는 성향이 높다. 격려하고 지지하는 사람과 시간을 더 많이 보내면 당신도 그런 성향을 닮게 될 것이다.

이 연습을 위해 종이에 두 줄을 그어 세 칸으로 만들고 맨 앞에 각각 'A', 'B', 'C' 글자를 써넣어라.

A	B	C

이제 아래와 같은 세 항목으로 구분하여 친구들 이름을 적어 넣어라.

A. 가장 지지적이고 긍정적이며 힘을 북돋아주는 친구. 이 친구들은 당신 삶과 당신이 하는 일, 당신의 감정에 많은 관심을 기울여 준다. 이런 사람을 만나고 나면 언제나 기분이 좋기 때문에 누가 이 항목에 속하는 친구인지 찾기는 쉽다. 이들은 당신을 생각해 주고 당신이 무엇을 하며 지내는지 궁금해 한다. 당신이 무엇을 잘했을 때 진정으로 기뻐해 주고 일이 잘 풀리지 않으면 진심으로 걱정한다. 당신의 관심거리와 우선순위가 무엇인지 기억한다. 이런 친구는 자신에 관해 말할 때도 긍정적이고 희망적이며 낙관적이다. 이런 친구는 자주 만나지 못해도 만나면 언제나 당신을 소중히 대하며 함께 시간을 보내면서 얻는 것이 많다.

B. 상당히 지지적이며 당신의 행복에 관심을 갖고 있는 친구. 이런 친구들은 A와 다음으로 설명할 C 그룹 중간에 속한다.

C. 가장 덜 지지적인 친구. 당신은 이 친구들을 상당히 자주 만나고 함께 즐거운 시간을 보낸다. 그러나 마음 깊숙이에서는 당신도 이 친구들이 어울려 지내기에 가장 좋은 사람들은 아니란 사실을 안다. 그들은 아마 당신이 어떻게 지내는지 궁금해 하면서 묻는 일도 별로 없을 것이다. 당신 말을 듣기보다는 자신의 이야기를 더 많이 할 것이다. 아니면 부정적인 생각을 더 많이 하고 염세적이며 다른 사람들 말을 많이 할 것이다. 친하게 지내는 친구일지는 몰라도 당신

에게 좋은 영향을 미치고 있지는 않다. 특히 당신의 자신감이 부서지기 일보직전일 때는 이들과 어울리기보다는 다른 더 좋은 친구들과 시간을 보내는 것이 나을 것이다.

이제 이 세 그룹의 친구들을 살펴보자. 당신은 C 그룹 친구들과 즐거운 시간을 보낼 수 있지만 궁극적으로 당신이 성장하고 당신의 지평을 넓히는 데 도움을 줄 친구들인가? 당신이 더 격려받고 자신감 있기 원한다면 A 그룹 친구들과 시간을 더 많이 보낼 방법을 찾아보라. 나는 당신이 C 그룹 친구들을 전혀 만나지 않아야 한다고 제안하는 것은 아니다. 단지 그들과 보내는 시간을 제한적으로 할당할 것을 고려해 보라는 것이다. 이제 다음 주에 바로 당신에게 도움이 되고 긍정적이며 자신감을 높여줄 친구들과 함께 할 세 가지 활동을 적어보라.

집과 직장 환경 바꾸기

우리 의지력이 오락가락한다는 사실을 알고 있는 이상, 체중을 줄이기 원한다면 당장 모든 단 음식과 살찌게 하는 음식을 치우는 게 좋을 것이다. 마음 깊숙이에서는 우리 의지가 약해지는 순간, 초콜릿 바나 비스킷의 유혹에 무너져버릴 수 있다는 것을 알기 때문이다.

인생을 바꾸는 것은 노력이 드는 일이고, 가끔씩은 행동을 바꾸는 것이 아니라 환경을 바꾸어서 도움을 얻을 수 있다. 당신이 몸매에 자신감을 갖기 원한다면 바람만 불어도 날아갈 것 같은 슈퍼모델 사진으로 도배된 잡지만 눈앞에 두어서는 도움이 되지 않을 것이다. 운동 시간을 늘리려고 한다면 운동복을 옷장 깊숙이 두어서 매번 그것을 꺼낼 때마다 귀찮고 힘들다는 생각이 들게 만들어선 안 된다. 운동복을 눈에 잘 보이는 곳에 두어 직장에서 돌아오면 운동할 시간이라는 것을 자신에게 상기시켜야 한다.

직장에서도 마찬가지다. 일하는 동안 창밖에서 일어나는 일로 방해를 받는다면 책상이 벽을 향하도록 옮겨버리면 된다. 반대편에 앉은 동료와 잡담으로 보내는 시간이 많다면 두 사람 사이에 책으로 담을 쌓아 쉽게 눈이 마주치지 않도록 하면 되지 않겠는가?

당신의 환경은 당신이 만들 수 있다. 당신의 목표를 방해하는 요소를 제거하는 일이든 새로운 것을 받아들이는 일이든 어떤 변화를 줄 수 있을지 생각해 보라. 냉장고에다 가장 예쁘게 나온 자기 사진을 붙여 두면 건강하지 못한 간식으로 손을 덜 뻗을 것이다. 집을 나서면서 오늘 하루도 미소를 짓고 긍정적으로 생각하기 위한 문구를 적어 현관문에 붙여 두어라. 당신의 목표를 달성하는 데 도움이 될 일이라면 어떤 일이든 하라.

직접 해 볼 차례!

지금 당장 펜을 들고 당신의 목표를 달성할 수 있는 기회를 높이기 위해 오늘 바꿀 수 있는 당신의 환경 세 가지를 적어보라.

- 나는 _____ 바꾸겠다.
- 나는 _____ 바꾸겠다.
- 나는 _____ 바꾸겠다.

자신감 은행에 투자하기

얼마 전에 텔레비전 댄스 쇼 프로그램 프로듀서가 도움을 요청해 왔다. 쇼에 출연하는 연예인 세 명이 생방송 압박감을 이기지 못하고 있다는 것이다. 두 명은 유명한 댄서였고 한 명은 멋진 란제리 모델이었다. 나는 이들이 긴장감을 극복하도록 이런 연습을 해보도록 했다.

당신은 옛날 앨범을 넘기면서 미소를 짓는가? 좋아하는 음악을 들으면서 좋았던 순간으로 돌아가는가? 친구나 동료들과 함께 공부하고 일하고 생활하던 때를 이야기하면서 큰 소리로 웃는가? 그렇다면 당신은 이미 회상의 힘을 경험했다.

과거의 성공과 행복한 시간을 상기하는 것은 기분을 좋게 하고 자신감을 올리며 사기를 불태울 수 있는 강력한 도구다. 시카고 대학의 프레드 브라이언트(Fred Bryant)는 10분 정도만 과거의 좋았던 경험을 상기하는 것도 우리 기분에 큰 영향을 미친다고 했다.

사실 회상은 다목적용 도구다. 힘든 하루를 보냈거나 거절당했거나 누구와 입씨름을 한 후에 자신감을 회복하는 데도 이 방법을 쓸 수 있다. 뿐만 아니라 운전면허 시험이나 새 직장에 첫 출근을 하거나 멋진 상대와 데이트를 앞두고 있는 것과 같은 힘든 도전을 준비하면서도 쓸 수 있다.

많은 사람들이 자기가 이룬 과거의 성공과 정서적 절정을 과소평가한다. 성취한 일과 경험한 일을 깎아내리거나 당연시 받아들인다. 그러나 그래서는 안 된다. 지금까지 당신이 이룬 일을 떠올리고 적어두는 것은 당신에게 회복력을 선사할 좋은 방법이다. 과거를 돌아보면 당신이 현재 그리고 미래에 훨씬 더 많은 일을 할 수 있는 역량을 갖고 있음을 볼 것이다. 당신은 자신에게 '나는 지금까지 이 모든 것을 이루었어. 이보다 더 많은 것을 할 수 있다고.'라고 말할 수 있을 것이다. 다음 연습은 삶의 FACT를 생각해 보는 것이다.

행동으로 옮겨라 : 삶의 FACT 생각해 보기

이 연습은 당신이 이룬 업적(Feat), 성취(Achievement), 도전결과(Challenge outcome), 승리(Triumph)를 마음에 불러오기 위한 것이다. 종이를 꺼내 놓고 당신이 생각할 수 있는 모든 성공을 적어라. 분명하지 않더라도 일단 적어라. 나중에 목록을 수정하면 된다.

이 목록을 당신이 한 일과 당신에 관한 사실을 적은 자서전이라고 생각하라. 성공이란 말을 광범위하게 정의하라. 그중에는 엄청나게 큰 성공도 있고, 더 작고 개인적인 성공도 있다. 경제적 성공과 일에서의 성공도 있을 것이고, 가족과 친구 관계에서, 또 공부에서의 성공도 생각해 볼 수 있다. 살면서 겪은 문제를 해결하고 이겨낸 일을 포함해 삶의 모든 영역을 생각해 보라. 당신이 스스로 자랑스럽게 여기는 성격적 자질과 더불어 습득한 기술, 사람들에게 받은 칭찬, 다른 사람에게 베풀었던 친절과 선행, 제시한 아이디어, 당신이 좋은 영향력을 미쳤던 사람들도 적으라. 이 목록은 끝없이 이어질 수 있다.

이 연습과 4장에서 했던 '자기 강점 이야기하기' 간에 약간 중복되는 부분이 있다는 것을 눈치챘을 것이다. 그렇지만 처음에는 그 목록을 보지 않는 것이 좋겠다. 그 목록을 보고 나면 일과 관련된 것이나, 아니면 더 가시적인 성취에만 중점을 두게 될 수 있기 때문이다. 당신의 FACT는 업적, 성취, 도전결과, 승리가 다 포함되어야 한다.

당신 삶에서 이룬 모든 것을 적어라. 불현듯 내가 이렇게 많은 것을 이루었구나, 하는 생각이 들 것이다. 당신은 앞으로도 계속해서 더 많은 것을 성취해 나갈 것이다.

당신 목록을 계속해서 추가해 나가라. 몇 시간, 며칠 동안 제쳐두었다가 다시 생각해 보고 적어도 좋다. 머리맡에 두었다가 잠이 들기 전이나 잠에서 깨어날 때 생각나는 것을 적어라. 당신의 FACT 목록은 완성된 목록이 아니라 계속 더 적어나가야 할 진행 중인 목록이다. 당신이 과제를 완성하거나 목표를 성취할 때마다 목록에다 더하라. 당신의 자신감이 꽃피고 자라날 것이다.

당신이 삶에서 이룬 몇 가지 성공 사례를 적기 시작하면 당신이 삶에서 얼마나 많은 성공을 이루었는지 입증이라도 하듯 수많은 당신의 FACT들이 물밀듯 쏟아져 나올 것이다. 그러나 쓸 말이 없더라도 당신만 그런 것이 아니다. 이 연습을 하면서 겪을 수 있는 어려움은 오로지 큰 성공만을 보려고 하기 때문에 생긴다. 당신이 이룬 많은 것을 무시하지 마라. 당신의 FACT 목록은 다분히 개인적인 것이지만 당신의 생각을 도와줄 다른 사람이 적은 예를 아래에 소개한다.

- 내 연구의 일부로 에세이 프로젝트 14개와 논문 하나를 완성했다.
- 두 자녀를 건강하고 책임감 있으며 행복한 어른으로 키워냈다.
- 관리자로 승진했다.
- 부모님 집에서 나와 경제적으로 독립했다.
- 케이트의 40번째 생일에 지키기로 한 약속을 지켰고 작년에 데이트를 여섯 번 나갔다.
- 5년 동안이나 일주일에 두 번씩 아들 축구 연습에 나가서 아들을

격려했다.

- 지난 2년 동안 연속으로 내 수행 목표를 초과했고 A등급을 받았다.
- 집에 무선 네트워크를 설치했다.
- 부서 워크숍에서 프레젠테이션을 할 때 정신이 반쯤은 나갔지만 긍정적인 반응을 얻었다.
- 내 집을 사서 꾸미고 개조해서 내 성지로 만들었다.
- 우리 딸이 자발적으로 나를 안아주고 나를 사랑한다고 말하는 것이 기분 좋다.
- 너무 무서워서 기절할 것 같았지만 운전면허 시험에 붙었다. 시험이 끝나고 어지럼증에 드러누워야 했다.

직접 해 볼 차례!

지금 당장 완전한 FACT 목록을 적을 시간은 없더라도 적어도 FACT 몇 개는 적기 시작할 수 있다. 자신에게 아래와 같은 질문을 던져보아라.

- 최근에 내가 성취한 것에 기뻤던 일은 무엇인가?
- 어떤 사람이나 집단이 나를 귀중한 존재로 여겨준 적이 있는가?
- 내 믿음에 의해 행동했고, 내게 중요한 일을 했던 때가 언제인가?
- 어떤 사람이나 집단, 상황에 힘이나 영향력을 끼친 일이 있는가?

FACT 목록을 풍요롭게

삶의 FACT를 포착하는 일은 상당히 사실적인 연습이다. 기념품이나 기억을 도울 모든 것을 이용하여 모든 감각을 동원해 행복했던 시간을 불러오라. 당신이 가장 행복하고 가장 자신감 넘쳤던 시간에 대한 강렬한 기억과 회상으로 당신 삶의 풍성한 FACT 목록을 작성하여 자신감 은행을 만들어보자. 다양한 목록을 만들기 위해 아래와 같은 모든 기억을 끌어 모으자.

- 상, 트로피, 자격증. 어린 시절에 받았던 것도 좋다. 어린 시절 받은 상은 무척 강한 긍정적 회상을 일으킨다.
- 사람들에게 받은 편지나 축하 카드.
- 장신구, 기념품, 옷과 같은 좋아하는 물건.
- 첫 월급 명세서, 옛날 다이어리, 같이 즐겁게 일하던 사람들이 보내온 비즈니스 카드.
- 기념품, 책, 향수.
- 인용구, 말, 음악과 시가 담긴 사운드.
- 소중한 순간과 휴가, 직장에서의 파티, 결혼식, 생일 축하 파티를 담은 비디오와 사진.

기본 도구 상자가 완성된 후에도 당신의 자신감 은행에 담을 물건과 추억을 계속해서 수집해야 한다. 당신이 성공이나 기분 좋은 순간을 경험할 때마다 그것을 어떻게 포착할지 생각하라. 사진을 찍고, 바닷가에서 조개껍질을 줍고, 엽서를 사고, 다이어리에 몇 글자 적고, 당신의 미래 기억을 도울 일이라면 그 무엇이라도 좋다.

삶의 FACT 재생하기

이제 우리는 삶의 FACT로 무엇을 할 수 있을지 알았다. 이제 사기를 올려야 할 때 적어도 10분 동안 과거의 승리를 음미하도록 하라. 지금 당신에게 필요한 용기를 줄 순간을 회상하라. 상황을 되돌려 그 장면, 소리, 냄새, 감정에 푹 빠져보라. 당신이 얼마나 역량 있고 만족하고 자신감 있다고 느꼈는지 기억하라. 일을 분석하려고 들거나, 그 일이 왜 당신을 행복하게 만들었는지, 그 일로 무엇을 배웠는지 알아내려 고 하지는 마라. 그저 가능한 한 생생하게 그 순간을 음미하라.

특히 하기 힘든 일에 도전하기 위해 자신감을 높여야 한다면 그 일 과 관련 있는 추억과 기억의 폴더를 수집하라. 가령, 요즘 사람들과 잘 어울리지 못하고 있다면 그동안 사귄 친구들에 관한 자료 일체를 모아라. 데이트에 나가야 한다면 당신의 관심과 흥미, 긍정적인 자질 을 상기시킬 기억들을 모아라.

다른 사람도 할 수 있다면…

쉰두 살인 캐롤라인은 평생을 출판계에 몸담고 있었으며, 항공사의 기 내 잡지 편집자로 일한 지도 어언 14년이었다. 그러나 거대 항공사가 캐롤라인이 일하는 항공사를 합병하여 구조조정을 하면서 직장을 잃 었다. 다시 직장을 얻으려면 면접시험을 치러야 하지만, 캐롤라인은 면접시험 생각만 해도 불안했다.

그러다가 몇 군데 지원서를 냈고 면접시험을 보자는 연락이 왔다. 물론 지원한 회사에 대한 정보는 미리 조사했고 어떤 질문이 나올지, 어떻게 대답할지도 생각해 두었다. 또한 거울을 보면서 대답하는 연습도 했다. 사실상 출판 일 안팎을 샅샅이 꿰고 있는 캐롤라인으로서는 그런 일은 문제도 아니었다. 다만 새로운 사람을 만나야 하는 일이 걱정이었다. 캐롤라인은 새로운 사람을 만날 때마다 주눅이 드는 경향이 있었으므로 더 자신감 있게 느끼고 행동할 수 있도록 자신감 파일을 수집하기로 마음먹었다.

면접시험날 아침에 캐롤라인은 늘 하던 대로 아침을 준비하고 30분 정도 자신감 파일을 훑어보았다. 다른 후보들이 마지막 순간을 면접 연습을 하면서 보낸 반면에 캐롤라인은 자기 자신의 성공을 되짚은 것이다. 거기에는 자기가 책임지고 만든 잡지도, 가장 친한 친구가 적어준 격려의 편지도, 캐롤라인이 이룬 특별한 공적을 축하하는 이전 상사의 이메일을 인쇄한 것도 있었다. 캐롤라인은 자기 팀의 지난 크리스마스 파티 사진을 보면서 그동안 자기가 채용하고 일을 가르친 많은 후배들을 생각했다. 여덟 살짜리 조카가 보내온 행운을 빌어주는 카드에 적힌 메시지를 읽으면서 행복한 감정을 음미했다.

자신감 파일은 캐롤라인의 긴장을 풀어준 것만이 아니라 실제로 최고의 기량을 발휘해 면접시험을 치러낼 자신감을 주었다.

지금 여기에 집중하기

잠자리에 누웠지만 걱정으로 머릿속엔 이런저런 생각만이 바쁘게 오가고 영 잠을 이룰 수 없었던 적이 있는가? 그런 사람이 당신만은 아니다. 조사 결과에 따르면 성인 세 명 중에 한 명은 간간이 불면증에 시달린다.

발표, 시험, 데이트처럼 긴장되는 일을 앞두고 있을 때는 '공부한 것을 까먹으면 안 되는데…', '무엇이 잘못되면 어떻게 하지?' 같은 불안감으로 다른 생각을 하기 어렵다. 잠을 자야 할 시간에 걱정하느라 잠을 이루지 못하는 것은 생산적이지 못한 일이다.

다음에 나오는 자신감 쌓기 방법은 오랫동안 쓰였던 방법을 기본으로 했다. 선불교도는 수천 년 동안 마음 챙김(mindfulness)을 실천했다. 우리 현대 심리학자들이 한 일은 이 방법의 가장 좋은 면을 취해서 누구든지 따라할 수 있게 적용한 것뿐이다.

자신감 쌓기 방법: 마음 챙김

마음 챙김은 근본적으로 현재 순간을 경험하는 것이다. 다시 말해 과거를 생각하거나 미래의 일을 걱정하지 않는 상태다. 이 수련법의 기본적인 생각은 간단하다. 내면의 목소리가 왈가불가하지 않게 하고 지금 경험하는 것에 주의를 집중하자는 것이다. 주변에서 일어나는 일을 깨닫고는 있지만 자신의 혼잣말이 그것에 대한 판단을 내리지 않게 하는 것이다.

대부분의 경우 내면의 목소리가 끊임없이 주변에서 일어나는 일에 관해 속살거린다. 가까운 곳에서 경찰 사이렌 소리가 들려오면 당신은 어떤 응급상황이 발생했는지 궁금히 여긴다. 귀여운 강아지를 보면 '와, 정말 귀엽다!'라고 생각한다. 거울에 자기 모습이 비치면 그날 기분에 따라 '난 역시 멋져', 아니면 '난 왜 이렇게 못생긴 거야'라고 생각한다. 지금 나는 앉아서 이 책을 쓰고 있지만 사무실 라디에이터 물 끓는 소리를 들으며 '바깥 날씨가 추운 모양이군'이라고 생각한다. 그러나 마음 챙김은 이런 모든 생각을 잠재운다. 그것이 좋은 말이든, 나쁜 말이든, 그냥 중립적인 말이든 관심을 두지 않는다. 마음에서 생각을 비우고 고요의 오아시스를 만드는 것이다.

침대에 누워 잠을 청하는 중이거나, 책상에 앉아 해야 할 일을 걱정하고 있거나, 거리를 걷고 있거나 마음을 염두에 둘 수 있다. 머릿속 한가득 들어찬 걱정을 비워야 할 때 마음 챙김 방법을 이용해 보자.

- 먼저 몸을 이완시키고 편안하게 하라. 스트레스로 어깨가 긴장되어 있거나 이마에 주름살이 져 있다면 근육의 긴장을 풀어라. 천천히 심호흡을 하면서 눈을 감아라.
- 호흡에 집중하라. 호흡하는 방식을 바꾸지는 말고 단순히 어떤 느낌인지 인식하라.
- 당신 머릿속에 생각을 집어넣는 내면의 목소리를 인식했을 것이다. 그러나 이제 당신은 그 목소리가 당신에게서 멀어지게 할 것이다. 여전히 그 목소리를 들을 수 있지만 당신과 목소리 사이에 거리를 두어서 머릿속에서 너무 크게 소리 내지 않게 할 것이다.
- 생각들이 모두 밤중에 길을 달리는 자동차라고 생각하라. 길에는 가로등이 밝혀져 있고 길 양쪽 끝이 저 멀리 길게 달려 나가고 있다. 주변 다른 곳은 매우 어둡고 당신은 보도에 서 있다. 이제 거리가 당신으로부터 멀어지는 것이 보인다. 당신이 거리에서 멀리 뒤로 날아간다고 상상하라. 당신은 여전히 거리를 따라 자동차가 달리는 것을 볼 수 있지만 당신에게서 멀리 있어 자동차를 자세히 볼 수는 없다.
- 머릿속으로 간간이 튀어나오는 생각을 알아볼 수 있다. 그러나 그 생각이 단순히 지나가도록 하라. 멀리 보이는 자동차처럼 그것에 관여치도 말고 억누르려고도 하지 마라. 적어도 10분 동안 이런 정신 상태를 유지하라.

잠깐 동안의 마음 챙김으로 당신은 머릿속을 바삐 오가는 모든 생각을 놓을 수 있었다. 우리는 내면의 속삭임을 잠재울 수 있다. 걱정의 고리를 끊고 불안, 두려움, 후회, 그 밖의 감정을 떨칠 수 있다. 간단히 그런 정서들이 지나가도록 하라.

마음 챙김 방법은 잠을 청하고 이완하기 위해서만이 아니라 온갖 상황에 모두 이용할 수 있다. 나는 운동을 하는 동안에도 걱정을 떨칠 수 없었던 사람을 코치한 적이 있다. 그는 시골에 살았고 퇴근을 하면 규칙적으로 달리기를 했다. 그러나 아름다운 풍경을 지나면서도 그는 자기가 저지른 실수와 잘못 다룬 상황을 곱씹고 앞으로 일어날 일을 걱정했다. 음악을 들어도 걱정이 음악을 차단해 아무런 소용이 없었다. 나는 그가 달리기를 할 때 더욱 마음을 챙길 수 있게 훈련하도록 했고, 결국 그는 운동을 즐기고 문제를 더욱 효과적으로 풀 수 있었다.

마음 챙김 방법을 더 많이 이용할수록 더 능숙하게 집중된 마음 상태에 이를 수 있고, 그로 얻는 이로움은 더 커질 것이다. 하버드 의과대학 사라 라자르(Sara Lazar)는 마음 챙김 훈련은 정서를 처리하는 뇌 영역인 섬엽(insula)을 두꺼워지게 한다고 말했다. 신체적 운동이 근육을 발달시키는 것과 같은 이치로 뇌가 정신 운동에 반응하여 더 강해지는 것이다. 지속적인 마음 챙김은 정서를 처리할 수 있는 뇌를 더 두껍고 강하게 한다. 놀라운 이야기 아닌가?

성공할 준비 갖추기

생산적인 생각과 비생산적인 걱정을 구별하라. 행사 계획을 세우거나 조직해야 한다면 당신은 그것을 생각하느라 생산적인 시간을 보낼 것이다. 그러나 잠을 자야 하거나 친구와 즐거운 저녁을 보내거나 책을 읽거나 사랑을 나눠야 할 시간에 걱정을 하고 있다면 아무것도 얻을 수 없다. 걱정을 더는 빠른 방법 하나는 언제나 노트를 갖고 다니는 것이다. 당신 머릿속을 달리는 생각 중에 반드시 기억해야 할 것이 있다면 펜을 들고 적어라. 일단 그것을 종이에 옮기고 나면 해야 할 일을 잊지 않을 수 있다. 또한 해야 할 일에 집중할 수 있다.

내가 코칭한 고객들 가운데서도 내가 걱정을 없앨 방법으로 마음 챙김 방법을 제안하자 회의적인 반응을 보인 사람들이 몇몇 있었다. 그들은 그런 방법으로 무슨 이점을 얻기에는 자기가 굉장히 영리하고, 일을 빨리 처리하고, 아이디어로 넘치고, 상상력이 풍부하다고 생각했다. 그러나 그렇지 않다. 오히려 생각이 많은 사람일수록 간간이 그 생각을 꺼야 할 필요가 더 많다. 마음 챙김은 효과가 있다.

지금 당장 시험해 보라. 당신이 이 책을 집에서 가장 편안한 의자에 앉아서 읽고 있든, 아니면 혼잡한 전철 안에서 여러 통근자들에게 둘러싸인 채 읽고 있든 생각을 멈추고 주변에서 일어나고 있는 일에만 집중하라. 잠시 동안 책을 놓고 전화기도 꺼라. 집중하는 데 눈을 감는 것이 더 낫다면 눈을 감아라(눈을 감는 것이 더 안전하다!). 당신이 듣고 있는 소리, 느끼는 감각, 머릿속에 지나는 생각을 관찰하라. 5분 동안 해본 후에 느낌이 어떤지 보라.

우리 뇌를 둘러싼 끈적끈적한 물질

당신 뇌를 둘러싼 끈적끈적한 물질은 물론 당신의 몸이다. 이 책의 대부분이 우리 마음에서 오가는 것, 즉 생각과 감정에 중점을 두고 있더라도 우리는 우리 몸을 무시할 수 없다.

경영 컨설턴트로 일하는 내 친구 하나는 관심사가 온통 사업에서 성공하는 것뿐이다. 덕분에 그의 사업은 지난 몇 년 동안 네 배나 성장했지만 언제나 자기 건강이 좋지 못하다고 불평이다. 언제나 일로 바쁘다 보니 말은 체력을 기르고 체중을 줄여야 한다고 하면서도 최근 들어 오히려 체중이 불었다. 지금 그 친구는 전에 다친 어깨 상처 때문에 물리치료를 받고 있다. 기침과 감기도 달고 산다. 나는 그가 신체 건강에 더 자신이 있다면 더 많은 일을 이룰 수 있을 것이라고 확신한다. 계단을 하나만 올라도 숨이 턱에 차지 않다면, 자꾸만 아픈 어깨 걱정을 하지 않아도 된다면, 기침과 재채기를 하지 않고 고객을 만날 수 있다면 그 친구가 이룰 성공은 분명 더 클 것이다.

> **삶은 그냥 사는 것이 아니라 건강하게 사는 것이다.**
> ― 마샬(Martial), 로마 시인

우리의 몸과 마음은 별개가 아니다. 하나는 다른 하나 없이 존속할 수 없다. 더욱 건설적으로 생각하도록 아무리 마음을 잘 훈련한다 해도 몸이 잘 단련되어 있지 못하면 사기가 저하되기 쉽다. 자신감 목표가 삶의 직업 영역이나 사회, 가족, 성적 영역에 완전히 집중되어 있다고 해도 기계인 신체가 좋은 상태가 아니면 어떤 일도 이루기가 쉽지 않다는 사실을 기억하라.

그러나 나는 당신에게 무엇을 해야 한다고 잔소리를 늘어놓지는 않겠다. 당신은 이미 해야 할 일이 무엇인지 알 것이다. 가공 식품은 덜 먹고 신선한 과일과 채소를 더 많이 먹어라. 단 음료는 멀리 하고 물을 더 많이 마셔라. 금연하고 술도 적당히 마셔라. 규칙적으로 운동하라. 당신도 어떻게 생활해야 건강해질지는 잘 안다. 다만 그 일을 미루고 있을 뿐이다. 적당한 시간만 기다리는 것이 문제다. 왜 오늘을 그 순간으로 만들지 않는가?

직접 해 볼 차례!

마음과 마찬가지로 당신의 몸에도 양분을 공급하기 위해 해야 할 세 가지 행동은 무엇인가?

- 나는 _____ 할 것이다.
- 나는 _____ 할 것이다.
- 나는 _____ 할 것이다.

술과 약물은 멀리하라

몸과 마음의 양분 이야기를 하자면 약물에 관해서도 이야기를 해야 한다. 내 친구 하나는 결혼식에서 신랑으로부터 축사를 부탁받고는 너무나도 걱정이 되어 의사인 친구에게 안정제를 처방해 달라고 할까 생각했다. 그 친구가 결국 약물을 처방받았는지 말았는지는 모르겠다. 그러나 약물과 알코올은 장기적인 해결책이 아니다. 그저 주변 상황에 대한 인식을 흐리게 할 뿐이다.

물론 의사에게 약물을 처방받아야 할 상황도 있을 것이다. 그러나 그것이 장기적인 해결책은 아니라는 사실만은 기억하라.

심리학에서 하는 말 중에는 '기분이 좋으면 상황은 더 나빠지고 기분이 나쁘면 상황은 더 나아진다'는 말이 있다. 물론 술을 한 잔 마시거나 입에 약을 털어 넣는 것이 일시적으로 기분을 더 낫게 만들 수는 있다. 그러나 그렇게 해서는 배우지 못한다. 자신감은 더 악화될 것이고 약물에 대한 의존만 생길 것이다. 최상의 선택은 기분이 더 나쁘더라도 상황을 더 나아지게 하는 것이다. 일시적으로는 기분이 나쁘고 불안하고 걱정되고 긴장될 수 있지만 달려들어 상황을 해결하는 것으로 당신은 매번 더 나아질 수 있다. 걱정이 되는 상황을 성공적으로 정복하기 위해서는 어느 정도 마음의 불편함을 느껴서 그 감각을 둔화하고 적응시키는 과정이 필요하다.

더 자신감 있는 사람이 되는 일은 쉽지만은 않다. 그러나 당신은 자신이 생각하는 것보다 더 강한 사람일 수 있다. 따라서 긍정적인 행동을 하고 자신감 있게 행동할 때 더 자신감 있게 생각할 것이고 자신감 있게 느낄 것임을 잊지 마라.

종달새, 올빼미?

당신은 세상과 맞설 생각으로 아침 일찍 침대를 박차고 나오는가, 아니면 밤 늦게까지 깨어 있는가? 연구 결과뿐만 아니라 보통 말을 할 때도 우리는 사람을 아침형(종달새족)과 저녁형(올빼미족)으로 나눈다. 아침형은 보통 일찍 일어나서 하루를 일찍 시작하는 경향이 있고 낮 동안에 열심히 일한다. 저녁형은 아침보다는 저녁이나 밤을 좋아하고 밤늦게까지 일한다.

당신은 몸과 마음이 가장 명료하게 깨어 있을 때가 언제인가? 가장 힘든 일에 도전하기에 가장 좋은 시간이 언제인지 생각해 보라. 시험 공부건, 운동이건, 누구와 힘든 문제를 놓고 입씨름을 해야 하건 가장 에너지가 넘치는 시간을 챙겨라.

나는 올빼미 족이다. 나는 밤에 헬스 센터에 가는 것이 좋지, 아침 일찍 운동할 생각을 하면 몸서리가 쳐진다. 밤에 가장 살아 있는 기분이고 일도 밤중에 잘 되어 새벽 2,3시까지 일을 한다. 그러나 아침 일찍 일어날 생각을 하면 끔찍하고 오전 10시, 11시까지 잠을 자야 개운하다. 한편 내 동료는 나와는 정반대다. 그녀는 주말에도 아침 일찍 일어난다. 아무도 일어나지 않은 조용한 시간에 밀린 일을 하고 좋아하는 활동을 하는 것이 좋다. 그렇지만 그녀에게 늦게까지 퇴근하지 말고 일을 하라고 하는 것은 고문이다.

당신이 자신을 잘 안다면 당신의 신체 시계 또한 당신이 이용할 수 있는 자원이다. 아마 당신은 이미 하루 중에 어느 시간이 일하기 가장 좋은지 알 것이다. 당신은 종달새인가, 올빼미인가?

앞으로 또 위로!

- 당신은 당신만의 독특한 개성을 가졌으므로 특정 상황에서 다른 사람과는 달리 당신에게 가장 큰 효과를 발할 자원이 무엇인지 알아야 한다. 당신의 사기를 북돋을 자원을 찾아내면 계획에 그것을 넣도록 하라.
- 당신이 독특한 사람이라는 사실이 당신이 분리되어야 한다는 의

미는 아니다. 우리는 사회적 존재이고 주변에 적당한 사람들이 있는 것으로 힘을 얻는다. 그러나 현재 당신이 함께 시간을 보내는 사람들 전부가 당신의 행복과 자신감에 똑같이 좋은 것은 아니라는 사실도 잊지 말아야 한다.

- 당신의 기억은 당신이 마음대로 이용할 수 있는 가장 강력한 자원을 얻을 보고다. 과거의 성공 목록을 작성하고(당신의 FACT) 계속해서 목록을 추가하여 자신이 생각하는 것보다 당신이 더 역량 있는 사람이라는 사실을 상기시킬 강력한 데이터베이스를 구축하라.

- 과거를 생각하고 미래를 걱정하는 데 보내는 시간이 많다면 당신은 자신에게서 현재를 강탈하고 있는 것이다. 과거나 미래에 너무 집착하고 있는 것 같다면 마음 챙김 방법을 이용해 지금 여기로 관심을 돌리도록 애써보라.

- 당신의 몸과 마음은 당신이란 존재에서 똑같이 중요한 양 부분이라는 사실을 기억하라. 몸을 함부로 다룬다면 마음에도 도움이 되지 않을 것이다.

- 힘든 활동은 하루 중에서 가장 팔팔하게 깨어 있는 시간에 하도록 계획하라. 당신이 종달새족이건 올빼미족이건 당신의 본성에 반대되게 자신을 밀어붙이는 것보다는 가장 효율적으로 일할 수 있도록 자신을 배려하라.

Chapter 06

좌절도 당당하게 이겨내기

장애와 기회의 다른 점은 무엇인가? 그것을 향한 우리의 태도다.
모든 기회에는 어려움이 따르고, 모든 어려움에는 기회가 따른다.

— J. 시드로우 백스터(J. Sidlow Baxter), 신학자

이번 장에서 배울 것

- 일시적으로 좌절을 겪지 않는 사람은 없고, 역경은 개인적 성장에 반드시 필요한 부분이라는 것을 안다.
- 좌절을 포기하라는 신호가 아니라 극복해야 할 걸림돌로 다루도록 스스로를 훈련한다.
- 힘든 상황으로 생긴 정서적 낭패감을 다룰 방법을 찾아낸다.
- 새롭고 효과적인 문제 해결 방법을 배운다.
- 어떤 상황에서도 긍정적인 해결책을 찾는 법을 배운다.

너 나 할 것 없이 좌절과 실망을 겪지 않고 단 한 번에 원하는 것을 얻는 사람은 드물다. 제아무리 재능이 뛰어난 사람이라도 면접시험에서 떨어지고, 승진 시험에서 밀리는 불운을 겪는다. 사교성 좋기로 소문난 사람도 데이트를 신청했다가 퇴짜를 맞기도 하고, 사업가도 투자자나 고객으로부터 수십 번, 수백 번 거절당한다. 이런저런 사기를 꺾어놓는 일들이 당신의 자신감에 흠집을 낼 수 있지만, 그것은 당신이 그런 일을 허락했을 때 이야기다.

어디 그뿐인가? 정리해고, 뜻밖의 관계 문제, 건강 악화, 사랑하는 사람의 죽음, 그 외에도 느닷없는 일이 벌어져 전혀 예상치 못했던 어려움을 당하는 일은 수도 없이 많다. 다시 한 번 강조하건대, 그런 일을 당하면 자신을 탓하거나 세상을 등지고 싶은 심정이 되기 쉽지만 꼭 그런 식으로 생각하지 않아도 좋을 방법이 있다.

문제는 당신이 좌절과 어려움을 경험하느냐 마느냐가 아니다. 좌절과 역경은 누구나 겪는다. 그런 일을 당해도 빨리 이겨내고 그것에서 배우고 더 강해질 기회로 삼아야 한다. 이번 장에서는 그 방법을 이야기할 것이다.

좌절에서 대박 성공까지

유명한 실패를 살펴보자. 제임스 다이슨(James Dyson)은 새로운 형태의 진공청소기를 만들고자 했다. 그는 현재 전 세계에서 가장 많이 팔리는 먼지봉지 없는 진공청소기 시제품을 만들어 내는 데 성공하기까지 5,127번을 시도했다. 그리고 좌절하지 않았을까? 물론 그런 마음이 들었을 것이다. 그렇지만 그는 멈추지 않았다.

귀부인(Dame)이란 작위를 받은 육상선수 켈리 홈즈(Kelly Homes)는 수많은 부상으로 육상선수로서의 경력이 고사될 위기에 처했다. 영국 언론은 친절하지 않았고 재빨리 그녀에게 실패자라는 꼬리표를 붙였다. 홈즈는 매우 심한 좌절에 빠져 가위로 자해한 일도 있었다. 그러나 그녀는 결국 2004년 올림픽에서 두 개의 금메달을 땄다.

윈스턴 처칠은 공직에 출마하는 선거마다 지는 불운을 겪었다. 그러나 62세에 이르러서 결국은 수상으로 선출되었다.

팝의 여왕 마돈나는 오랫동안 아무런 성공도 거두지 못했다. 수없이 오디션에 나갔지만 계속 실패하자 가수로서의 꿈을 키우기 위해 도넛 가게에서 일해야 했다. 마돈나는 매번 음반 회사에서 퇴짜를 맞고 노래를 못한다는 말을 들을 때마다 포기하고 말았을 수도 있었다. 그러나 그러지 않았다.

모든 일을 언제나 제대로 해내는 사람은 아무도 없다. 유명한 기업가, 운동선수, 연예인, 세계 지도자가 다 마찬가지다. 당신이 원하는 것을 얻지 못했다면 자신에게 '모든 것을 얻을 수는 없는 일'이라고 말하고 다음번에는 제대로 해낼 수 있는 일이 무엇인지 알아내라.

자신감 쌓기 방법: 회복력 기르기

위험을 무릅쓰거나 기회를 추구하기가 겁이 날 때 우리가 염려하는 일 대부분은 실제가 아니라 상상에서 비롯된 것이라는 것을 깨닫는다. 좋아하는 사람에게 데이트를 신청하는 일이나 나를 따돌리는 직장 동료에게 맞서기가 겁이 날 수도 있지만 그런 일이 실제로 우리를 죽이지는 않는다. 대담함을 기르는 한 가지 방법은 날마다 작은 위험을 무릅써

보는 것이다.

자, 이제 날마다 삶의 무엇인가를 바꿀 수 있는 방법을 찾아보라. 출근할 때 다른 길로 가보고, 아침으로 먹는 시리얼을 바꿔보는 아주 사소한 일도 좋다. 직장에서 회의할 때 늘 옆에 앉던 사람 말고 다른 사람 곁에 앉아 보거나, 집으로 돌아오는 길에 들르곤 하던 슈퍼마켓 말고 다른 가게에서 장을 보기도 해보자. 쉬는 날에는 한 번도 가보지 않았던 곳으로 산책을 나가보는 것도 좋다. 친구들이 당신이 잘 가지 않는 곳에 가자고 청하거나, 잘 하지 않는 일을 하자고 할 때에도 '좋아'라고 대답해 보라. 설령 당신이 그 일을 즐기지 못했고, 일이 바라던 대로 되지 않았더라도 단순히 익숙한 것만 고수하며 지냈더라면 절대 몰랐을 자신에 관한 새로운 것을 배울 수 있다.

작은 모험을 하는 데 익숙해지면 새로운 연인을 만나고 새로운 직업을 갖는 등의 더 큰 모험도 겁나지 않는다. 따라서 매일 목표를 세워라. 매일 매일 시도하는 작은 모험을 예방주사를 맞는 일이라고 생각하라. 살면서 더 커다란 난관을 당할 때 이겨낼 수 있도록 면역력을 높여주는 길인 것이다. 오늘 당신은 어떤 새로운 일을 하겠는가?

실패라는 것은 없다. 단지 배움만이 있을 뿐이다.

— 로버트 알렌(Robert Allen), 작가

당신은 선택할 수 있다

승진 발표가 났는데 후배가 당신을 제치고 올라갔다거나 자금 지원 신청을 했다가 거절당했다. 소개팅으로 멋진 사람을 만났는데, 그 후로 상대가 전화를 해도 받지 않는다. 큰 경기를 앞두고 몇 달 동안이나 피나는 연습을 했는데 막상 경기에서 패했다. 이런 일을 당하면 기분이 어떨까? 다 집어치우고 싶을 것이다.

사람은 누구나 좌절을 겪고 거절당하며 산다. 승진자 명단에서 제외되고, 거부당하고, 버림받고, 바보 같은 꼴을 당한다. 그러나 자신감 있는 사람은 그런 일을 당했다고 해서 그대로 물러서지 않는다. 원하는 결과를 얻지 못했어도 다시 시도하고 새롭게 해본다. 쓰러져도 일어나고, 다시 일어난다. 일어나 다시 해보고 또다시 해본다. 그 상황에서 배우고, 무슨 일을 당하더라도 일어서기로 마음먹는다. 그들은 좌절과 거절, 역경을 절대 넘지 못할 장벽으로 여기기보다는 넘어야 할 걸림돌로 본다.

당신도 이런 자신감 있는 시각을 받아들일 수 있다. 물론 가끔씩은 기운이 빠지고 포기하고 싶은 기분이 들 것이다. 그러나 행동, 생각, 감정의 고리를 기억하라. 당신은 감정에 져버리기보다는 무엇인가를 하겠다고 선택할 수 있다. 당신의 감정을 이겨낼 수 있는 무엇인가를 하겠다고 선택하라. 당신의 감정이 당신이 하는 일을 결정하게 내버려 두지 마라.

지옥을 지나고 있더라도 계속해서 가라.

— 윈스턴 처칠(Winston Churchill), 영국 전 수상

성공할 준비 갖추기

'나는 이 일에 실패했어'라고 말할지언정 절대로 '나는 실패자야'라는 말은 입 밖에 내지 마라. 자신감 있는 사람은 실패하더라도 자기를 실패자로 여기지 않는다. 당신은 친구를 '실패자', '루저'라고 부르지 않

을 것이다. 당신 자신에게도 그런 이름은 붙이지 마라. 좌절을 영원한 상태가 아닌 일시적 상황으로, 막다른 길이 아닌 우회로라고 보라.

그러나 당신이 상황을 통제할 수 없는 상황이라면? 상사가 누구를 승진시킬지는 당신이 결정할 문제가 아니다. 누가 당신을 사랑해줄지를 당신이 결정할 수는 없다. 당신은 당신에게 일어나는 상황을 언제나 통제할 수는 없지만 어떻게 반응할지는 결정할 수 있다. 좌절을 포기해버릴 좋은 핑계로 삼을 수도 있고, 그럼에도 불구하고 계속해서 나아갈 수 있다. 승진에서 제외당하면 정말 비참하고 직장을 그만둬버리고 싶다. 그러나 상사에게 무엇을 어떻게 해야 다음번에는 승진할 수 있는지 물어볼 수도 있다. 애인에게 차였다고 슬픈 음악을 틀어놓고 방바닥만 닦으면서 일체 외출을 거부할 수도 있다. 아니면 실패했어도 낙담만 하지 않고 좋은 교훈을 얻었다고 여기고 씩씩하게 다른 활동을 할 수도 있다.

끝난 일은 끝난 일이다. 그 일은 뒤로하고 새 출발을 해야 한다. 일어난 일에 대해 다른 사람이나 상황을 비난한들 아무 소용도 없다. 당신이 바꿀 수 있고, 할 수 있는 일에 중점을 두어라.

직접 해 볼 차례!
잠시 당신 자신의 삶을 생각해 보아라. 당신 삶에서 당신이 통제할 수 있는 일과 없는 일을 적어보아라.

내가 통제할 수 있는 일

- --
- --
- --

내가 통제할 수 없는 일

- --
- --
- --

당신이 통제할 수 없는 일에 든 요소들을 다시 한 번 생각해 보아라. 그 일을 바꿀 방법은 전혀 없는가? 당신이 그 일에 아무런 영향도 미칠 수 없고 그 일을 조금이라도 달리 해 볼 방법은 없다고 100퍼센트 확신하는가? 그런 확신이 든다면 그 일에는 신경 쓰지 않겠다고 굳게 결심하라. 당신이 통제할 수 없는 일은 걱정해봐야 소용없다. 대신에 당신이 할 수 있는 일에 중점을 두어라.

위기 상황에 대처하기

좋다, 그렇다면 일이 틀어졌을 때는 어떻게 대처할 수 있을까? 그 질문에 대답하기 전에 잠시 진화심리학으로 관심을 돌려보자.

동물은 대부분 본능을 따른다. 동물은 저녁으로 무엇을 먹을지, 주말에 친구들을 만나는 것이 좋을지 나쁠지 고심하지 않는다. 반면에 인간은 합리적으로 생각하고 계획을 세운다는 면에서 독특하다. 적어도 우리는 대부분의 시간을 생각하면서 보낸다. 그러나 인간도 위협을 받을 때는 명확하게 사고하지 못한다. 대신에 본능적으로, 불합리하게, 정서적으로 반응한다.

위기 상황에 닥쳤을 때 싸우거나 도망치거나 얼어붙거나 하는 반응을 보인다는 말을 들어보았을 것이다. 우리 인간을 포함하여 모든 동물은 자신을 위험으로부터 보호하기 위해 미리 프로그램 되어 있는 반응 기제를 내장하고 있다. 우리 조상들이 매우 험악한 포식자를 만났을 때 우리 뇌는 싸우거나 도망치거나 얼어붙거나 하라는 명령체계가 재빨리 효율적으로 반응하게 했다. 무엇을 어떻게 할지 생각할 시간이 없다. 포식자와 싸워 물리치든, 도망치든, 눈에 띄지 않기만 바라면서 얼어붙어 있든 해야 했다.

현대인이 겪는 문제는 보통 산 채로 잡아먹힐 위험은 아니다. 그러나 여전히 우리는 미리 프로그램 되어 있는 싸우든, 도망치든, 얼어붙든 하라는 반응체계로 돌아간다. 위기 상황에 닥치면 당신은 아마도 싸울 사람이 아무도 없더라도 화를 내기 시작할 것이다. 공황 상태를 경험하고 그 상황에서 도망치기 원할 것이다. 결정을 내리지 못하고 얼어붙어 있을 것이다.

다행히도 당신은 싸우든 도망치든, 아니면 얼어붙는 반응을 차단하고 통제력을 되찾을 수 있다. 자신에게 몇 가지 질문을 던지는 것으로 더욱 적절하고 효과적인 방식으로 반응할 수 있다.

자신감 쌓기 방법 : 긴장 완화하기(STRAIN)

STRAIN은 스트레스를 완화하기 위해 묻는 여섯 가지 질문이다. 집에 하수구가 터져 물바다가 됐든, 직장 동료가 모든 사람이 보는 앞에서 창피를 주었건, 결혼식에 가서 신부에게 엄청난 결례를 저질렀건, 해고를 당했건 이 질문을 던지는 것으로 시간을 벌 수 있다. 좌절감이나 스트레스 상황에서 생긴 정서를 해소하고 합리적이고 효율적으로 반응하기로 선택할 수 있다.

- **크기**(Scale). 0점에서 10점의 척도에서 몇 점이나 차지하는 문제인가? 스트레스를 느낄 때 우리는 종종 작은 일도 크게 부풀려서는 최악의 일이 일어났다고 생각하기 쉽다. 그러나 누구의 목숨이 위험에 처했는가? 누가 당신 집을 빼앗고 자녀를 빼앗아가려 하는가? 그런 일은 9점이나 10점에 해당하는 문제다. 그렇다면 당신이 현재 겪고 있는 문제는 몇 점일까?

- **시간**(Time). 6개월 후면 이 문제가 어떻게 달라질까? 뒤늦게 깨달은 혜안으로 보면 당시에는 끔찍하게 여겨졌던 일도 그리 나쁜 일이 아니다. 지난달에는 끔찍했던 일도 단지 지나가는 기억이나 웃으면서 할 수 있는 이야기일 뿐이다. 따라서 당신이 나쁜 상황 한가운데 있다면 시간이 흐르고 난 뒤에 그 일을 어떻게 느낄지 생각해 보라. 이 일이 6개월이 지나도 비애감을 일으킬 만큼 끔찍한 일일까?

- **반응**(Response). 지금까지 당신의 반응은 적절하고 효과적이었는가? 아마 당신은 모래 속에 머리를 처박고 문제가 저절로 해결되기만을 기다렸을지 모른다. 분노하고 슬퍼하고 포기하기로 마음을 먹었을지 모른다. 그런 반응이 적절했는지, 지금까지 당신이

한 일이 가치 있는 일이었는지 자신에게 묻는 것이 당신이 비생산적인 행동을 계속하지 않도록 해 줄 것이다.

- **행동**(Action). 상황을 개선하기 위해 당신이 지금 할 수 있는 행동은 무엇인가? 끝난 일은 끝난 일이다. 무슨 일이 일어났건 이미 일어난 일은 일어난 것이다. 그것은 과거의 일이다. 무엇이 실패로 돌아갔거나, 일을 망쳤거나, 누가 당신을 실망시켰어도 그 일은 바뀔 수 없다. 당신이 지금 할 수 있는 일은 지금 가능한 일을 하는 것이다. 따라서 지금까지 당신이 보인 반응이 그다지 건설적이지 못했든, 아니면 완전히 실패로 돌아갔든 앞으로 어떻게 해나갈지 생각해야 한다. 당신이 하기 원하는 행동과 더불어 느끼기 원하는 정서를 결정하라. 가끔씩은 실패가 다른 전략을 취해야 할 시간임을 알려주는 신호탄이 되어준다. 지금까지 당신이 한 일이 제대로 되지 않았다면 다른 일을 하는 것이 더 나을지 모른다. 그럼 당신은 어떤 일을 하겠는가?

- **교훈**(Implication). 다음에는 무엇을 달리 해보겠는가? 몇 시간이 걸리건 몇 주가 걸리건 일단 먼지가 가라앉고 나면 자신에게 같은 상황, 같은 실수를 반복하지 않을 방법이 무엇인지 물어라. 비슷한 상황을 다룰 다른 방법이 무엇이고, 그런 일이 다시는 벌어지지 않게 할 이상적인 방법은 무엇인가?

- **영양가 있는 생각**(Nourishing thought). 그 상황에 있는 긍정적인 일은 무엇인가? '한쪽 문이 닫히면 다른 쪽 문이 열린다'는 말이 있다. 현재 상황에 있는 긍정적인 일을 찾는 것으로 당신은 현재 상황에서 긍정적이고, 건설적이며, 양분 있는 시각을 얻을 수 있다.

STRAIN에서 N은 영양가 있는 생각을 찾아보라는 것이다. 처음에는 좌절을 안긴다고 생각했던 것이 교훈을 주거나 다른 곳에서 기회를 만들기 때문이다.

나도 직장에서 해고당한 적이 있다. 그들은 내가 일에 형편없다고 하면서 짐을 싸서 나가라고 했다. 그런 일을 당하니 기분이 좋지 못했다. 아니, 사실은 완전히 비참한 기분에 빠져 버렸다. 그러나 월급도 더 많고 내 능력에 더 적당한 다른 직장을 구할 수 있었다. 새로 만난 상사는 내가 관심을 갖고 있는 일을 더 열심히 할 수 있는 방법을 찾아보라고 했다. 그 일은 내게 이 책과 같은 책을 쓰는 일이었다. 본론만 짧게 이야기하자면, 그렇게 해서 쓰게 된 내 책 중 한 권이 BBC 텔레비전 프로듀서의 관심을 사로잡았고, 사람들이 자기 꿈의 직장을 얻을 수 있도록 도와주는 텔레비전 프로그램을 진행할 기회를 얻게 해주었다. 그 경험은 내 직업 경력의 최고봉으로 남을 일이었다. 만약 내가 해고를 당하지 않았더라면 그런 기회를 얻지 못했을 것이다.

삶의 가장 귀중한 교훈과 기회는 가끔씩 좌절로 위장하고 있다. 어떤 경우는 정말이지 교묘하게 본모습을 숨기고 있어 그것을 교훈이나 양분이 될 경험으로 알아보기까지는 얼마간의 시간과 식견이 필요하다.

다른 사람도 할 수 있다면…

내 한 친구는 몇 년 전에 남편에게 버림받았다. 그녀 이름을 쉐릴이라고 하자. 쉐릴은 어린 딸과 함께 자기가 행복한 결혼 생활을 하고 있다고 믿었다. 그러나 남편이 직장에서 다른 여자와 바람이 나서 집을 나가 버렸다. 이혼으로 쉐릴은 더 작은 집으로 옮겨야 했고 직장을 구해야 했으며 홀부모로서의 새로운 삶에 적응해야 했다. 그러나 쉐릴은 역경을 딛고 빠르게 성공하여 부서장이 되었고, 잘생긴 스키 강사와 새로운 사랑에도 빠졌다.

직접 해 볼 차례!

아마 당신은 좌절이 종종 기회가 된다는 내 말을 믿기 어려울 것이다. 그렇다면 대신에 당신 자신을 믿어라. 5분만 시간을 내어 다음 질문에 답하라.

- 당신이 저지른 가장 큰 실수는 무엇이고, 좌절을 일으킨 일은 무엇이었는가?
- 어떤 일이 있었는가?
- 당신은 왜 그 일을 실수나 좌절이라고 여기는가?
- 어떤 교훈을 얻었는가? 그 일 이후로 그 교훈은 당신을 어떻게 인도하고 있는가?
- 그 상황에서 어떤 기회가 생겼는가?
- 그 일은 성공은 무엇이고, 실패는 무엇이라고 말하는가?

뒤로 말고 앞으로 가라

해야 했지만 하지 못한 일로 안타까움을 느끼는 것은 인간으로서 매우 당연한 감정이다. 그러나 뒤늦은 깨달음으로 우리 자신을 탓하기도 그만큼 쉽다. 물론 내 생각을 더 강력하게 주장해야 했고, 파티에 초대받았을 때 승낙해야 했으며, 매력적인 여자에게 데이트 신청을 했어야 했다는 것을 이제야 깨달았다. 마음속에 있는 생각을 그렇게 불쑥 말해서는 안 되었고, 주차 금지 구역에 차를 주차해서는 안 되었으며, 그런 재앙 같은 관계는 시작도 말았어야 했다. 그러나 그런 일은 일어나 버렸다. 하는 수 없다. 이제 새롭게 출발할 시간이다.

STRAIN 질문은 뒤가 아니라 앞을 보도록 도와준다. 좋다, 지금까지는 당신이 적절하게 반응하지 못했을지 모른다. 그렇지만 전진하기 위해서는 어떻게 해야 할까? 다음번에는 상황을 어떻게 다루거나 어떻게 행동해야 할까? 그 일로 얻은 긍정적인 면과 배운 교훈, 기회는 무엇인가? 이 여섯 가지 질문은 특별할 것도 신비할 것도 없지만 효과가 있다. 당신 자신에게 이 질문을 던지고 답하는 훈련으로 당신의 뇌를 재시동할 수 있다. 리셋 버튼을 누르는 것처럼 정서적 격동을 누르고 합리적인 마음이 상황을 통제하게 만들 수 있다.

이 질문을 메모장에다 적어두거나, 포스트잇에 STRAIN이란 앞글자만 적어서 잘 보이는 곳에다 붙여두어라. 이런 질문을 던지도록 자신을 훈련하면 최악의 상황에서도 자신감 있게 행동할 수 있다.

자신감 있는 선택, 선택, 선택하기

STRAIN 질문은 감정을 이기고 요긴한 해결책을 찾는 데 효과적인 도구다. 그러나 어떤 행동을 할지가 언제나 명확히 보이는 것은 아니다. 어떤 행동이든 몇 가지 뚜렷한 이점과 단점이 있을 수 있다. 새로운 직업을 택하면 직위가 더 높아지고 보너스도 더 많지만 직장을 오가는 데 시간이 더 많이 걸릴 수 있다. 별로 만족스럽지 않은 관계를 끝내자니 그 사람보다 더 좋은 사람을 만난다는 보장이 없다. 팀에서 다른 동료를 따돌리는 동료를 보고하기로 결정하는 일에는 길고 힘든 법률적인 문제가 따를 수 있다.

위험을 감수하라. 당신이 이기면 당신은 행복해질 것이다.
당신이 지면 당신은 현명해질 것이다.
— 미상

무엇을 선택해야 할지 확신이 서지 않을 때는 체계적으로 접근하여 선택 사항을 서로 비교 가늠해보고 무엇을 할지 결정하라. 해결하기 어려운 상황을 해결할 수 있는 효과가 좋은 방법 중의 하나는 자신에게 편지를 쓰는 것이다. 당신도 한 번 해보아라. 효과 높은 결과에 놀랄 것이다.

자신감 쌓기 방법 : 내면의 코치와 상의하라

당신 자신을 자기의 가장 좋은 친구라고 상상하라. 친구가 처한 상황을 요약해 들려주듯 자신에게 편지를 써라. 친구가 어떤 선택을 내려야 할지, 어떤 해결책이 있을지 적어라. 편지를 '사랑하는 (자기 이름)에게'로 시작하여 아래와 같은 단계로 써보자.

1. **문제나 딜레마의 개요.** 처해 있는 상황을 적어라. 무엇을 적어야 할지 모르겠어도 그냥 쓰기 시작하라. '내가 보기에 이 상황은 네가…'와 같은 말로 시작할 수 있을 것이다. 첫 문장을 쓰고 나면 뒤에 이

어질 말들은 저절로 술술 풀려나올 것이다. 일어난 일과 그것에 대해 당신이 느끼는 감정을 모두 쓰는 것을 잊지 마라.

2. **가능한 선택사항.** 상황을 해결하기 위한 방법을 모두 적어라. 처음에는 이것 아니면 저것, 모든 것을 잃기 아니면 얻기인 상황에 직면한 것 같지만 각각의 선택마다 약간 다른 길이 보일 것이다. 가령, 지금 연인을 계속해서 만나느냐, 헤어지느냐 결정하기보다는 잠시 헤어져 있어 보거나 상담을 받아볼 수 있다.

3. **장단점 따져보기.** 각각의 선택 사항마다 이익과 불이익이 되는 점을 잘 따져서 적어라. 그러나 특별히 각각에 대해서 '느끼는' 감정도 생각해 보아야 한다. 장단점을 모두 적어보는 것으로 특정한 행동이 다른 길보다 더 건설적인지 아닌지 쉽게 알아볼 수 있다.

4. **작지만 긍정적인 길 선택하기.** 상황을 '전부 아니면 전무'로 보던 시각에서 멀어지면 옳은 길로 가기 위한 작은 단계를 찾아낼 수 있고 한 발 내딛을 수 있다.

많은 사람이 쉽게 빠지고 마는 함정은 과연 이 길이 옳은 선택인지 걱정만 하고 있는 것이다. 그러나 결정을 내리지 않고 계속해서 이리저리 재기만 한다면 앞으로 나가지 못하고 분석으로 인한 마비 현상을 겪게 될 것이다. 선택하지 않는 것으로 당신은 무력한 상태에 남아 있기로 선택하는 꼴이 된다.

그러나 행동을 하면 발전을 이룬다. 당신이 즐기지 않는 일이라도 하기로 선택한다면 적어도 당신이 무엇을 좋아하지 않는지 알게 될 것이다. 실수를 하더라도 적어도 소용없는 일이 무엇인지는 알게 된다. 행동을 하고 보면 다음으로는 무엇을 해야 할지 보이기 시작한다. 무슨 일이든 하는 것이 손을 놓고 있는 것보다는 낫다.

편지 전체에 걸쳐 일어나고 있는 일만이 아니라 느끼는 감정도 적어라. 사실과 더불어 정서도 포함시키라는 말이다. 연구 결과로도 감정을 포함시키는 것이 더 효과적이라고 한다. 일례로 한 연구가 정리해고 당한 사람들을 살펴보았다. 그 결과 직장을 잃은 것에 대해 자기 생각과 감정을 글로 적은 사람이 그렇지 않은 사람보다 새로운 직업을 더 빨리 구했다. 이것은 정서를 해소하기 위한 현실과 동떨어진 방법이 아니라 실제적인 해결책을 제공한다. 따라서 사실만이 아니라 당신의 감정도 적어라. 그것이 당신의 성공 기회를 더 높여줄 것이다.

나는 코칭을 할 때 고객에게 처해 있는 상황을 요약하고 해결책을 적은 이메일을 작성하여 진짜로 자기에게 보내도록 한다. 어떤 여자 고객은 자기에게 편지를 쓰기 위해 고급 편지지 세트를 샀다. 다시 한 번 강조하지만, 자기에게 편지를 보내는 방법은 종이나 일기장에 글을 쓰는 것만큼 효과가 좋다.

다른 사람도 할 수 있다면…

서른여섯 살인 젬마는 14개월 된 아들이 있는 상황에서 다시 직장에 다녀야 할지 말지 결정해야 했다. 젬마는 전에 기업체 변호사로 일했고 자기 직업에 아주 만족했다. 그러나 직장 때문에 아들이 자라는 모습을 지켜보지 못하고 후회하고 싶지 않았다. 어떻게 결정해야 할지 알 수 없었던 젬마는 자신에게 편지를 썼다.

친애하는 젬마에게

올해 말이면 조나단은 두 살이 돼. 그렇지만 지금 너는 다시 직장에 나가야 할지 말아야 할지 마음을 정하기가 어렵구나.

바쁘고 활기찬 직장 생활이 그립고, 고객과 약속을 잡고 동료들과 수다를 떠는 것도 그리워. 직장에 나가면 돈도 많이 벌고 근사한 전문 직업을 가진 여성으로 주목받을 수도 있지. 고객의 문제를 해결할 방법을 찾는 것은 지적인 도전이고, 조나단을 돌보는 일로는 그런 정신노동을 할 수 없어.

조나단을 돌보는 일은 완전히 다른 일이야. 물론 조나단을 사랑하고 이런 아들이 있다는 것이 매우 기쁘지만 아이는 내 지적 능력을 시험하기보다는 인내심을 시험해. 그래, 너는 지적인 자극이 필요한 거야. 그렇지만 무엇이 그런 자극을 줄 수 있을까? 직장에 돌아가면 너는 조나단의 어린 시절을 같이 하지 못한 것에 아쉬운 마음이 클 거야. 아마도 다시 직장에 나가기가 꺼려지는 다른 이유는 어머니가 너를 키우느라 직장을 그만두었다가 다시는 직장에 돌아가지 못했기 때문일 거야. 덕분에 너는 어린 시절을 아주 행복하게 보낼 수 있었지. 어머니는 언제나 네 곁에 있어 주었어. 그렇다고 그것이 네가 원하는 일일까?

좋아, 그렇다면 다른 선택은 없는지 생각을 해보자. 변호사 일을 그만두고 완전히 다른 일을 찾아보는 것은 어떨까? 너는 사진 찍는 것을 좋아하지. 요즘 조나단 사진을 전문가 못지않은 실력으로 찍어주고 있잖아. 취미를 직업으로 삼을 방법도 있지 않을까? 전직하기 위한 직업교육이 있을 거야. 그 일은 지적인 자극을 얻을 수 있지만 돈이 많이 들고 아마 법률 회사에서 정규직으로 일하는 만큼 일도 많을 거야. 그렇다고 그 일을 지금 제외시킬 필요는 없어.

아르바이트 일을 하는 것도 좋을 거야. 언제나 마감일 압박을 받아야 하는 국제적인 회사 브릭스 앤 스미스 사에서 일하는 것은 힘들 거야. 그렇다면 회사를 그만두고 일주일에 4일 정도만 일하면 되는 부담이 적은 조직에서 일하는 것도 좋지 않을까? 또 다른 선택으로는 작은 프로젝트만 다루는 작은 법률 회사를 찾는 거지.

몇 년 더 조나단을 돌본 다음에 직장에 나가는 방법도 있어. 2년 후에 학교에 다니게 될 때까지는 어떨까? 그동안은 독서나 다른 프로젝트로 두뇌를 쉬지 않고 활동하게 할 수 있어. 아니면 조나단이 학교에 다니기 전까지 몇 년 동안은 법과는 상관없는 아르바이트 일을 하는 것도 좋을 것 같아.

여러 가지 가능성을 저울질해보니 네가 다시 옛날 직장으로 돌아가고 싶은 마음은 없는 것 같다. 사실 그 일은 너무 힘들었어. 조나단과 함께 할 시간도 전혀 없을 거라고. 그렇지만 다시 일을 하고 싶긴 해. 조나단을 사랑하지만 모든 에너지를 조나단 키우는 일에만 쏟고 조나단이 학교에 들어가기 전까지 자신을 위해서는 아무것도 남겨두지 않는 것은 원하지 않아. 그렇다면 일을 하긴 해야겠구나.

너는 변호사로 교육을 받았고 그 분야에서 전문가로 사는 것이 좋아. 그렇다면 법률 쪽으로 갈지 아니면 지적인 능력을 발휘할 다른 분야로 갈지 정해야 해. 사진은 좋은 생각이지만 네가 원하는 식의 일은 아니야. 쉴 새 없이 머리를 굴려야 할 일은 아니라고. 그리고 또 그 일로는 생활비도 벌지 못할 거야. 그렇다면 고객이 부담스러운 요구를 하지 않고 일주일에 4일 정도만 일해도 될 작은 법률 회사에서 일자리를 찾아보는 것이 좋겠어. 3개월 후에도 그 일이 마음에 들지 않는다면 옛날 회사로 돌아가면 돼. 전에 다니던 회사에서 2년 동안은 언제든지 너를 받아주어야 하니까 3개월 다른 시도를 해본다고 해될 일은 없다고, 그렇지?

좋아, 그렇다면 인터넷에 들어가서 변호사를 구하는 작은 법률 회사가 있는지 찾아보도록 하자.

너의 내면 코치 젬마로부터

당신은 언제 이 방법을 시험해볼 수 있겠는가? 곧 해보겠다고 마음을 정하라. 좋다, 당신이 이것을 당장 해볼 시간은 없을지도 모른다. 그러나 다음 주에 적어도 15분은 시간을 내보겠다고 자신과 약속하라. 하루 시간 중에 단지 1퍼센트다. 당신을 괴롭히는 상황이나 귀찮은 일을 생각해 보라. 아마 당신은 여러 가지 길 중에 어느 길을 택할지 확신할 수 없거나 아니면 어떤 선택이 있을 수 있는지 알 수 없는 것인지도 모른다. 이 방법을 이용하여 당신이 어떤 일을 해낼 수 있는지 알아보라.

세상이 내리누르는 무게 다루기

상실과 실망을 경험하고도 아무렇지도 않은 사람은 없다. 당신은 정서를 잘라내 버릴 수 없다. 슬픔, 두려움, 분노와 같은 부정적인 정서는 우리 삶에서 매우 중요한 역할을 한다. 사랑하는 사람을 잃고도 비애를 느끼지 못하거나, 진짜 위험이 닥쳐도 두려움을 못 느끼고, 부당한 대접을 받고도 화가 나지 않는다면 어떻게 될지 상상해 보라. 이런 정서들은 우리를 인간으로 만드는 매우 중요한 부분이다. 무슨 일이 잘못되어 갈 경우 옳게 바로잡아야 한다고 경고하는 역할을 한다. 그런 감정을 없애버리는 일은 당신을 로봇으로 만드는 일이다. 아니면 식물인간이나.

가끔씩은 정서가 내리누르는 무게를 온전히 느껴야 할 때도 있다. 블라인드를 내리고 커튼을 완전히 쳐버린 다음 마음껏 울어라. 흐느끼고 울부짖고 눈물이 굴러 떨어지게 내버려두라. 아니면 세상에서 벗어나 마음껏 소리를 지르고 기분이 어떤지 소리 내어 표현하라. 잠깐 동안은 모두 배출하는 것이 건강할 수 있다.

그러나 아무리 힘든 감정을 겪고 있더라도 정서를 잘 다스릴 수 있는 방법은 있다. 우리는 온갖 종류의 끔찍한 상황도 모두 대처할 능력을 갖고 있다. 생명을 위협하는 병을 앓고 사랑하는 사람을 잃는 것과 같은 비극을 경험한 많은 사람도 계속해서 삶을 살아간다. 너무 오래 감정에 뒹굴지 않고 씩씩하게 삶을 살아나간다. 자신과 자기 삶을 포기한 사람들처럼 그들도 슬프고, 마음이 아프고, 완전히 제정신이 아니었지만, 그럼에도 불구하고 그들은 계속해서 삶을 살아가기로 선택했다는 것이 다르다.

어떤 감정이 들더라도 행동할 수 있다. 계획을 하고, 삶의 목표를 세우고, 악몽에서 벗어나서 일을 계속하고, 친구를 만나면서 삶을 계속 살아나갈 수 있다. 행동하고, 생각하고, 느껴라. 행동을 하는 것으로 점차 다르게 생각할 수 있고 다르게 느낄 수 있다. 자신감 있게 느끼는 것처럼 행동하기로 선택한다면 자신감 있게 생각할 수 있고 실제로 자신감 있게 느낄 수 있다.

다른 사람도 할 수 있다면…

내 친구 레나는 스물일곱 살인데, 몇 년 전에 한쪽 발에 통증을 느껴 병원을 찾았다. 의사는 레나가 암에 걸렸다고 진단했다. 왼쪽 발에 종양이 생긴 것이다. 왼발을 절단해야 했고, 1년 동안 고통스러운 수술과 방사선 치료를 받았다. 그때가 레나의 나이 겨우 스무 살이었다.

레나가 자기 운명에 절망한다고 누가 뭐랄 사람은 없었다. 세상이 불공정하다고 울고 불평하고 다른 사람이 자신을 동정해 주기 바란다

해도 당연한 일이었다. 하지만 레나는 그러지 않았다.

실제로 레나는 자선 경매 행사를 조직해 맥밀런 암 지원 센터(Macmillan Cancer Support)를 위해 기금을 모금했다. 개인 제트기를 빌려달라고 백만장자들을 설득했고, 지역의 사업가들에게는 경매 행사에 필요한 상품을 기부해 주도록 설득했으며, 수백 명을 초대하여 그 상품을 구입하도록 했다. 그렇게 레나는 단 하루 만에 십만 파운드를 모금했다. 그러나 레나는 거기서 멈추지 않았다. 장애가 있는 사람들을 위해 피트니스 비디오를 만들었고, 지난번에 레나와 이야기를 나누었을 때는 젊은 여자가 역경을 딛고 일어선 고무적인 이야기를 전할 자서전을 쓰기로 계약을 마쳤다고 했다.

우리는 언제나 자신에게 일어나는 일을 통제할 수는 없지만 어떻게 반응할지는 통제할 수 있다.

STRAIN 질문은 역경에 대처하는 매우 좋은 방법이다. 또한 자신에게 편지를 쓰는 것은 도저히 해결 방법이 보이지 않는 상황을 헤쳐 나가기에 유용하다. 그러나 가끔씩은 무슨 대답을 찾기보다는 우울한 기분을 좋게 만들고 싶을 때도 있다.

당신은 연인에게 차인 후로, 병을 앓은 이후로, 직장에서 해고당한 이후로 지난 일은 뒤로하고 새 출발할 수 있기를 바라고 있을지도 모른다. 아니면 이미 지난 일은 뒤로하고 주어진 삶을 열심히 살아가고 있는 중일 수도 있다. 그러나 여전히 속이 상하고, 화가 나고, 걱정되고, 부끄럽고, 죄책감을 느끼는 등의 감정에 시달린다. 그런 감정이 너무 커서 압도당하는 기분이 들기도 한다. 만일 당신이 그런 상황이라면 다음에 소개하는 방법을 이용해 얼른 감정을 추스를 수 있다. 감정의 희생자가 되도록 내버려 두기보다는 스스로 기분이 나아질 방법을 찾아야 한다.

자신감 쌓기 방법: 부정적 정서 발산해 없애기

감정을 글로 적는 것은 부정적인 정서가 내리누르는 무게를 더는 데 강력한 효과를 발한다. 당신은 해답을 찾고 있는 것이 아니라 가능한 한 빨리 나쁜 기분을 풀고 싶다. 최상의 효과를 얻기 위해서는 3~5일 동안 계속해서 30분 동안 이 방법을 반복해야 한다.

　방해받지 않고 30분 정도 집중할 수 있는 시간과 장소를 마련하라. 그런 다음 당신이 느끼는 기분을 15~20분 동안 적어라. 이것은 해결책을 찾기 위한 방법이 아니다. 단지 느끼고 있는 감정을 포착하려는 것이다. 글에 두 가지 주제를 담아야 한다.

- 당신에게 영향을 미치고 있는 힘든 경험이나 정서적 문제
- 포기하지 않고 계속해서 전진하게 해 줄 삶의 비전과 목표(4장 참고)

　마음속 깊은 곳에 있는 정서와 생각을 탐색하고 풀어내라. 당신은 다른 사람이 아닌 바로 당신을 위해서 이 글을 쓰고 있다. 따라서 정직하게 생각하고 느끼는 것을 적어야 한다. 스펠링, 문법, 문장 구조 같은 것은 걱정하지 마라. 유일한 규칙은 일단 쓰기 시작했으면 최소한 15분은 쓰기를 계속해야 한다는 것이다.

　평상시에 쓰는 일기장이나 수첩보다는 다른 종이나 컴퓨터에 새로 파일을 마련하여 쓰도록 하라. 쓰기를 마치면 힘든 경험과 그에 따른

감정에서 벗어나고 싶은 마음을 상징적으로 나타낼 수 있도록 상자나 봉투에 넣어 밀봉하라.

그러나 경고! 감정을 글을 적고 난 직후에는 실제로 기분이 더 나쁠 것이다. 연구 결과에 따르면 감정을 표현하는 글쓰기가 효과를 나타내기까지 며칠 걸린다고 한다. 빼먹어서는 안 될 마지막 단계는 10분 동안 '세 가지 좋은 일'을 생각해 보고 적는 것이다(자신감 쌓기 방법: 낙관성 기르기 참고). 감사하게 느끼는 일에 관심을 집중하다 보면 긍정적인 정서로 돌아설 수 있다. 또한 기억해야 할 일은 이 방법으로 최상의 효과를 얻기 위해서는 3~5일 동안 계속해야 한다는 것이다.

연구 결과에 따르면 감정을 표현하는 글쓰기는 이혼, 성폭력, 해고를 비롯해 모든 힘든 상황에 더 빠르고 효과적으로 대처할 수 있게 돕는다. 연구는 또한 심한 정신적 외상을 남긴 경험을 한 사람들도 감정을 글로 적은 경우 의사를 가장 덜 찾았고 혈압도 더 낮았다는 것을 보여준다. 다른 말로 감정을 표현하는 글쓰기는 정신적인 건강을 좋게 할 뿐만 아니라 신체적 건강도 좋게 한다.

지금 당신 기분이 어떠하든 당신은 선택할 수 있다. 상황이 당신을 잠식해 버리도록 내버려 둘 수도 있고, 헤치고 나아갈 수도 있다. 행동을 하고, 적어도 종이 위에 당신의 생각을 적고, 어떤 일을 할 수 있다. 당신은 무엇을 선택하겠는가?

앞으로 또 위로!

- 좌절은 성공으로 가기 위해서는 반드시 건너야 할 징검다리 같은 것이다. 자신감 있는 사람은 쓰러지더라도 다시 일어나 나아간다.

- 인간이라면 누구나 부정적 정서를 경험한다. 위기 상황에서 싸우거나 도망치거나 얼어붙거나 하는 반응은 생존을 위해 반드시 필요한 보호 기능이다.

- 위기 상황에 몰리면 합리적으로 생각하기보다는 감정적으로 반응하기 쉽다. 그러나 여유를 찾을 수 있다면 어떻게 반응할지 더 나은 결정을 내릴 수 있다. 의도적으로 여유를 갖기 위해 STRAIN 질문을 이용하라.

- 해결책을 찾기 원하거나 기분을 정리하고 싶거든 당신이 처해 있는 상황과 정서를 글로 적어라. 생각을 머리에서 꺼내 종이에 옮기면 어떤 일이 일어난다. 정말로 해결책을 찾을 수 있고 기분이 풀린다.

- 당신은 언제나 선택권을 갖고 있다는 것을 기억하라. 상황을 통제할 수 없다면 어떻게 반응할지 선택하라. 좌절에 대처하고 실의에서 빠져나올 수 있는 가장 좋은 방법은 무엇을 하는 것이다. 행동을 할 수 있을 만큼 기분이 나아지기만 기다리지 마라. 행동으로 옮기고 나면 기분이 밝아질 것이다.

- 매우 중요한 말이므로 다시 한 번 강조하겠다. 상황을 바꾸기 위해 더 빨리 행동할수록 당신의 기분은 더 빨리 나아질 것이다.

Chapter 07

자신 있는 미래 만들기

어디로 가고 있는지 모른다면
당신은 아마 엉뚱한 곳에 가 있을 것이다.

— 로렌스 J. 피터(Laurence J. Peter), 교육자

이번 장에서 배울 것

- 날마다 긍정적이고 자신감 있게 느낄 방법을 찾는다.

- 틀림없이 옳은 방향으로 가고 있도록 발전 상황을 점검한다.

- 어떤 날은 성큼성큼 나아가지만 또 어떤 날은 전혀 진척이 없거나 뒷걸음질치는 것이 정상이고 예상되는 일임을 안다.

- 내가 이룬 성공을 인정하고 의식적으로 축하하여 의욕과 사기를 북돋운다.

- 지금까지 해본 연습을 돌아보고 내게 가장 적절한 방법을 선택한다.

거의 다 왔다. 결승선이 저 앞에 보인다. 당신은 이제 어떤 문제건 한 번 겨뤄보고 싶은 일에 도전할 준비가 거의 다 되었다. 당신의 도구상 자에 몇 가지 소소한 방법만 더하면 출발해도 좋다.

제1부 마지막 장에서는 당신이 목표를 향해 얼마나 잘 나아가고 있 는지 확인하는 방법과 당신의 성공을 축하하는 것이 왜 당당한 미래 를 만드는 데 매우 중요한지 그 이유를 살펴볼 것이다.

날마다 자신감 성장시키기

지금쯤이면 당신은 당신 삶을 인도할 인생 비전을 갖고 있고 성취하 고자 하는 목표도 갖고 있을 것이다. 그러나 가끔씩은 너무 바빠서 삶 의 비전과 목표를 향해 일할 시간을 좀처럼 내기 힘들다. 그러나 당신 은 매일 아침 그날의 생활 자세를 정하는 것으로 날마다 삶을 더 자신 감 있고 주도적으로 살 수 있다. 다음에 배울 자신감 쌓기 방법의 좋 은 점은 시간이 1분도 걸리지 않는다는 것이다.

자신감 쌓기 방법: 긍정 정책 계획하기

매일 아침 일찍 당신 삶을 인도할 인생 비전과 성취하고자 하는 목표를 돌아보자. 그런 다음 당신의 비전과 목표에 맞는 긍정적인 그날의 마 음가짐을 정하여 더 자신감 있게 하루를 보내도록 하라.

- 나는 오늘 어떤 상황이든 차분한 마음가짐으로 접근할 것이다.
- 오늘 모든 사람에게 미소로 인사할 것이다.

- 말을 하기 전에 들을 것이다.
- 내 자신에게 관대할 것이다.
- 내 의견을 말하기 전에 다른 사람 의견의 장점을 얘기할 것이다.
- 나는 용기를 낼 것이고 기회에 '예'라고 대답할 것이다.

이것은 단지 소망을 담은 생각이 아니다. 낙천적인 마음을 유지하기 위한 작지만 긍정적인 단계이고, 기회와 상황을 더 잘 알아보고 받아들이게 해준다. 우리는 부정적인 생각이나 나쁜 습관으로 빠져들기보다는 세상을 더 긍정적이고 자신감 있게 접근하기로 의식적인 결정을 내릴 수 있다.

궤도 수정하기

자신감 있는 새로운 미래를 만드는 일은 단 한 번으로 끝낼 수 있는 일이 아니다. 더 큰 자신감으로 가는 여정에서 당신이 잘 해나가고 있는지 점검해야 한다. 당신이 목표에 더 가까이 다가가게 행동하고 있다면 자신을 축하하고 더 속도를 내야 한다. 자신감을 쌓아가는 여정이 제대로 굴러가지 않고 심리적으로도 자꾸만 장애에 부딪힌다면 돌아가서 다른 길을 찾아라.

당신이 얼마나 발전하고 있는지 추적할 수 있는 좋은 방법은 일기장이나 수첩에 진행 상황을 기록하는 것이다. 많은 내용을 적을 필요는 없다. 하루나 이틀에 한 번씩 몇 가지 핵심 사항만 적으면 된다. 아니면 일주일에 한 번씩 몇 줄을 적어도 좋다. 이렇게 당신이 성장하는 모습을 그려두면 나중에 뒤돌아볼 수 있고 과거에는 어느 시점에 있었는지, 어떤 기분이었는지 알 수 있다. 지금까지 얼마나 멀리 왔는지 볼 수 있고 사기를 높게 유지할 수 있다.

운동 코치, 비즈니스 컨설턴트, 인생 코치는 지금까지 이룬 정도를 측정하고 계속해서 발전할 수 있도록 다양한 도구를 이용한다. 나는 당신이 잘하고 있는지 확인하고 필요한 경우 궤도를 수정하는 데 쓸 방법으로 GROAN 모델을 이용해보도록 권한다.

자신감 쌓기 방법: 자신감을 향해 가라

GROAN 모델은 내가 계발한 것으로 체중을 줄이려는 사람에서부터 사업을 성장시키기 원하는 사람까지 모두에게 효과가 좋았다. 여기에는 5단계가 있다.

- **목표**(Goal) : 당신의 목표를 상기하는 것으로 시작하라. 왜 이 일이 해야 할 가치가 있는지 적기 위해 잠시 당신의 목표를 이미 성취했다고 상상하라.
- **결과**(Result) : 얼마나 발전했는지 돌아보라. 그렇지만 정직해야 한다. 단지 50~30퍼센트, 아니 2퍼센트만 목표를 달성해놓고 자신을 속이는 일은 무의미하다.
- **선택 사항**(Option) : 목표한 만큼 이루지 못했다면 어떻게 해야 할지 생각해 보라. 지금까지 제대로 옳게 가고는 있지만 하고 있는 일을 더 많이 해야 하는 것은 아닌가? 지금까지 해온 대로 계속해야 할까, 아니면 방향을 수정해야 할까, 그것도 아니면 전적으로 새로운 접근법을 고안해야 할까?
- **예상**(Anticipation) : 바로 앞을 생각해 보라. 어떤 문제나 사건이 생

겨 당신의 자신감에 해를 입힐 수 있을까? 어떻게 그런 일을 피해 갈 수 있을까?

- **다음 단계**(Next step) : 다음에는 무엇을 할지 결정하라. 다음 며칠 이나 몇 주 동안 할 일은 무엇인가? 언제 그 일을 하려고 하는가? 연기하거나 상황이 저절로 해결되길 바라는 것은 전략이 아니다. 행동을 하겠다고 약속하고 그 약속을 지켜라.

인생은 결과의 연속으로 때로는 그 결과가 당신이 원하던 것일 때도 있다. 잘된 일이다. 당신이 무엇을 잘했는지 알아내라.
하지만 당신이 원치 않던 결과를 얻을 때도 있다. 이 역시도 잘된 일이다. 당신이 한 일이 무엇인지 알아내어 다시는 그 일을 반복하지 마라.

— 사이먼 카루서스(Simone Caruthers), 심리학자

발전 상황을 얼마나 자주 확인할지는 자신에게 맞게 결정하면 된다. 발전 정도를 매일 의미 있게 측정할 수 있다면 GROAN 모델을 통해 날마다 할 수도 있다. 당신의 최우선 순위가 새로운 직업을 갖는 것이 라면 날마다 내는 구직 신청서 숫자 합계를 적는 것도 좋은 방법이다. 당신의 목표가 더 장기적인 것이라면 발전 상황을 1주나 2주마다 돌 아보는 것이 좋을 것이다. 몸매는 하루 만에 가꿀 수 있는 것이 아니 므로 체중이 얼마나 줄었는지 날마다 체중계에 올라 확인하는 것은 소 용없다. 발전 상황을 얼마나 자주 점검할 것인지 분별력 있게 정하되 지나칠 필요는 없다.

다른 사람도 할 수 있다면…

스물세 살인 닐라는 새로운 사람을 만나고 이야기를 나누는 것이 무척 어렵다. 그 때문에 친구의 친구나 직장 동료들로부터 무뚝뚝하다거나 냉담하다는 말도 자주 듣는다. 닐라는 친구를 만들기로 목표를 세웠고 직장에서는 새로운 친구를 만들었다. 그러나 직장 밖에서는 쉽게 친구를 사귀기 어려웠다. 닐라는 GROAN 모델을 통해 다음으로 무엇을 할지 생각했다.

- **목표** : 내 목표는 직장 안과 밖에서 함께 즐거운 시간을 보내고 가끔씩 마음을 나눌 친구를 만드는 것이다. 사회생활이 긍정적이고 행복하다고 느낄 수 있다면 좋겠다.

- **결과** : 직장에서는 친구를 만들었지만 밖에서는 단 한 명도 만들지 못했다. 저녁에 사람들을 초대했지만 아직까지 아무도 답례로 저녁 초대를 해준 사람이 없다. 나는 파티에 초대받는 일도 없고, 한 번 파티에 가기는 했지만 아는 사람 한 명하고만 이야기를 나누었다. 나도 내가 사람들 사이에서 빛이 나는 사람은 아니라는 사실을 안다. 저녁초대나 파티는 내게 적당한 일이 아닐지도 모른다.

- **선택 사항** : 친구들에게 조언을 구해야겠다. 앤소니와 패트리샤에게 어떻게 하면 친구를 사귈 수 있을지 물어보고 아이디어를 얻어야겠다. 베스는 아무한테나 말을 참 쉽게 건다. 그렇지만 지금 당장 내가 그렇게 하기는 좀 어렵다. 클럽이나 단체에 가입하는 것이 더 좋을 것이다.

- **예상** : 가장 큰 장애는 아마 내 자신일 것이다. 나도 내가 무엇을 해야 하는지 알고 있지만 행동이 어렵다. 행동을 못하게 막는 것은 다른 사람이 아니라 내 자신이다.

- **다음 단계** : 앤소니에게는 내일 조언을 구하고, 패트리샤와는 다음 주에 휴가에서 돌아오면 이야기를 나누어야겠다. 이번 주말에는 가까이에 다닐만한 댄스 강습반이나 다른 강좌가 있는지 인터넷을 찾아봐야겠다.

좋은 날, 나쁜 날

우리는 "나는 그냥 인간이야" 하는 말을 곧잘 듣는다. 잘못을 저지르고는 짓궂은 눈으로 어깨를 으쓱해 보이면서 그런 말을 한다. 그렇지만 그 말에는 핵심이 들었다. 우리는 로봇이 아니다. 우리는 깜박 잊어버리고, 실수를 하고, 잘못을 저지르고, 유혹에 무너지기도 한다. 하루는 잘하다가 다음 날엔 주춤한다. 우리는 좋은 날도 나쁜 날도 만난다.

자신감을 쌓겠다면서 빠르고 쉬운 결과를 찾는 사람도 있다. 그러나 자신감은 그렇게 얻는 것이 아니다. 아무런 발전도 없는 날도 있고 오히려 후퇴하는 기분인 날도 있다. 당신의 비전과 목표를 향해 가다 보면 걸림돌에 걸려 넘어지는 날도 있을 것이다. 어떤 날은 돌부리에 발이 걸리고 길을 잘못 들기도 한다. 길을 계속 가자면 빙 돌아가야 하기도 하고, 진전이 느리기만 하거나 전혀 움직이는 것 같지 않은 날도 있다. 그러나 그것은 정상이고 예상되는 경로다. 중요한 것은 끈기 있게 가던 길을 계속 가는 것이다. 성장을 생각할 때는 그날 하루하루보다는 전체적으로 멀리 봐야 한다.

청소년 시절 피겨 스케이트 선수였던 나는 일주일에 4, 5일은 훈련을 해야 했다. 싱글 점프를 마스터한 후에 더블 살코나 더블 악셀 같은 더 복잡한 점프를 배웠는데, 어떤 날은 훈련이 정말 순조로워서 점프도 잘 되고 착지도 안정적으로 잘했다. 그러나 또 다음날에는 번번이 실패였다. 무릎이 아프고 얼음이 녹아 엉덩이는 축축해졌다. 물론 내 발전 상황을 날마다 비교하자면 절망적이기 짝이 없었다. 하지만 시즌으로 비교해 보면 분명 훨씬 나아진 것을 알 수 있었다.

내 고객 하나는 광고 회사를 키워가고 있는데, 어떤 달에는 새로운 광고를 네다섯 개나 따지만 아무 성과를 올리지 못하는 달도 있다. 그러나 지난해와 비교해 보면 그녀를 따를 경쟁자가 없다. 그녀는 성과를 내는 데 거물이지만, 가끔씩은 그녀도 그런 사실을 스스로에게 상기시켜야 했다.

우리는 모두 어린 시절에 그런 일을 겪었다. 아기들은 완전히 두 발로 걷기까지 몇 주나 몇 달을 넘어지고 또 넘어지기를 수없이 반복한다. 그러나 단번에 걷기를 배우지 못한다고 아기를 비난하는 사람은 없다. 그러니 간간이 넘어지더라도 자신을 심하게 나무라지 마라.

멀게는 원대한 꿈을 품어야 하지만 오늘은 그럭저럭 해나가는 것만으로도 좋다. 당신은 탁월한 강사가 되기 원하고 당신의 태도와 재치로 수많은 사람을 사로잡기 원한다. 하지만 그런 일이 하룻밤 사이에 이루어지지는 않는다. 발표를 하다 저지른 작은 실수로 자신을 비난하지 마라. 아무것도 하지 않는 것보다는 개선하기 위해 노력하는 당신을 높이 사라.

당신은 현재 마음 상태와 갖고 있는 자원을 고려해 볼 때 할 수 있는 한 최고가 되기 위해 노력하고 있다. 자신을 너그럽게 봐주고 자기의 가장 좋은 친구가 되어주어라. 당신이 해내지 못한 일로 자신을 깎아내리기보다는 조금이라도 해낸 일을 축하하라. 돌아보면 어느새 이만큼이나 왔나, 놀랄 날이 올 것이다.

성공 축하하기

목표를 성취해 나가는 생활이 습관이 될 수 있다. 발전하는 자기 모습을 보기 시작하면 당신은 더 노력하고 싶고, 더 많은 것을 이루기 원할 것이다. 자신감의 순환 고리에 올라 탄 것을 축하한다. 당신이 더 많이 성취할수록 자신감은 더 자랄 것이다. 자신감이 자랄수록 당신은 더 많이 성취하기 원할 것이다. 성공의 맛을 보면 당신은 더 많이 원하고, 원하는 것을 이루기 위해 더 열심히 노력하면서 더 많은 것을 이루게 될 것이다.

그러나 과학자들은 자신감의 순환 고리가 우리 도움을 필요로 할 수 있다고 말한다. 과학자들이 뇌 영상을 이용해 연구한 결과를 보면 흥분감을 일으키는 뇌 영역은 먼 것보다는 가까운 보상을 상상하거나 경험하는 것으로 더 활성화한다. 목표가 너무 먼 미래에 있다면 흥분은 일어나지 않는다. 따라서 멀고 먼 미래에 주어질 커다란 보상을 기대하기보다는 그 길을 가는 동안 만나는 작은 기념비를 축하해야 한다. 멈추지 않고 계속해서 가게 하기 위해서는 성공을 인정해야 한다. 목표를 성취하기 위해 기울인 당신의 노력을 인정하라. 당신의 재능과 능력과 노력을 의식적으로 인정하는 것만으로도 자신감을 높일 수 있다.

이 단계는 선택사항이 아니다. 실제로 마틴 셀리그만 교수와 그의 펜실베이니아 대학 심리학 연구팀은 우리가 성취한 일을 적극적이고 의식적으로 인정하지 않는 한 자신감은 사그라지고 말 것이라고 말했다. 당신의 성취에 관심을 기울이지 않고 성공을 축하하지 않으면 당신의 마음은 나쁜 사고 습관으로 들어갈 수 있다. 자기 노력이 아니라 우연한 행운 탓이었다고 믿어버리는 것이다.

당신이 이룬 성공을 긍정적으로 받아들인 경우와 부정적으로 받아들인 경우의 두 가지 시각을 비교해 보자.

성공에 대한 긍정적 시각과 부정적 시각 비교

긍정적 시각	부정적 시각
내가 얼마나 많이 조사하고 준비를 했는데, 나는 좋은 직장을 얻을 자격이 있어.	다른 후보자들은 행운이 따르지 않았을 뿐이야.
나는 고객과 공감대를 쌓기 위해 무척 노력했고 그것이 고객을 감동시킨 거야.	힘든 고객 홍보 활동은 동료들이 다 했어.
나는 정말 잘했어.	더 잘할 수도 있었는데….
이 승진은 내가 일군 결과야.	행운이었어.
내가 시험에 대비해 열심히 공부해서 성적이 잘 나온 거야.	시험관이 기분이 좋았었나봐.

당신이 의식적으로 깨닫고 있지 못할 때에도 행동, 생각, 감정의 고리는 작용하고 있다. 당신이 아무리 대단한 일을 성취했더라도 자신에게 별것 아니라고 말하고 친구에게도 아무것도 아닌 일이라고 말하면 당신은 그 말을 믿게 된다. 당신은 거만해 보이지 않으려고 별 생각 없이 자신을 깎아내리는 말을 하는 것이지만 그것은 자신감을 깎아내리는 일이다. 물론 그런 결과로 이어지기까지는 시간이 걸리겠지만 결국에는 자기 확신을 부식시킨다. 그러니 그런 말은 하지 마라!

당신이 성취한 일을 적당하게 자축할 방법을 찾아라. 몇 달이 걸리는 커다란 목표든, 아니면 그날 아침에 해낼 수 있는 작은 목표든 자신이 성취한 일에 점수를 주어라. 목표한 만큼 공부를 많이 한 날이면 냉장고에서 아이스크림이나 시원한 맥주라도 꺼내 목표 달성을 축하하고 마음껏 즐겨라. 팀에서 프레젠테이션을 잘 해낸 날이면 핸드백이나 디자이너 청바지 아니면 초콜릿 바라도 자신에게 선물하라. 크든 작든 성공한 일에 자신을 치하해 주면 자신에 대한 믿음과 자신감이 자란다.

직접 해 볼 차례!

성공적인 하루를 보낸 날, 장려책으로 당신 자신에게 줄 수 있는 작은 보상으로는 무엇이 좋을지 생각해 보라. 그날의 성공을 축하하기 위해 자신에게 줄 수 있는 선물이나 활동을 적어도 세 가지 적어 보자.

- --
- --
- --

자신감 쌓기 방법 : 자신감 완성하기

성공을 축하하는 일이 언제나 돈을 써야 하는 일은 아니다. 자신이 이룬 성공을 인정해 주면 된다. 자신이 이룬 일을 자축하는 일에 능한 사람도 그렇지 못한 사람도 있다. 그런 일이 어렵다면 여기 바로 해 볼 수 있는 방법이 있다.

- 당신이 이룬 성취를 어떻게 느끼는지 적어라. 하루를 마치기 전에 그날 이룬 성공을 간단히 적어라. 적고 나면 잠도 편안하게 잘 수 있을 것이다. FACT 기록(5장 참고)을 갖고 있다면 거기에 추가하라.
- 거울 앞에 서서 당신 얼굴을 보면서 당신이 성취한 일을 큰 소리로 말하라. 진심을 담아 말을 하라. 가장 친한 친구에게 성공을 축하해 주고 있다고 상상하라. 친구가 자기가 이룬 일을 기뻐하는데 당신이 이렇게 말하지는 않을 것이다. "별 일도 아닌데 유난스럽게, 주제 바꾸자고." 당신은 친구가 성공해서 얼마나 기쁜지 말하고 칭찬과 칭송을 하고 또 할 것이다. 당신의 성공 이야기를 자신과 마음껏 나누어라.

마지막으로 부드럽게 한 번 더 밀어주기

당당한 자신감을 갖는 일이 첨단 과학은 아니지만 이 책에서 소개하고 있는 방법은 과학과 연구 결과로 뒷받침된다. 심리학자들이 전 세계에 걸쳐 수많은 사람에게 시험해 나온 것이고, 이해하기도 전혀 어렵지 않다.

앞에서도 말을 했지만 마지막으로 한 번 더 말하겠다. 자신감 있는 미래를 만드는 일은 이 책을 이해하는 것으로 될 일이 아니라, 이용해야 한다. 이 방법대로 하고 연습을 한다면 당신의 발전을 막을 것은 그 어디에도 없다. 그러나 읽기만 하고 다 이해했다고 고개를 끄덕이는 것으로는 충분치 않다. 나뿐만이 아니라 많은 다른 사람들도 말을 했지만, 과학자들의 연구에 따르면 글로 써보는 부분을 생략하고 오직 생각만 하는 것은 자신을 속이는 것이고 효과도 별로 없다. 책에서 이해한 것을 실천에 옮겨야 한다. 긍정적인 생각 그 자체만으로는 충분치 않다. 결과는 의도가 아니라 행동으로 얻는 것이다.

> ### 차이를 만드는 간단한 말 한마디, '지금 시작하라'.
> — 매리 C. 크롤리(Mary C. Crowley), 기업가

이 책에 있는 '행동으로 옮겨라' 연습은 더 자신감 있는 삶을 위한 강력한 토대를 제공한다. 행동으로 옮겼으면 표시를 하라. 당신은 자신감 있는 새로운 사람이 되기 위한 커다란 발걸음을 내디딘 것이다.

'행동으로 옮겨라' 연습	확인
1. 캣 스캔하기	
2. 최고에게서 배우기	
3. 성공할 수 있는 옷차림	
4. 자기 강점 이야기하기	
5. 삶의 비전 만들기	
6. 나의 가치 찾아내기	

이 책 초판을 읽고 독자들이 보내온 이메일 중에 자기에게는 이 책의 방법들이 효과가 없었다고 한 경우도 있었다. 그런 사람들에게 '행동으로 옮겨라' 연습은 어땠느냐고 물어보면 거기까지는 못해봤다고 했다. 그냥 읽는 것만으로는 자신감을 올리는 데 아무런 도움도 되지 않는다는 것을 기억하라. 실제로 해봐야 한다.

이 책에 있는 10가지 '행동으로 옮겨라' 연습이 튼튼한 기반을 제공한다면 18가지 자신감 쌓기 방법은 자신감의 탑을 높게 쌓아올리게 도와줄 것이다. 그러나 사람은 제각각 개성이 다르므로 상황마다 효과가 있는 방법도 다르다. 다른 사람에게 재미있는 일이라고 해서 내게도 재미있으리란 보장은 없다. 어떤 영화나 텔레비전 쇼, 아니면 코미디언이 완전히 웃긴다고 해서 봤지만 나는 아무런 재미도 느끼지 못할 수도 있다. 그 영화, 쇼, 코미디언이 웃기지 않다는 의미가 아니라 그저 당신에게는 우습지 않다는 것이다. 자신감 쌓기 방법도 마찬가지다. 각각의 것을 여러 번 써보고 어느 것이 효과가 있는지 알아보라. 어떤 것은 놀랍게 효과가 좋지만 어떤 것은 그렇지 않을 수도 있다.

어떤 방법은 개인적인 생활에 특히 효과가 있고 어떤 것은 직장 생활에 효과가 있을 수도 있다. 어떤 것은 한창 도전 중일 때 유용하고 어떤 것은 준비 과정이나 후처리에 유용하기도 하다. 어떤 것은 혼자 있을 때 편안하게 이용할 수 있고, 어떤 방법은 사람들과 함께 있을 때, 그러니까 파티에서나 개방형 사무실에서 유용할 것이다. 아니면 당신은 이미지보다는 언어가 더 쉬울 수도 있고 그 반대일 수도 있다. 자신감 쌓기 방법을 이용하면서 그것이 언제 당신에게 유용했는지 생각해 보자.

자신감 쌓기 방법	언제 효과가 있었는가?
내 도도한 고양이 만들기	
사고 재형성하기	
다른 설명 생각해 보기	
낙관성 기르기	
마음에 영화화면 만들기	
횡격막 호흡	
ABCD로 정서 안정시키기	
근육이완으로 스트레스 해소하기	
목소리 훈련	
습관 깨기	
마음 챙김	
회복력 기르기	
긴장 완화하기(STRAIN)	
내면의 코치와 상의하라	
부정적 정서 발산해 없애기	
긍정 정책 계획하기	
자신감을 향해 가라	
자신감 완성하기	

이런 자신감 쌓기 방법으로 당신은 삶이 던지는 어떤 역경에도 맞설 수 있다. 따라서 다음번에 새롭고 다른 일을 해야 할 기회를 만난다면 한번 시도해 보라. 잃을 것은 적고 얻을 것은 많을 것이다.

여기까지다. 이제 모두 끝냈다. 축하한다.

당신은 이제 더 자신감 있는 삶을 만들기 위해 필요한 자원을 모두 갖고 있다. 날마다 행동을 한다면 분명 자신감이 생길 것이다. 먼저 더 자신감 있게 느낄 때까지 기다리지 마라. 더 자신감 있게 느끼기 위해 행동하라. 상황이 나아지거나 운이 찾아오기를 기다리지 마라. 당신이 상황을 바꾸고 운을 찾아가라. 당신이 원하는 것이 있다면 당신이 이루어라.

앞으로 또 위로!

- 당신이 하고 있는 일이 실제로 성과를 내는지 확인하기 위해 간간이 GROAN 방법을 이용하라.
- 얼마나 발전했는지 검토할 때 자신을 심하게 나무라지 말고 친절하게 대하라. 친한 친구에게라면 실수를 저질렀다고 해서 심하게 비난하지 않을 것이다. 누구나 가끔씩 저지르는 작은 실수로 자신을 힘들게 하지 마라.
- 발전 상황은 날마다 들쭉날쭉할 것이다. 그러나 멈추지 않고 나아가다 보면 언젠가는 자신이 어디까지 왔는지 확인하고 깜짝 놀라게 되는 날이 올 것이다.
- 당신이 성취한 일을 인정하고 축하하기 위해 의식적으로 노력하라. 긍정적인 피드백 없이는 당신 손으로 이룬 일을 당연시 받아

들이고 새로 찾은 자신감도 과소평가할 것이다.

- 당신이 이용한 연습과 방법에는 표시를 하라. 그러나 읽고 이해하는 것만으로는 그것을 실제로 이용하는 것과 같은 결과를 내지 못한다는 사실을 기억하라.

자신감이 필요할 때

02

Chapter 08

자신 있게 발표하기

- 해야 할 일이 무엇인지 정확히 알기
- 개인적 식견을 더하라
- 구조를 짜라
- 머리말과 결론
- 연습, 연습, 연습!
- 실제로 청중 앞에서 연습하라
- RISE 확인하기
- 실제적인 사항 확인하기
- 마음과 몸을 차분하게
- 재밌고 유익한 시간으로 만들어라

뱀이나 거미보다도, 비행기를 타는 것보다도 사람들 앞에서 발표하는 것을 더 무서워하는 사람이 많다는 조사 결과가 있다. 나 역시도 그런 사람 가운데 하나였다.

앞에 나서서 말을 해야 할 일이 겁이 나서 아파버린 적도 있었다. 배가 뒤틀리고 토할 것만 같았다. 그러나 나는 그런 극도의 긴장을 이겨낼 수 있도록 스스로를 훈련했다. 지금 나는 사람들 앞에 서서 강의를 하거나 프레젠테이션을 하는 일에 능할 뿐 아니라(현재 나는 대학에서부터 대기업에 이르기까지 다양한 조직에서 강의 부탁을 받고 있다) 그 일을 무척 즐긴다.

사람들이 발표할 때 자신감이 없는 가장 큰 이유는 준비가 충분히 되어 있지 않기 때문이다. 그러므로 제대로 준비하는 법을 알아야 한다. 중요한 날 필요한 자신감의 큰 부분은 모든 일이 제대로 되어질 것이란 것을 알고 있는 데서 나오기 때문이다.

결혼식에서 친구 대표로 간단한 축사를 해야 할 경우도 있을 수 있고, 동료들에게 프로젝트 진행 상황을 설명해야 할 일이나, 아니면 멋지게 프레젠테이션을 해서 고객의 마음을 사로잡아야 할 일도 있다. 자신감 있게 사람들 앞에 서야 할 여러 가지 경우에서 이 10단계를 연습하여 자신을 빛나게 해보라.

1. 해야 할 일이 무엇인지 정확히 알기

프레젠테이션은 해야 할 일이 정확히 무엇인지 아는 것으로부터 시작된다.

- **청중이 누구인가?** 누가 당신에게 '고위 간부들'에게 간단한 프레젠테이션을 해달라고 부탁한다면 그 대상이 부서 내의 고위 간부인지, 아니면 전국의 고위 간부들이 모두 모이는 자리인지 알아야 한다. 청중을 그냥 대충 짐작해 버리고 말아서는 안 된다. 대상을 더 잘 알면 알수록 준비를 더 잘할 수 있다.

- **시간은 얼마나 주어지는가?** "그냥 몇 마디 하면 돼요"라거나 "그냥 원하는 말 아무거나 해주세요"라는 식으로 모호하게 부탁하는 말을 그냥 흘려듣고 말아서는 안 된다. 언제 말을 끝내야 할지 확실하게 알아야 한다.

- **청중은 어떤 말을 듣기 기대하는가?** 청중이 원하는 것이 무엇인지 생각하라. 결혼식장에 모인 손님이라면 축하 분위기를 즐기기 원하지, 길고 긴 연설을 듣고 싶어 하지 않을 것이다. 업무를 위한 강의라면 청중이 무엇을 얻고 싶어서 오는지 알아내라. 정보를 원하는가, 더 열심히 일해야겠다는 동기를 부여받기 원하는가, 아니면 그 둘을 모두 원하는가?

- **말과 어조는 어때야 할까?** 생일파티에서 축하의 말을 해야 한다고 해보자. 흉금 없는 친구들이 모인 자리여서 야한 농담을 해도 될까, 아니면 연로한 조부모나 어린 조카들이 있는 자리여서 말을 가려야 할까? 고객에게 말을 할 때는 어조가 전문적이고 형식적이어야 할까, 아니면 친근하고 비형식적이어야 할까?

- **장소는 어디인가?** 장소에 따라 준비도 크게 달라진다. 정원에 마련된 천막 아래서 말을 해야 한다면 마이크를 사용할 것인지, 목소리에 의지할 것인지 미리 생각해야 한다. 컨퍼런스에서 발표를 한다면 컴퓨터와 프로젝터를 사용할 수도 있고 마이크 하나만으

로 청중의 관심을 사로잡아야 하는 경우도 있다.

꺼리지 말고 궁금한 여러 가지 것들을 미리 물어 알아두어라. 묻기가 걱정되더라도 중요한 것을 놓치는 것보다는 나을 것이다.

2. 개인적 식견을 더하라

이제 무슨 말을 하겠는가? 생각을 적는 것부터 시작하라. 혼자지만 브레인스토밍을 하는 것이다. 주제에 관해, 그리고 청중에 관해 마음에 떠오르는 말이나 단어를 적어라. 아무 말이나 좋다. 처음에는 무모한 생각인 것 같아도 나중에 더 좋은 아이디어를 폭발시킬 수 있으므로 일단 모두 적어라.

더 오래 생각할수록 결과는 더 좋을 것이다. 생각을 종이에 써보면 함께 엮을 형태나 주제가 보이기 시작한다. 해답이 즉시 나올 것으로 기대하지는 마라. 그저 즐거운 마음으로 생각과 아이디어, 예와 질문, 웹사이트, 인용구, 사례 연구와 예화, 도표와 그림을 서로 엮어라. 더 다양하게 생각하고 읽을수록 영감을 얻을 가능성이 더 높아진다.

그러나 가장 좋은 자원은 바로 자기 자신이다. 당신은 연설이나 프레젠테이션을 하려는 주제에 관해서 이미 많은 것을 알고 있다. 거기에 개인적인 식견을 보탠다면 좋은 연설을 할 수 있다. 청중은 마음에서 우러나오는 말을 할 때 공감하고 감동받는다. 아래와 같은 질문을 이용해 서두를 꺼낼 재밌는 아이디어를 얻어라.

- 말하려고 하는 주제에 관한 개인적 경험은 무엇인가?

- 이 주제에 관해 말할 때 어려운 점은 무엇인가?
- 이 주제와 관련해 재밌고 즐거운 것은 무엇인가?
- 이 주제와 관련하여 들어본 이야기 중에 가장 이상하고, 슬프고, 웃기고, 멍청한 이야기는 무엇인가?
- 조부모나 다섯 살배기 아이라면 무어라고 말하겠는가?

당신이 여섯 살이었을 때는 결혼이 무엇이라고 생각했는지, 아니면 당신 할머니라면 회사의 경영난에 대해서 무엇이라고 말할지를 서두로 삼아도 재미있을 것이다.

3. 구조를 짜라

좋다, 당신은 이야기하고자 하는 많은 예와 생각과 예화를 갖고 있다. 다음으로는 청중이 그것을 이해하기 쉽도록 구성해야 한다. 어떤 사람이 H, E, P, S, E, C라는 글자를 보여준다면 무슨 말인지 모른다. 그렇지만 S, P, E, E, C, H 순서로 제시한다면 그것이 연설이라는 의미임을 안다. 당신이 하고자 하는 말을 이런 방식으로 생각해 보라.

- **연대기적 순서.** 과거에 일어난 일을 말하고 현재 일어난 일을 말한 후에 이어서 미래에 일어날 일을 말한다. 연대기적 순서는 직접적이며 말을 하면서 무엇을 빼먹을 염려도 없다.
- **약어나 단어.** 이 방법을 이용하면 생각을 마구잡이가 아니라 구조화하여 전달할 수 있다. 가령, SWOT은 강점(Strength)과 약점(Weakness), 기회(Opportunity)와 위협(Threat)의 첫 글자들을 딴 것으

로 조직의 장단점, 기회 분석을 의미하는 약어다. 당신도 한 번 이런 약어를 만들어 보라. 그런 예로 나는 말을 할 때 SURE 모델을 이용한다. 문제의 규모(Scale), 긴급성(Urgency), 우리의 반응(Response)을 말한 다음 질문을 끌어내는 것(Eliciting questions)으로 말을 마치는 형태다. 내가 만든 약어를 하나 더 소개하자면 FEAR가 있다. 나는 프로젝트의 실행 가능성(Feasibility)과 어떻게 근로자가 일에 참여(Engage)하게 할지, 어떤 행동(Action)을 할지, 고객과 무엇을 조사하고 연구(Research)할지 이야기한다. 당신도 당신만의 기억을 돕는 연상 기호(Mnemonic)를 만들어 보라.

- **이론 다음에는 실행.** 이론으로 시작하여 실천을 설명해야 한다. 가령, 결혼에 관한 이론은 당신이 사랑하는 누군가를 만나 청혼하는 것이다. 그러나 나는 실제 사례로 존과 로라에게 어떤 일이 일어났는지 끔찍한 진실을 이야기할 것이다.

- **문제 다음에는 해결책.** 문제를 말하고는 해결책도 말해야 한다. 우리에게 경제적인 고통을 야기하는 세 가지 문제를 설명했다면 각각의 문제를 해결할 수 있는 가능한 해결책을 말해야 한다.

시각 보조 기구도 잊지 말자. 당신이 말을 하는 동안 청중이 바라볼 것을 준비한다면 부담을 덜 좋은 방법이다. 과감한 것이어도 좋고 점 잖아도 좋다. 시각 보조 기구는 당신이 원하는 것 무엇이나 사용해도 좋다. 스크린에 슬라이드를 투사해 보여주면 청중의 시선을 벗어날 수 있어 좋고 해야 할 말을 상기시켜주는 역할도 한다. 생일 축하 파티라면 '와아'하는 환호성 속에 주인공의 18개월 때 포스터 사이즈 사진을 휙 꺼내들어도 좋다. 팀이 겪고 있는 압박감을 이야기하면서는 회사의 연간 실적 보고서 복사본을 무기로 휘두를 수 있다.

4. 머리말과 결론

프레젠테이션 방법에 관한 유명한 말이 있다. '먼저 말하고자 하는 것이 무엇인지 말하라. 그것을 말하라. 다음으로는 무엇을 말했는지 말하라.' 다시 말해 프레젠테이션을 이야기할 내용의 개요인 간단한 머리말로 시작하라는 말이다. 그런 다음 본론에서는 주요 핵심을 더 깊이 있게 말한다. 사실과 실례, 예화를 들어 그것을 설명하는 것이다. 마지막 결론으로 핵심을 요약하여 마무리한다.

머리말은 특히 중요하다. 첫인상이 매우 중요하다는 것을 기억하라. 따라서 당신 입에서 나올 첫마디는 특히 중요하다. 내가 프레젠테이션 방법에 관한 강의를 할 때는 적어도 처음 몇 분 동안 이야기할 내용은 외우라고 제안한다. 본문은 메모를 이용해도 좋다. 그러나 머리말은 외우도록 노력하라. 그래야 중요한 첫 몇 분 동안 유연하고 자신감 있게 시작할 수 있다.

5. 연습, 연습, 연습!

심리학자들은 발표할 것을 입력하는 연습만이 아니라 출력하는 연습도 해야 한다고 말한다. 조용히 앉아서 메모한 것을 읽으며(입력하기) 머릿속에 집어넣어라. 그러나 큰 소리로 말하는 연습을 해야(출력하기) 머릿속에서 내용을 끄집어낼 수 있다.

그러나 큰 소리로 말하는 연습이 전부는 아니다. '연습이 완벽함을 만든다'는 말이 있지만 나는 그 말에 동의하지 않는다. 오로지 완벽한 연습만이 중요한 날에 완벽히 수행하게 하기 때문이다. 당신이 하고자 하는 말을 더 많이 연습하면 할수록 실제로 더 많은 것을 거둘 수 있다. 실제로 서서 프레젠테이션을 해야 한다면 연습할 때도 서서 하라. 슬라이드를 이용할 것이면 실제로 슬라이드를 비추어라. 마치 당신 앞에 청중이 가득한 것처럼 목소리를 적당히 크게 하여 연습하라. 천천히 저음으로 말하는 것을 잊지 마라(3장의 '자신감 있게 말하기 : 천천히, 낮고 크게' 부분 참고).

할 말을 적은 메모를 준비해 필요하다면 노트를 읽어도 좋다. 유명한 비즈니스 리더, 대통령, 수상도 가끔씩은 연설문을 읽는다. 그렇지만 충분히 연습하여 전적으로 노트에 의존하지 않도록 하라. 간간이 눈을 들어 청중을 바라보아 당신이 그냥 읽는 것이 아니라 말하고 있는 내용을 잘 알고 있음을 보여주어라. 몇 가지 핵심 사항만 메모지에 정리해서 발표를 하는 것이 훨씬 더 낫다. 매번 발표를 할 때마다 더 많은 것을 배울 것이고 노트에 덜 의존하게 될 것이다. 좋은 발표자가 되고 싶다면 많이 연습하라. 훌륭한 발표자가 되고 싶다면 더 많이 연습하라.

6. 실제로 청중 앞에서 연습하라

연습으로 최상의 결과를 얻어내고 싶다면 적어도 한두 번은 실제로 청중 앞에서 연습을 해야 한다. 매우 중요한 프레젠테이션을 앞두고 있다면 동료와 친구 몇 사람에게라도 당신이 하는 말을 들어보게 하라. 청중이 단 한 사람이어도, 가족이나 친구, 동료라도 큰 도움이 될 것이다. 그 사람이 말하려는 내용을 잘 몰라도 상관없다. 실제로 청중 앞에서 연습을 한다는 데에 의미가 있다. 실제 청중 앞에서 연습을 하면 프레젠테이션을 하는 동안 당신을 응시하는 눈길에 익숙해지는 데 도움이 되고, 긴장감을 누그러뜨려줄 것이다.

연습을 도와주는 대가로 뇌물 공략이라도 해라. 연습하는 동안 먹을 것을 대접해도 좋다. 30분 시간을 내주는 대가로 집안일을 대신 해주어도 좋다. 프레젠테이션 시간이 길다면 절반만이라도 아니면 앞부분만이라도 들어달라고 하라.

내 말을 믿어도 좋다. 실제 청중 앞에서 소리 내어 연습을 하면 실제로 사람들 앞에 섰을 때 훨씬 더 안정된 기분을 느낄 것이다.

7. RISE 확인하기

연습을 하면서 하고 싶은 말이 약간 바뀌기도 할 것이다. 재밌고 감동적이라고 생각했던 것이 연습하면서 보면 별로 재미가 없게 느껴지기도 한다. 따라서 나는 프레젠테이션 방법을 강의할 때 미리 RISE 사항을 확인하도록 제안한다.

- **관련성**(Relevance). 사실, 정보, 심지어는 당신이 나누기 원했던 감성이 이 특정한 청중과 연관성이 있는지 확인하라. 물론 전문가로서 우리가 청중보다 내용을 더 잘 안다. 그러나 좋은 발표자는 청중이 관심을 갖고 필요로 하는 내용에 초점을 맞춘다.
- **통찰**(Insight). 청중이 기억하기 원하는 핵심 메시지 한 가지만 고른다면 무엇이 될까? 가끔씩은 청중에게 너무 많은 정보를 쏟아

놓기도 한다. 당신이 전하고자 하는 주요한 통찰을 명확히 알고
있자.

- **이야기**(Stories). 메시지를 생생하게 전할 이야기, 예화, 개인적인
  경험을 이용하면 좋은 프레젠테이션이 된다. 청중의 흥미를 유지
  하기 위해서는 대략 약 10분이나 15분마다 이야기를 하나씩 하
  라고 제안한다.
- **열정**(Enthusiasm). 프레젠테이션이나 발표가 단지 사실을 전하는
  것만은 아님을 기억하라. 사람들이 단지 사실만을 원한다면 유인
  물만 나눠주면 된다. 따라서 열정을 전달할 수 있도록 연습하라.

8. 실제적인 사항 확인하기

중요한 날에 일이 틀어지면 자신감에 좋을 일이 없다. 따라서 실제적
인 사항을 미리 확인해 두어야 한다.

- 장소가 어디이고 어떻게 갈 것인지 정확히 알아두었는가? 일찍
  출발하지 않아 한꺼번에 계단을 3개씩 뛰어오르느라 옷이 땀에
  젖어 시작하고 싶지는 않을 것이다.
- 시청각 장비는 준비되었는가? 마이크, 컴퓨터, 슬라이드 프로젝
  트를 작동시키는 법은 아는가? 고장이 나면 도와줄 사람은 있는
  가?
- 마지막으로 점검할 화장실이 어디 있는지는 알아두었는가?
- 입이 마를 경우를 대비해 물은 준비했는가?

9. 마음과 몸을 차분하게

설령 우리가 말하려는 내용을 잘 알더라도 머릿속에서 들려오는 몹쓸 내면의 비난자가 우리를 고문한다. 그러나 아래의 네 가지 자신감 쌓기 방법이 발표를 앞두고 생기는 걱정을 날려줄 것이다.

- 할 수 있다는 생각에 익숙해지도록 발표 전에 당신의 성공적인 모습을 시각화하라(자신감 쌓기 방법 : 마음에 영화화면 만들기 참고).
- 발표에 대한 걱정으로 공황 발작이 일어날 것 같다면 사고 재형성하기 방법을 이용하라(자신감 쌓기 방법 : 사고 재형성하기 참고). 머릿속에서 일어나는 자동적 부정적 사고에 이의를 제기하여 걱정이 사실이 아님을 깨달아라.
- 발표하기 전 마지막 순간에 자신에게 반복적으로 들려줄 자기 역량을 확언하는 생각을 적어 두거나(자신감 쌓기 방법 : 내 도도한 고양이 만들기 참고), ABCD 방법을 이용하라(자신감 쌓기 방법 : ABCD로 정서 안정시키기 참고). 자기에게 효과 있고 적당한 방법을 이용하면 된다.
- 발표 30분 정도 전에 빈 사무실이나 탈의실, 아니면 화장실이라도 찾아서 목소리 준비를 하라(자신감 쌓기 방법 : 목소리 훈련 참고). 자연스럽고 안정되게 호흡하는지도 확인하라(자신감 쌓기 방법 : 횡격막 호흡 참고).

10. 재밌고 유익한 시간으로 만들어라

이제 본격적으로 청중 앞에 서야 할 시간이다. 마지막 단계는 청중이 이 자리에 정보를 얻기 위해서만이 아니라 즐거운 시간을 보내기 위해 모였다는 사실을 상기하는 것이다. 당신이 말해야 할 주제가 아무리 기술적이고 건조한 것이라도 당신의 개성을 불어넣어 더 즐겁게 만들 수 있다. 따라서 미소를 짓고, 핵심을 짚기 위해 손동작을 하고, 몸짓 언어도 이용하라(3장 참조). 당신이 즐기면 청중도 즐겁다.

훌륭한 발표자도 말을 더듬고 슬라이드 프로젝터가 말을 안 듣는 일도 있으며 사실을 잘못 전하는 등의 실수를 저지른다는 사실을 잊지 마라. 다행히도 청중은 금방 자기 생각에 빠져 버려 앞에 선 사람이 저지른 실수를 오래 마음에 담아두지 않는다. 당신이 어떤 실수를 저지르든 청중 대부분은 그 사실을 다음 날 아침이면 잊어버릴 가능성이 높다. 따라서 다른 많은 사람들이 할 수 없거나 하려 들지 않는 일을 당신은 해냈다는 사실만으로도 큰 자부심을 가져도 좋다.

마지막으로 청중은 당신이 자신감에 넘치는지 아닌지 잘 모르니 안심하라. 당신은 분명 심장이 두근거리고 입이 마르고 손바닥에 땀이 날 것이다. 그러나 청중은 그런 것을 보지 못한다. 언제나 자신감 넘치게 행동하는 사람을 마음속에 그려보는 것도 도움이 될 것이다. 프레젠테이션을 하는 동안 당신이 그 사람이라고 상상하라. 당신이 자신감 있는 발표자인 것처럼 자신을 내보일 수 있다면 당신은 훌륭하게 해낼 수 있다!

Chapter 09

자신 있게
대화하고 어울리기

- 어떤 상황으로 들어가는지 알기
- 말을 하기보다 적극적으로 경청하라
- 관심 있게 듣고 있음을 보여라
- 흥미를 끌도록 대답하라
- 긍정적인 몸짓 언어를 쓰자
- 세상에서 일어나는 일을 알아두자
- 자기 모습을 솔직하고 편안하게 보여주어라
- 관심을 외부로 돌려라
- 고양이 생각으로 사기를 높이자
- 낯선 사람에게 연습하기

파티나 모임에 갔다가 남의 시선만 의식되고 누구에게 말을 걸고 무슨 말을 해야 할지 몰라 마음이 불편했던 적이 있는가? 사람들과 만나 이야기를 나누고 어울리는 일이 어렵다는 사람은 의외로 많다. 겉보기에는 쾌활하고 파티 체질로 보이는 사람이라도 낯선 영역으로 들어갈 때는 불안할 수 있다.

누구나 새로운 사람을 만나고 친구를 만들고 싶어 한다. 그러나 새로운 만남을 열망한다고 해서 자동적으로 친구 만드는 재주가 느는 것은 아니다. 다행인 것은 사회적 능력도 키울 수 있다는 사실이다. 인디애나 대학 소심증 연구소(Shyness Research Institute)의 버나도 카두치(Bernardo Carducci) 교수는 수줍음을 경험한 수많은 사람들을 면담한 결과 누구도 소심한 성격으로 태어난 것은 아니라고 했다. 그 말은 사회적 자신감도 배우고 연습하고 갈고 닦을 수 있다는 의미다. 사회생활을 더 적극적으로 할 수 있게 해주는 10가지 전략을 살펴보자.

1. 어떤 상황으로 들어가는지 알기

어떤 상황으로 들어가는지 모를 때 두려움이 가장 심하다. 따라서 주최자에게 전화로 물어라. 아니면 아래와 같은 질문을 던지면서 상황에 잘 적응할 수 있게 계획을 세워라.

- 행사가 몇 시에 시작되고 어디서 열리는가? 파티는 주로 시간이 좀 흘러야 활발해지기 때문에 정시에 도착하는 것이 좋다. 낯선 사람을 만나는 일이 긴장된다면 사람이 많아지기 전에 일찍 도착해서 몇 사람하고 미리 얼굴을 익혀두는 것이다.

- 누가 참석하는가? 함께 시간을 보낼 친구를 데려갈까? 긴장이 된다면 사기를 불어넣어 줄 사교 능력이 좋은 친구를 찾아라.

- 무슨 옷을 입을까? 자기 모습이 멋지다고 느낄 때 내적으로도 더 자신감을 느낀다. 입을 옷은 미리 세탁하고 다림질을 해서 준비해 놓아라.

2. 말을 하기보다 적극적으로 경청하라

우리는 다른 사람이 자기를 자세히 살피는 것을 좋아하지 않는다. 다른 사람이 자기를 쳐다보고 비웃을까봐 걱정한다. 그러나 실제로는 모두들 자기 자신을 생각하느라 남 생각할 여유가 없다. 자, 이런 사실을 당신의 장점으로 돌릴 수 있다. 사람들은 잘 들어주는 사람에게 끌린다. 다시 말해 대부분의 사람이 자기 이야기 하기를 좋아한다. 그러니 다른 사람에게 그 사람 얘기를 해달라고 하라. 일단 상대방이 이야기를 시작하면 당신은 덜 긴장이 될 것이다.

사람들에게 어떤 질문을 던질 수 있을까? 친구들과 어울릴 때 서로 묻는 질문이 무엇인지 기억을 해 두어라. 아니면 주변에서 일어나고 있는 일을 질문으로 만들어도 된다. "저는 이 식당에 오늘 처음 와봤는데 와본 적 있으세요?", 아니면 "날씨가 정말 좋네요, 그렇죠?"

물론 대화의 흐름에 상관없이 사람들에게 질문을 퍼부으라는 뜻은 아니다. 그것은 대화가 아니라 심문이다. 그러나 대화에 공백이 생긴다면 준비해둔 몇 가지 질문을 던져 분위기를 다시 활기차게 만들 수 있다. 서로 간에 처음 만나 어색하고 서먹서먹한 분위기를 이런 질문으로 누그러뜨릴 수 있다.

- 주최자를 어떻게 아세요? 이 행사에는 어떻게 오게 되었나요?

- 무슨 일을 하세요?

- 오늘 하루 어땠나요?

3. 관심 있게 듣고 있음을 보여라

우리는 대부분이 자기 자신에 관해 말하기를 좋아한다. 하지만 몸짓과 말로 상대방의 말을 관심 있게 듣고 있음을 보여주는 것이 좋다. 당신이 말을 하고 있는데 상대방이 창문이나 내다보고, 눈동자를 이리저리 굴리고, 끊임없이 고개를 까닥거린다면 어떻겠는가? 다른 사람이 말을 할 때는 그 사람 눈을 똑바로 바라보자. 간간이 고개를 끄덕여 상대의 말을 이해하고 공감하고 있음을 표현하라. 팔짱을 끼고 있으면 거부하거나 화가 난 것으로 오해받을 수 있다. 웃는 표정을 지어 당신이 그 시간을 즐기고 있음을 보여라.

상대방 말에 간간이 대꾸를 하여 대화 분위기를 화기애애하게 하라. "딸 때문에 사는 게 아주 즐거운 모양이에요", "비가 내리는데도 달리기를 하다니 의욕이 대단하시네요!"와 같은 말로 반응을 보여서 당신이 경청하고 있음을 보여주어라.

대화를 계속하게 하기 위해서는 '예'나 '아니오'로 대답할 수 있는 폐쇄형 질문이 아니라 개방형 질문을 해야 한다. 가령, "당신은 직장 일을 즐기십니까?"처럼 "아니오"라고 대답하여 대화가 끊겨버릴 수 있는 질문보다는 "일을 하면서 가장 즐거운 것이 뭔가요?"라고 묻는 것이 좋다. 마찬가지로 "좋아하는 축구팀이 있나요?"라거나 "휴가 계획 세우셨어요?"라는 질문보다는 "직장 일 외에 어떤 일을 즐기세요?"라고 질문하는 것이 더 낫다.

4. 흥미를 끌도록 대답하라

내 친구 하나는 누가 어떻게 지내느냐고 물을 때마다 "불평해선 안 돼"라고 대답한다. 그런 대답을 하면 즉각 대화를 맥 빠지게 하므로 그렇게 대답하지 말라고 그 친구에게 야단도 했다. 하지만 언제나 듣는 대답은 그 '불평' 소리고, 그런 대꾸를 듣고 나면 그와 대화를 계속하기가 어렵다.

"요즘 어떻게 지내?"하고 물을 때마다 "그저 그래"라고 대답하는 사람도 있다. 그런 대답 역시도 더 이상 할 말이 없게 만든다.

모임에서 여러 사람과 이야기를 나누든, 데이트 중에 한 사람하고만 대화를 하든 질문을 연달아 퍼붓는 것은 좋지 않다. 당신 자신에 관해서도 이야기를 해야 한다. 심리학자들은 이런 원리를 대화할 때는 양쪽이 모두 참여해야 한다고 해서 상호성 원리(principle of reciprocity)라고 한다. 상대에게 직업이 무엇이냐고 물었다면 당신도 같은 질문에 대답할 준비가 되어 있어야 한다. 그러나 여기서 비결은 한층 더 나아간 질문을 던지거나, 아니면 상대방이 자기 삶에 관해 더 이야기를 하도록 격려하는 것이다.

따라서 단 한마디로 대답을 하거나 너무 짧게 대답하지 않도록 하라. "저는 회계사입니다"라고 대답하기보다는 "전 대학에서 지리학을 전공했지만 어쩌다 보니 회계사가 되었네요. 당신은 무슨 일을 하나요?"라고 대꾸를 하는 것이 좋다. 아니면 "정확히 말을 하자면 회계사지만 저는 제 자신을 좌절한 예술가라고 생각합니다. 당신이 가슴

속에 품고 있는 열정은 무엇인가요?"라고 대꾸를 해보라. 그런 대답은 자신을 드러내는 것만이 아니라 서로 대화가 이어지도록 하여 공감대를 형성한다.

누가 어디 사느냐고 묻는다면 간단히 지역 이름만 대기보다는 "지하철역에서는 상당히 멀지만 정말 맛있는 크랜베리 머핀을 파는 작은 빵집 옆에 살아요"라고 대답하는 것은 어떤가? 그런 대답은 기차역이나 빵집, 머핀과 같은 주제로 대화가 더 이어지게 한다. 아래와 같은 흔한 질문에 어떻게 대답할 것인지 생각해 보라.

- 휴일에 어디 갈 계획이세요?
- 즐겨보는 텔레비전 프로그램이 있나요?
- 일 외에 좋아하는 활동이 뭐예요?
- 요즘 재밌는 영화나 책은 뭐가 있을까요?

외운 듯한 반응은 피하는 것이 좋다. 사람들이 자주 묻는 흔한 질문에 어떻게 대답할지 대략이라도 생각을 갖고 있어야 한다. 약간만 준비를 하면 대화가 잘 흐르게 할 수 있다.

5. 긍정적인 몸짓 언어를 쓰자

당신이 활기차게 그 시간, 그 자리를 즐기면 사람들이 당신에게로 모여든다. 당신이 부끄러워하거나 불안해 보이면 누구라도 당신에게 다가가기가 부담스럽다. 3장에서 몸짓 언어와 이미 자신감을 갖고 있는 것처럼 행동하는 법에 관해 광범위하게 다루었다. 다시 한 번 짚어

보자.

- **미소를 짓고 눈을 맞추어라.** 사람들은 옷이나 머리 모양을 알아 보기 전에 먼저 얼굴 표정을 알아본다. 우리는 자연적으로 미소 에 끌린다. 심지어는 태어난 지 몇 달밖에 안 된 아기도 웃는 얼 굴을 알아보고 기뻐한다. 미소는 당신을 더 행복하게 만드는 뇌 의 영역을 활성화시킨다는 사실을 기억하라.
- **자세와 손을 확인하라.** 어깨를 구부정하게 하고 있거나 팔짱을 끼는 것은 사람들과 대화하는 것이 내키지 않는다는 메시지를 보 낸다. 똑바로 서서 고개를 쳐들고 부산스럽게 몸을 움직이는 일 은 피하라.

대화를 나눌 때는 적극적인 경청 방법을 이용하여 상대방의 말에 귀를 기울이고 있음을 보여라. 간간이 동의한다는 의미로 고개를 끄 덕이고, "네", "그래요", "그래서요?"와 같은 말로 대꾸하여 듣고 있 음을 알려라. 우스운 말에는 웃고, 어려운 상황을 이야기하면 진지한 표정을, 기대치 못한 말에는 놀라는 표정을 지어라.

6. 세상에서 일어나는 일을 알아두자

사람을 처음 만났을 때는 보통 가벼운 농담이나 날씨, 텔레비전 쇼나 드라마 이야기 같은 잡담을 나누거나, 아니면 사회적 이슈로 대화 주 제를 삼는다.

그 누구도 세상사에 무지해 보이기를 원치는 않을 것이다. 따라서 매일 신문을 읽고 뉴스를 보는 시간이 조금이라도 있어야 한다. 몇 년 전에는 사람들에게 특별한 일이 있는 날에는 신문을 사보라고 조언을 하곤 했다. 그러나 이제 우리에게는 인터넷이 있다. 5분 정도만 인터넷을 훑어보아도 국내외에서 일어나는 주요 사건이나 대중문화를 알 수 있다. 몇 시간이고 세상에서 일어나는 일을 파헤치지 않아도 된다. 굵직굵직한 사건을 대충 알아두는 것만으로도 가볍게 이야기를 나누는 데 도움이 될 것이다.

7. 자기 모습을 솔직하고 편안하게 보여주어라

부족한 자신감을 감추기 위해 겉모습을 관리하는 것은 좋다. 그러나 당신이 아닌 다른 사람인 척하는 것도 좋다고는 말할 수 없다.

우리는 서로 공통의 관심사를 발견했을 때 유대감이 높아진다. 그러나 진정으로 같은 열정을 공유할 때 효과가 있다. 어떤 주제에 관해 아무것도 모르면서 관심을 위장하는 것은 자기 자신을 위선자로 내보이는 것이다.

자신감 있게 사람들과 교류하기 위해서는 당신이 잘하는 일과 못하는 일에 모두 편안할 수 있어야 한다. 만일 누군가가 당신에게 좋아하는 축구팀, 드라마, 맨 부커상을 받은 소설이 무엇인지 묻는다면 솔직하게 대답하라. 잘 모르면 모른다고 대답하고 예의 바르게 관심을 보이면 된다(전 드라마를 잘 보지 않아서 잘 모르긴 하지만 어떤 드라마를 좋아하세요?). 아니면 주제를 바꾸어라(저는 스릴러물을 좋아합니다. 어떤 장르를 좋아하세요?).

모든 사람에게, 모든 것을 다 시도하려 들지는 마라. 당신이 실제로 알고 즐기는 것을 이야기하는 것이 더 낫다.

8. 관심을 외부로 돌려라

불안하고 긴장될 때는 바깥에서 일어나는 일보다는 자기 안에서 일어나는 일에 더 중점을 두기 마련이다. 그러나 내면의 비난자에게 중점을 두다 보면 주변 사람에게 관심을 기울이지 못하고 산만해질 수 있다. 마음 챙김 방법으로 자기 생각보다는 다른 사람에게 중점을 두고 마음을 차분하게 가라앉힐 수 있다(자신감 쌓기 방법: 마음 챙김 참고).

근본적으로 어디에 마음을 둔다는 것은 무엇에 중점을 둘지 선택하는 일이다. 당신은 아마도 이미 이런 일을 어느 정도는 하고 있을 것이다. 텔레비전이 켜져 있는 상태에서 전화통화에 집중하려고 할 때는 텔레비전이 아니라 전화소리에 주의 집중 스위치를 켠다. 일을 하고 있을 때 가까이에서 사람들이 이야기를 하고 있으면 일에 집중하든 이야기 소리에 집중하든 선택한다.

활동을 하면서도 마음을 챙긴다는 것은 그와 같은 일이다. 이 경우 당신은 관심의 중점을 당신 머리 안에서 들려오는 목소리가 아니라 같이 이야기를 나누고 있는 사람에게 집중하기로 선택하는 것이다.

사람들이 하는 말과 하는 일에 관심을 기울이되, 일어나는 일을 판단하고 평가하지는 마라. '어머나, 내가 그런 말을 하다니 믿을 수가 없군' 하는 생각이 들더라도 그냥 사라지게 두어라. 자신을 믿고 하는 말마다 모두 판단하지 않도록 하라. 연구 결과를 보면 다른 사람이 당신에게 관심을 두고 있는 시간은 당신이 생각한 것의 절반밖에 되지 않는다. 따라서 당신을 거칠게 비난하는 사람은 당신 주변에 있는 사람이 아니라 바로 당신이라는 사실을 기억하라.

9. 고양이 생각으로 사기를 높이자

자기 역량을 확언하는 생각(자신감 쌓기 방법 : 내 도도한 고양이 만들기 참고)은 긍정적인 마음을 유지하는 데 매우 중요하다. 파티나 다른 사회적 행사에 참석하기에 앞서 이 연습을 하라. 자신감을 높게 유지하기 위해 긍정적인 말을 하겠다고 결심하라. 자기 역량을 확언하는 아래와 같은 생각은 효과가 있을 것이다.

- 긴장해도 괜찮지만 나는 내 마음을 차분하게 조절할 수 있어.
- 나는 상대방의 말을 잘 들어주는 사람이야.
- 나는 대화 상대에게 집중해.
- 아무한테나 다가가서 인사를 할 거야.
- 많은 사람들이 긴장하지만 나는 즐길 거야.

당신만의 고양이 생각을 만들어 두고 어떤 일에 나서기 직전에 마음속에서 내내 반복하라. 대화를 한 번 끝내고 다음 대화를 시작하기 전에 다시 한 번 상기하라.

우리 신체도 염두에 두어야 한다. 자연스럽고 차분하게 호흡을 하기 위해서 호흡도 염두에 두어라(자신감 쌓기 방법 : 횡격막 호흡 참고). AB CD 방법을 이용해도 좋다(자신감 쌓기 방법 : ABCD로 정서 안정시키기 참고). 이런 방법은 별 준비도 필요 없고 몇 가지 간단한 기본 방법을 익히는 것만으로도 사회생활에 나서는 당신의 사기를 충전시켜 줄 것이다.

10. 낯선 사람에게 연습하기

더 자신감 있게 사람들과 대화를 나누는 연습은 파티에서나 다른 커다란 사회 행사에서만 할 수 있는 일이 아니다. 의식하고 있지는 못해도 우리는 날마다 정말로 많은 사람들을 만난다. 기차표를 사고 식료품을 사서 계산을 할 때도 사람들과 상호작용을 한다. 그때도 놓치지 않고 짧은 대화를 나누어 당신의 사회적 능력을 갈고 닦을 기회로 삼는 것이 어떤가?

잠깐 동안 그 사람의 시각으로 세상을 보려고 노력해 보는 것이다. 미소를 지어 보이고 "안녕하세요!"하고 인사를 건넨 다음 그들과 관련 있는 말이나 질문을 던져보라. 가령 당신이 기차표를 사려고 한다면 "안녕하세요, 이제 바쁜 시간이 지나서 좋으시겠어요."라고 인사를 건네 보라. 슈퍼마켓에서 물건을 계산하면서는 산 물건을 가리키며 "지난주에 먹었는데 굉장히 맛있어서 다시 사는 겁니다. 드셔보셨어요?"하고 말을 걸어보자.

이런 식으로 잠깐 말을 걸어주면 대부분의 사람들은 생각했던 것보다 훨씬 더 반가워한다. 가끔씩은 말을 걸어도 별 대꾸가 없는 사람도 만날 것이다. 긴 근무시간을 마치고 지쳤거나 부끄럼을 많이 타거나 말이 별로 없는 사람일 수도 있다. 그래도 괜찮다. 당신은 여기서 평생 친구를 만들자는 것이 아니다. 단지 사람들에게 말을 거는 연습을 하고 있을 뿐이다.

매일 한두 사람과 짧게라도 대화를 하겠다는 목표를 세워라. 당신의 사회성이 길러지고 자신 있게 대화할 수 있는 능력이 자랄 것이다.

Chapter 10

자신 있게 데이트하기

- 모든 것을 얻을 수 있는 기회
- '예'라고 대답하라
- 기분이 좋아지도록 외모를 가꿔라
- 단순화하라
- 데이트도 대화라는 것을 기억하라
- 지뢰밭을 정리하라
- 몸짓 언어로 관심을 표현하라
- 말로도 관심을 전달하라
- 데이트 자체를 즐겨라
- 배우고 새 출발하라

이 장을 읽고 있다면 당신은 아마도 누군가에게 데이트를 신청하고 싶고, 데이트를 즐기기 원하며, 장래의 배우자를 만나기 원할 것이다. 데이트에 소질이 없는 사람이라도 천부적으로 그런 기질을 타고 나서 그런 것은 아니다. 데이트를 잘하고 사람을 잘 사귀는 재주를 처음부터 타고나는 사람은 없다. 당신의 발목을 붙드는 것의 대부분은 당신 머릿속에 있다는 사실을 잊지 말아야 한다. 그렇지만 좋은 소식은 그런 장애물을 제거할 수 있고, 더 나아가 멋지게 데이트를 하고 관계를 잘 맺을 수 있다는 것이다. 여기 데이트를 잘할 수 있도록 당신을 도와줄 10가지 방법이 있다.

1. 모든 것을 얻을 수 있는 기회

데이트를 하고 싶지만 데이트를 신청할 용기가 없거나 누가 데이트를 청해 왔을 때 '예'라고 대답할 용기가 없는가? 그런 사람이 당신만은 아니다. 그러나 잘 생각해 보라. 당신이 데이트를 신청하더라도 잃을 것은 하나도 없고 얻는 것뿐이다.

데이트를 신청하면 누군가를 만나 재밌고 즐거운 시간을 보낼 수 있다. 그 사람은 당신 삶에 특별한 사람이 될 수 있고, 절친한 친구가 될 수도 있다. 아름다운 로맨스를 만들 수도 있고, 결혼을 할 수도 있다. 편안한 가정을 꾸리고, 자녀를 낳고, 함께 세계 여행을 할 수도 있다. 실제로 어떤 일이 일어날지 누가 알겠는가? 데이트를 청하는 일이나 적어도 누가 데이트를 청해 올 때 '예'라고 대답하는 일에는 무궁무진한 가능성이 따른다.

그러나 그런 일은 오로지 당신이 누구에게 데이트를 청하기로 결심했을 때 일어날 수 있다. 결심을 하지 못한다면 절대로 누릴 수 없는 일이다(사람들에게 말을 걸 용기가 없다면 점차로 자신감을 쌓기 위해 9장 '자신 있게 대화하고 어울리기'의 10번 항목을 참고하라).

물론 당신은 누군가에게 데이트를 청하는 데 따르는 불리한 점도 걱정스러울 것이다. 거절당한다는 생각만으로도 싫다. 하지만 거절이 당신을 죽이지는 않는다. 또 누가 거절한다면 실제로 잃는 것이 무엇인가? 아무것도 없다. 그 사람은 전에도 당신 삶에 없었고 지금도 없는 것뿐이다. 적어도 지금은 그 사람이 당신에게 흥미가 없다는 것을 알았으므로 툴툴 털고 새로 시작하면 된다.

많은 사람들이 노년으로 갈수록 살면서 한 일보다는 하지 못한 일에 유감을 많이 품는다. 이 세상에서의 삶을 정리하면서 왜 적극적으로 기회를 잡지 않았을까 후회하지 말자.

2. '예'라고 대답하라

내 친구 하나는 절대로 온라인 데이트는 하지 않겠다고 한다. 나는 그의 그런 결심이 안타깝다. 내 친구들 가운데 적어도 네 명은 온라인 데이트로 멋진 상대를 만났고, 그중 둘은 인터넷으로 만난 사람과 오랫동안 관계를 맺고 있기 때문이다. 이들은 모두 기꺼이 새로운 시도를 한 덕분에 이런 결과를 얻었다. 온라인 데이팅이란 아이디어에도 이들은 '예'라고 대답한 것이다.

나는 지금 당신에게 온라인 데이트를 해야 한다고 말하는 것이 아니다. 요점은 더 많은 기회에 '예'라고 대답해야 한다는 것이다. 언제 어디서 로맨스가 꽃필지 모르는데 어느 것에든 마음을 열어두는 게 좋지 않겠는가?

클럽, 모임, 강좌, 운동, 모든 것을 시도해 보라. 한 가지 확실한 사실은 집에만 있어서는 그 누구도 만나지 못한다는 것이다. 누가 파티에 초대하면 '예'라고 답하라. 아는 사람이 없어도 상관없다. 당신의 천생연분을 만날지도 모를 일이다. 친구가 볼링이나 하이킹, 살사 댄스에 초대할 때도 '예'라고 말하라.

당신이 갖고 있는 선입견은 무시하고 제안을 받아들여라. 라디오에서도 책에서도 사람들이 자기 짝을 만난 이야기를 하는 것을 들어보면 세상에 온갖 인연이 다 있다는 생각이 들지 않던가? 그러니 '예'라고 답하라.

3. 기분이 좋아지도록 외모를 가꿔라

당신이 매력적으로 보이기 원한다면 당신 자신에 대해 기분 좋게 느껴야 한다. 따라서 입는 옷에도 신경을 써라. 오늘날 사회와 대중매체는 우리 외모를 매우 중시한다. 여자들은 날씬하고 예뻐야 하고, 남자들은 잘생기고 건장해야 한다고 말한다. 그러나 남자든 여자든 대중매체가 보여주는 비현실적인 기대에 동조하기 위해 자신을 바꿔야 하는 것은 아니라는 점만은 분명히 하자.

내가 말하고자 하는 것은 자기 외모와 옷차림에 자신감이 있어야한다는 것이다. 외모에 자신이 있으면 내면에서도 자신감이 생긴다. 한동안 데이트 같은 것을 하지 않았다면 편안한 옷차림에 익숙하고, 좋은 옷은 특별한 일을 위해 아껴두고 있을 것이다. 그러나 무엇을 기다리는가? 당신 자신에 대해 가장 자신감 있게 느낄 수 있는 옷을 입어 매일을 특별한 날로 만들어라.

낡은 옷은 버려라. 현재 가장 유행하고 있는 패션을 따르라는 말이
아니라는 것은 당신도 알 것이다. 당신이 자신을 자신감 있게 느낄 옷
을 입으라는 말이다. 따라서 옷장에 걸린 옷을 하나하나 살피면서 '이
옷이 나를 자신감 있게 만들까?'라고 물어라. 그렇지 않다면 과감하
게 처분하고 새로 사는 것이 좋다(행동으로 옮겨라 : 성공을 위한 옷차림 참고).

4. 단순화하라

대중매체는 우리에게 데이트가 어때야 하는지에 관해 쓸데없는 정보
를 너무 많이 주입한다. 우리는 데이트 하면 말끔한 차림의 두 사람이
고급스러운 식당에서 흔들리는 촛불과 부드러운 음악을 배경으로 화
려한 음식을 앞에 놓고 마주 앉아 있는 그림을 그린다. 그러나 데이트
가 꼭 그런 그림이어야 할 필요는 없다.

분명 그것도 데이트를 하는 한 가지 방식이긴 하지만 그런 장면은
압박감이 너무 심할 수 있다. 서로 시간을 함께 보내는 일 자체를 즐
겨야지, 음식이나 음악, 배경을 걱정하는 시간이 더 많아서야 되겠는
가? 따라서 부담을 거두어라.

퇴근 후에 같이 한 잔 하자거나 주말에 분위기 좋은 커피숍에 가자
고 하라. 단둘만이 주점이나 커피숍에서 만나 이야기를 나누는 것이
다. 만날 계획을 세우기도 쉽고 압박감도 덜하다. 만날 일로 부담감이
적으면 마음도 더 편안하고 더 자신감이 생긴다.

5. 데이트도 대화라는 것을 기억하라

물론 데이트에 나가는 일은 단순히 친구랑 이야기하는 것이나 파티에서 처음 보는 사람과 이야기를 나누는 것보다는 신경이 쓰인다. 그러나 데이트도 두 사람 간의 대화다. 9장에서 사람들과 자신 있게 대화하고 어울리기 위한 10가지 핵심 사항을 다루었다. 그 원칙을 적용하도록 하라. 그러나 데이트에는 더 보태야 할 것이 있다.

- **데이트 상대의 모습이 멋지다고 칭찬하라.** 데이트에 나갈 때는 옷차림에 신경을 많이 쓰게 마련이고, 상대의 칭찬을 받아 애쓴 보람이 있었다고 생각되면 기분이 좋기 마련이다. 만나자마자 칭찬하는 말부터 할 필요는 없다. 정말로 마음에 드는 옷이나 머리 모양을 찾아 대화 중에 칭찬하는 말을 슬쩍 던져라.
- **기분 좋고 재밌는 대화를 하라.** 끔찍한 지진이나 기근에 허덕이는 해외의 가난한 나라 이야기를 하는 것은 아무리 화젯거리라도 데이트에 적당한 주제는 아니다. 상대에게 무엇을 하고 싶은지 물어봐라. 당신이 경험한 흥미롭고 재미있는 이야기를 나누어라.
- **둘 모두 의견이 일치할 수 있는 주제를 찾아라.** 논쟁을 하는 것이 아니라 데이트를 하고 있다는 것을 잊지 말아야 한다. 사람은 같은 의견을 가진 사람에게 끌리는 경향이 있다. 정치적인 믿음이나 하나님의 존재 여부 같은 논란이 있는 주제를 두고 입씨름을 벌인다면 공감대를 형성하고 서로 호감을 갖는 관계를 맺기 어렵다.

6. 지뢰밭을 정리하라

데이트의 초기 단계는 면접시험과 비슷하다. 면접시험에서 면접관은 당신에게 일자리를 줄 것인지 말 것인지 결정하기 위해 당신을 샅샅이 살핀다. 데이트에서도 양쪽 모두 상대방이 자기 반쪽이 될 수 있는 사람인지 아닌지 살피기 마련이다.

면접장에 가서 면접관에게 당신의 단점과 전 직장을 그만둔 이유 같은 당신의 비밀을 모두 털어놓을 필요는 없다. 그랬다가는 면접관이 지레 겁을 먹을 것이다. 데이트에서도 그래서는 안 된다.

데이트에 나갔다면 그것이 두 번째, 세 번째 만남이더라도 당신이 데이트를 하고 있다는 사실을 기억하라. 관계를 맺기 시작하는 초기 단계에서는 예전 연인과 왜 헤어졌는지, 당신이 어떤 단점을 가졌는지 모두 털어놓을 필요가 없다. 좋아하는 책, 영화, 텔레비전 프로그램, 취미, 친구 같은 당신의 관심사와 흥미를 이야기하는 것이 더 좋다. 건강이 나빴던 시기, 가족의 죽음, 당신이 지금 하고 있는 일이 얼마나 싫은지, 전 애인과 얼마나 힘들게 헤어졌는지 같은 나쁜 이야기는 피하라.

당신이 예전 관계에 미련이 남아 있더라도 그런 이야기는 하지 않는 것이 좋다. 그렇다면 상대방이 당신의 지난 관계를 물어올 때 상황이 어색하지 않게 대답할 수 있는 방법은? "그 사람이 2년 전에 내 절친에게 가버린 후로 지금까지 다른 사람을 만날 자신이 없었어요"라고 말하는 것보다는 "전 남자친구와 헤어진 지는 몇 년이 되었고, 자세한 이야기까지는 별로 하고 싶지 않네요. 지금은 새로운 사람을 만나는 일을 상당히 긍정적이고 적극적으로 생각하고 있어요."라고 말하는 것이다.

그런 식으로 당신의 과거를 더 긍정적으로 말할 수 있는 방법을 생각해 보라.

7. 몸짓 언어로 관심을 표현하라

데이트를 하는 것과 친구나 처음 만난 사람과 대화를 나누는 것의 차이는 상대에게 마음이 끌린다는 것이고, 속마음을 더 터놓고 싶다는 점이다. 그러나 데이트를 막 시작했을 때 "나는 당신에게 매력을 느껴서 밤을 함께 보내고 싶어요", "안 지 몇 시간밖에 지나지 않았지만 당신을 내 아이의 아버지처럼 느껴요"와 같은 지나치게 적극적인 말을 하는 것은 적절치 못하다.

데이트는 그보다 훨씬 더 은근히 접근해야 한다. 3장에서 나는 몸짓 언어를 통해 어떻게 자신감을 전달할 수 있을지 이야기했다. 이제는 비언어적 의사소통법을 통해 상대에게 끌리는 마음을 전달하는 방법을 이야기해야 할 시간이다. 그런 메시지를 신체접촉을 통해 전달할 수 있다. 따라서 데이트 상대와 신체적 접촉을 할 수 있는 방법을 찾아보자. 물론 적절한 방법이어야 한다. 서로 인사를 나눌 때는 상대의 볼에 살짝 입을 맞추어라(영국 문화임을 감안하시길! - 옮긴이). 어깨를 살짝 잡았다 놓는 것도 좋다. 바나 식당으로 안내해 걸어갈 때는 팔을 살짝 잡아 이끄는 것도 좋다. 서로 가까이 앉을 때는 무엇을 건네주거나 술을 따라 줄 때 손가락을 스칠 수 있는 방법을 찾아보라. 친근감을 느낄 수 있는 매우 좋은 방법은 함께 춤을 추는 것이다. 춤을 추면 서로 손을 잡고 상대의 허리나 어깨에 팔을 두를 수 있어 교감을 나눌 수 있다.

처음 몇 번 데이트를 하는 동안은 상대가 당신이 친구로만 지내고 싶어 한다는 인상을 받지 않도록 조심해야 한다. 관계를 더 진전시키고 싶어 한다는 메시지를 전달할 수 있도록 신체 접촉의 심리를 이용하도록 하라.

8. 말로도 관심을 전달하라

몸짓 언어와 신체적 접촉을 통해 관심을 표현하는 것은 좋은 출발이다. 그러나 신체적 접촉은 마음을 은근히 전하는 방법이고, 모든 사람이 그 신호를 옳게 읽지는 못한다. 따라서 관심을 말로 전달할 필요가 있다.

당신이 갖고 있는 생각은 오로지 당신 머릿속에만 있다는 사실을 기억하라. 데이트를 하는 사람들을 보면 이런 말들을 한다. "내가 자기를 좋아하는 걸 어떻게 모를 수가 있지?", "내가 자기에게 마음이 끌리지 않는다는 것을 그 사람은 왜 모르지?" 그러나 실제로 사람들은 다른 사람이 자기를 어떻게 생각하는지 잘 모른다. 당신이 상대가 알았으면 하는 것을 알 수 있게 하는 유일한 방법은 상대방에게 직접 말을 하는 것이다.

데이트를 한 후에는 문자메시지나 이메일을 보내거나, 아니면 직접 전화를 하라. 그렇지만 나 같으면 너무 관심을 보이는 것처럼 보이지 않기 위해 다음날까지 기다렸다가 보내겠다(그러나 상대가 먼저 연락을 해오면 당연히 바로 답장을 하는 것이 정중하다). 그날 데이트를 하면서 즐거웠던 일을 이야기하고, "다음에 또 같이 해요. 금요일 시간 있으세요?"와 같은 말로 마무리하라. 아니면 "정말 좋은 시간이었어요. 그렇지만 다음번에는 제가 사도록 해 주세요"라고 인사를 하는 것도 좋다.

데이트 상대가 당신이 자기를 좋아하는지 싫어하는지 추측하게 만들어서는 안 된다.

9. 데이트 자체를 즐겨라

데이트를 즐기도록 하라. 데이트는 오로지 목적만이 아니라 여정이다. 그렇다, 당신의 목표는 특별한 사람, 함께 안정된 가정을 꾸릴 사람을 만나는 것이다. 그러나 그 여정도 즐길 수 있다. 데이트를 하면서 새로운 사람을 만나고, 생활에 자극을 얻으며, 사교적인 생활을 하고, 세상을 배울 수 있다. 데이트 상대 중에 몇은 친구로 남을 수 있고, 어떤 상대는 친구들과 앉아 웃음을 터트리면서 이야기할 수 있는 일화를 제공한다.

결혼 상대를 만나야 한다는 부담감을 벗어버릴 때 더 편안하게 즐길 수 있고, 더 매력적으로 자신감 있게 상대에게 다가갈 수 있다. 사실 그렇게 편안한 마음일 때 로맨스가 싹틀 가능성도 더 크다.

10. 배우고 새 출발하라

서로 마주 바라보는 눈길을 떼지 못하는 한 쌍의 남녀가 운명적인 사랑에 빠져 영원히 행복하게 살았다는 이야기는 오직 영화에서나 볼 수 있다. 우리 같은 평범한 사람들은 데이트를 한다고 해도 행복한 결말에 이르는 경우가 드물다. 현실은 내 왕자님과 공주님을 만나기까지 개구리 몇 마리에게 키스를 해야 한다는 것이다. 내 친구도 거의 모두

가 그랬고, 아마 당신이 알고 있는 사람 대부분도 소개를 몇 차례는 받았을 것이며, 결혼하기 전에 몇 사람과 사귀었을 것이다.

우리는 데이트를 하다가도 갈라서고, 차이고, 서로 맞지 않는다는 결론을 내린다. 그러니 설령 거절당한다고 해도 과정의 일부라고 받아들여라. 그러나 두 가지는 잊지 말아야 한다. 첫째, 사기를 잃어서는 안 된다는 것과 이런 일을 모두가 겪는다는 사실이다. 우리는 모두 누군가에게 호감을 느끼고 대시하지만 거절당하거나 차이기도 한다. 거절당한 감정을 극복하기 힘들다면 STRAIN 방법을 써보라(자신감 쌓기 방법 : 긴장 완화하기(STRAIN) 참고). 특히 기분이 우울할 때는 사고 재형성하기로 감정을 정리할 수 있다(자신감 쌓기 방법 : 사고 재형성하기 참고). 둘째, 그 일로 얻은 교훈을 생각해 보라. 다음에는 무엇을 더 잘 할 수 있을지 생각해 보라는 말이다. 그러나 거절당한 것으로 자신을 호되게 비난하지는 말자. 누구든지 거절당할 수 있다. 따뜻한 마음을 지닌 친구라면 일어난 일을 어떻게 볼지 생각해 보라. 당신을 가장 지지해주고 따뜻하게 마음을 나누어줄 친구를 마음속에 불러오라. 마음속에서 그 친구가 아래처럼 묻는다고 생각하고 대답하라.

- 좋았던 일은 무엇인가? 앞으로도 계속해서 해야 할 일은 무엇인가?
- 더 잘할 수 있었던 일은 무엇인가? 앞으로 데이트를 한다면 어떤 면을 달리 접근할 수 있을까?

긍정적이고 따뜻한 마음으로 당신의 데이트를 점검하라. 그러면 매번 데이트를 할 때마다 더 잘할 수 있을 것이다.

Chapter 11

직장 내 대인관계와
인맥 쌓기도 자신감 있게

- 목표를 정하라
- 다른 사람의 입장에서 보자
- 무엇을 원하는지 묻자
- 당신만의 언어 상징을 만들어라
- 주변 인물을 보고 배워라
- 사람들은 오직 당신이 한 말과 행동에 주목한다
- 업무만이 아니라 관계에 중점을 두자
- 당신의 목표를 SPOT 목표로 바꾸어라
- 계속 전진하라
- 되돌아보고 다시 해 보아라

'무엇을 아느냐가 아니라 누구를 아느냐가 중요하다'라는 말을 들어본 적이 있는가? 사업의 성패는 일을 하면서 맺는 대인관계가 좌우한다. 사장에게 봉급을 올려달라고 할 때도, 동료에게 단호히 자기 의사를 밝히고 싶을 때도, 사업 계약을 따내야 할 때도, 가능한 한 많은 사람을 알아두어 인맥을 넓히고 싶을 때도 좋은 대인관계가 밑바탕이 되어야 한다.

회의에서 동료와 고객을 설득하는 일은 첨단 과학이 아니다. 어떤 일이든 미리 계획하고 준비하면 그 효력이 오래 간다. 당신이 일에서 최고의 능력을 발휘할 수 있도록 자신감 있게 사람을 대할 수 있는 방법 10가지를 알아보자.

1. 목표를 정하라

당신이 어떤 모임에 참석하거나 사람을 만날 때 무엇을 얻기 원하는지 알고 있어야 한다. 팀 내에서 인지도를 높이고 싶은가, 컨퍼런스에서 만난 미래의 고객과 관계를 맺어두고 싶은가, 새로운 고객을 확보하고 싶은가?

당신이 원하는 것이 무엇이든 적어 두어라. 목표가 명확해야 더 집중적이고 생산적으로 일을 할 수 있다.

2. 다른 사람의 입장에서 보자

사업의 성공은 관계에 달렸다. 관계를 잘 형성하기 위해서는 당신이 하는 모든 상호작용을 상대방의 눈으로 볼 수 있어야 한다. 당신이 상사와 회의를 하고 있다고 해보자. 상사가 듣고 싶은 말이 당신이 직장에 갖고 있는 불만 사항이겠는가, 아니면 팀을 더 성공적으로 이끌 수 있는 제안이겠는가? 고객과 만나고 있다면 고객이 당신 회사의 역사에 관심이 있겠는가, 아니면 고객의 시간과 돈을 아껴줄 방법을 듣기 원하겠는가?

당신이 특정 라디오 방송에 주파수가 맞추어져 있다고 상상하라. 만나는 모든 사람의 이마에 '그래서 내게 도움이 될 일이 뭔데?'라고 쓰인 커다란 표지판이 붙어 있다고 상상하는 것도 좋은 방법이다. 분명 당신에게는 목표가 있겠지만 상대방이 진정으로 흥미를 가질 접근법을 찾아야 한다. 상대의 입장이 되어 대답한다면 성공할 것이다. 다른 사람에게 너그럽게 행동하는 데 익숙해진다면 상대도 당신을 돕지 않고는 못 배길 것이다.

3. 무엇을 원하는지 묻자

상대의 입장이 되어보는 것은 좋은 출발점이다. 그러나 다른 사람이 원하는 것이 무엇인지 알아내는 가장 좋은 방법은 직접 물어보는 것이다. 만나는 사람마다 모두 도움을 필요로 하는 것은 아니더라도 필요한 일이 없는지 물어서 나쁠 것은 없다. 회합에 가서 만난 사람을 알아두고자 할 때도 도와줄 일이 있는지 물어라. 아니면 규칙적으로 상호작용하는 몇 명에게만 물을 수도 있다. 물론 상사에게는 도와줄 일이 있는지 물어야 한다. 상사도 완수해야 할 프로젝트가 있고 걱정거리가 있다는 것을 기억하라. 상사에게 좋은 인상을 주고 눈에 띄기 원한다면 지금 무슨 일을 하고 있고 당신이 도와줄 만한 일은 없는지 물어라. 그렇게 하는 것으로 당신은 당신의 업무에만 관심을 두는 것이 아니라 더 큰 그림을 염두에 두고 있다는 것을 알릴 수 있다. 그것이 결국에는 승진으로 이어지게 만드는 태도이기도 하다.

당신이 다른 사람을 도우면 상대도 당신을 도와야 한다는 마음을 갖기 마련이다. 상대를 한두 번 도운 다음에는 당신도 당신이 원하는 것을 말할 수 있다.

4. 당신만의 언어 상징을 만들어라

사람을 만나면 인사를 하고 자기 이름을 말하면서 자기소개를 하는 것이 비즈니스 에티켓이다. 여기까지는 그냥 당연한 얘기다. 그러나 우리는 "무슨 일을 하시죠?"라는 질문을 받기도 한다. 그 질문에 답을 할 말, 그러니까 자신을 소개하는 특별한 말을 생각해 두면 좋다. 간단히 "저는 선생님이에요", "저는 온라인 광고 사업을 합니다"라고 대답하는 것은 틀림없는 말이지만 재미가 없다. 대화를 나누고 있는 사람이 당신과 좀 더 이야기를 나누고 싶게 만들고 무엇인가 더 알아내고 싶은 욕구를 자극하지 않는다.

내 고객 하나는 간단히 홍보일을 한다고 말하는 대신에 장난스러운 미소를 지으며 "저는 사업하는 사람을 유명하게 만들어줍니다"라고 말한다. 나도 "코칭 심리학자입니다"라고 간단히 대답할 수도 있지만 좀 더 흥미를 돋우기 위해 "저는 텔레비전 심리학자입니다"라고 대답한다. 내가 모든 시간을 텔레비전 일로 보내지는 않지만 그렇게 대답하는 것이 훨씬 더 흥미를 유발하기 때문이다.

당신도 적당한 자기 소개말을 만들어 두는 것이 어떤가? 당신이 다른 사람에게 진지하게 받아들여지기 원한다면 무게 있는 말을 만들어야 할 것이다. 반면 사람들의 관심을 사로잡고 싶다면 기발한 상징어를 만들어라. 단순히 직함을 말하는 것보다 더 재미있게 자신을 소개할 말이 무엇일까? 언제나 가까이 다가오고 싶고 더 이야기를 나누고 싶은 사람으로 기억할 수 있게 자신을 소개하라.

5. 주변 인물을 보고 배워라

동료와 지인들을 살펴 언제나 일을 잘 해내는 사람을 선택한 다음 그들이 하는 말과 하는 행동을 관찰하라. 당신이 따라 하고 싶은 것이 그 사람이 쓰는 말인가, 말하는 방식인가, 방 안으로 들어설 때나 사람들과 악수할 때 보이는 매너인가?

그리 존경을 받지 못하는 동료도 지켜보라. 그런 사람들은 어떤 면에서 실패하고 실수를 저지르는가? 그들은 무슨 일을 하여, 또는 하지 않아 다른 사람들이 피하게 만드는가?

우리는 다른 사람을 보고 배운다. 남들이 성공하고 실수를 피해가는 것을 보면서 배운다. 두 가지 경우에서 다른 사람을 지켜보고 알게 된 것을 수첩에 적어 두어라. 다른 사람에게 배운 것으로 당신의 레퍼토리를 확장해 나가라. 보고 듣는 것은 모든 종류의 비즈니스 상황에서 우리가 자신감을 높이는 데 이용할 수 있는 가장 강력한 도구이다 (행동으로 옮겨라 : 최고에게서 배우기 참고).

6. 사람들은 오직 당신이 한 말과 행동에 주목한다

당신은 회의 중에 많이 나서지 않는 편인가? 그렇다면 당신은 아마도 진짜로 말할 가치가 있는 일이 아니면 입을 잘 열지 않을 것이다. 그러나 일에서 성공하고 싶은 사람이라면 입을 더 열어야 한다는 연구 결과가 많다.

캘리포니아 대학교 버클리 캠퍼스의 심리학자 캐머런 앤더슨 (Cameron Anderson)은 회의 중에 말을 하지 않는 사람보다 재치 있고 창의적으로 말을 많이 하는 사람이 더 높게 평가받는 경향이 있음을 알아냈다. 사람들이 당신을 판단할 때 기준으로 삼는 것은 당신이 하는 말과 하는 행동이라는 사실을 기억하라. 그들이 당신 머릿속을 들여다 볼 수는 없다. 당신이 말을 하지 않는 한 당신이 얼마나 머리가 좋은 사람인지 알 수 없다. 그러니 회의 중에 당신이 갖고 있는 생각을 나누어라. 입을 열고 마음속에 있는 것을 말하라. 그렇다고 말도 안 되는 소리라도 늘어놓으라는 것이 아니다. 조금 더 적극적으로 참여를 하라는 말이다. 딱히 의견이 없다면 지금까지 나온 의견에 사람들이 동의를 하는지 그렇지 않은지 명확히 정리하는 말을 하는 것으로도 회의에 참여할 수 있다. 아니면 골치 아픈 문제로 난항을 겪고 있을 때 "다른 선택 사항을 더 생각해 봐야 할까요?", "전에는 이와 비슷한 문제를 겪은 적이 없나요?"와 같은 개방형 질문을 할 수도 있다.

혼자 생각하기가 힘든 문제라면 회의에 들어가기 전에 약간의 계획을 세우는 것도 좋다. 어떤 문제를 제기하거나 어떤 질문을 할 수 있을까 생각해 보라. 할 말의 핵심만 간단히 메모를 해가더라도 문제를 꿰고 있는 것처럼 정연하게 말을 할 수 있어 말할 기회도 더 얻을 수 있다.

7. 업무만이 아니라 관계에 중점을 두자

회의를 즐기는 사람은 거의 없다. 우리 대부분은 회의에 앉아 있기보다는 다른 업무를 보는 것이 더 생산적이라고 여긴다. 그러나 당신이 직장에서 성공하기 원한다면 실제로 회의에 더 적극적으로 참여하고 나서야 한다.

대부분의 경우 회의에 따른 문제 가운데 하나는 모두가 한꺼번에 자기 의견을 말하려고 든다는 것이다. 만일 당신이 다른 사람보다 목소리를 높이는 것을 좋아하지 않는 과묵한 성격이라면 당신의 생각을 전달할 기회를 충분히 얻지 못할 것이다. 그렇다면 일대일의 만남을 시도하라.

이야기를 나누어야 할 중요한 동료나 고객이 있다면 개인적으로 만날 시간을 마련하라. 두 사람이 편안하게 만나서 커피를 함께 마시거나 간단하게 점심을 같이 하는 것이다. 당신이 만나야 할 사람이 시간에 쫓긴다면 의견을 교환하고 서로 갖고 있는 문제를 이야기하는 데 10분, 5분이면 족하다. 일단 시도해 보면 일대일로 논의 시간을 갖는 것이 당신의 생각을 전달하는 것만이 아니라 동료와 고객을 이해하는 데도 좋다는 것을 알게 될 것이다.

8. 당신의 목표를 SPOT 목표로 바꾸어라

이 장을 시작하면서 나는 목표가 있어야 한다고 말했다. 또한 4장에서 SPOT 목표가 동기 부여 상태를 유지하게 한다고 했다. 당신이 크고 의미 있으며, 긍정적이고, 관찰가능하며, 기한이 정해진 목표를 갖고 있을 때 사업상 만남에서도 성공했는지 아니면 다음번에는 목표를 성취하기 위해 더 노력해야 할지 알 수 있다. 아래는 일과 관련한 SPOT 목표의 예다.

- 나는 점심시간 전에 새로 만난 사람 열두 명에게 나를 소개할 것이다.
- 다음 회의에서는 입을 열 것이고 적어도 네 번은 내 의견을 말할 것이다.
- 공식적으로 프레젠테이션을 하여 회의가 끝날 무렵에는 고객이 동의하게 만들 것이다.

9. 계속 전진하라

승진하고 싶거나 자기 사업을 창업하고 싶은가? 새로운 고객을 만들고 실적표에서 최상위를 차지하고 싶은가? 목표가 무엇이든 할 가치가 있는 일이라면 쉽게, 거저 얻어지지는 않는다는 것을 기억하라.

중요한 것은 계속해서 나아가는 것이다. 간간이 좌절을 맛보더라도 계속해서 나아가라. 당신이 시도하고, 다시 시도하기 위해 사기를 진작시킬 것이 필요하다면 아래의 연습과 자신감 쌓기 방법을 이용하라.

- 활력을 되찾기 위해 필요한 자원을 당신 자신이 이미 갖고 있음을 잊지 마라. 자신감을 회복하기 위해 이용할 수 있는 모든 자원을 상기하라(행동으로 옮겨라 : 자신감 자원 이용하기 참고).
- 앞이 깜깜하고 정말로 기분이 저조하다면 걱정과 나쁜 감정을 비워내기 위해 더욱 효과가 높은 글쓰기 방법을 이용하라(자신감 쌓기

방법 : 부정적 정서 발산해 없애기 참고). 그 다음에는 당신의 자원 목록에 있는 좋아하는 활동을 하거나 자신감 은행에 저축해 둔 것을 되돌아보는 것으로 당신을 괴롭히는 일에서 벗어나라.

- 일을 하면서 힘들다면 당신 내면의 비난자를 조용히 잠재우기 위해 고양이 생각을 만들어 이용하라(자신감 쌓기 방법 : 내 도도한 고양이 만들기 참고).

10. 되돌아보고 다시 해 보아라

일을 하면서 사람을 만날 때마다 그 만남이 어떻게 진행되었는지 잠깐 돌아보아라. 하루를 마무리하면서 앞으로 어떻게 더 잘할 수 있을지 생각하는 시간을 가져보는 것도 좋다. 그렇지만 무엇을 잘했고, 무엇을 더 잘할 수 있었을지 생각하여 균형 잡힌 시각으로 접근해야 한다. 일이 잘 진행되고 있는지 빠르게 되짚어 볼 수 있는 방법은 무엇을 새로 해야 하고, 무엇을 그만두어야 하며, 무엇을 계속해야 할지 검토하는 것이다. 자신에게 아래와 같이 물어라.

- 이번에는 못했지만 다음에는 해야 할 일은 무엇인가?
- 이번에 했을 때 효과가 없었으므로 하지 말아야 할 일은 무엇인가?
- 했을 때 효과가 좋았으므로 계속 해야 할 일은 무엇인가?

당신이 할 수 있는 일을 배웠다면 실제로 해 보아라. 행동을 하는 것이 언제나 지나치게 분석만 하고 있는 것보다는 낫다. 따라서 당신의 목표를 다시 살펴보고 이번 장에 있는 10가지 조언대로 다시 해보라. 이번에는 전보다 더 잘할 수 있을 것이다.

Chapter 12

자신감 있게
면접시험 보기

- 역할 조사하기
- 당신의 성공 이야기를 마음에 불러오라
- 비장의 카드를 준비하라
- 당신의 열정을 보여 주어라
- 자연스럽게 술술 대답할 수 있도록 준비하라
- 까다로운 질문은 선제 방어하라
- 재치 있는 질문을 하라
- 정확하게 계획하라
- 감정을 관리하라
- 가장 멋진 모습을 보여라

성공이든 실패든 양단간에 결판이 나는 면접시험은 초긴장 상태를 이겨내야 할 일이다. 그러나 면접시험이 꼭 그렇게 힘든 일이어야 할 필요는 없으며 누구든지 면접시험을 더 잘 치를 수 있다. 마지막으로 면접을 본 것이 언제든 나는 당신이 더 잘할 수 있다고 보장한다.

몇 년 전 BBC 방송국에서 내게 '꿈의 직업을 얻는 법'이라는 텔레비전 프로그램을 진행해 달라는 부탁을 해왔다. 나는 프로그램 제목이 암시하는 대로 긴장하고 불안해하는 사람들이 꿈의 직장에 발을 들여놓을 수 있게 도왔다. 처음에는 자신감이 없었던 사람도 모두 면접시험에서 자기 재능을 유감없이 발휘해냈다.

나는 새로 직장을 얻으려는 사람을 코칭할 때 면접에서 더 자신감 있는 모습을 보일 수 있게 해 주는 것은 준비와 연습이라고 강조한다. 열심히 노력하고 준비했을 때 최선을 다해 자신감 있게 면접시험에 임할 수 있다. 다음은 자신 있게 면접시험을 볼 수 있도록 준비하기 위한 방법 중에서 가장 중요한 10가지다.

1. 역할 조사하기

면접 전에 가장 먼저 해야 할 일은 구직 광고 내용을 연구하는 것이다. 꼼꼼하게 읽으면서 고용자가 원하는 자질을 암시하는 중요한 말과 문장을 찾아내라.

만일 광고가 '관리부장의 일정을 관리할 수 있는' 구직자를 찾는다고 한다면 당신은 과거에 그 일을(아니면 그와 유사한 일을) 어떻게 했는지 말해야 한다. 광고에서 '전문적인 태도로 고객을 대한 경력'을 원한다고 한다면 면접을 보는 동안 당신이 여러 고객을 어떻게 상대했는지 설명해야 한다. '헌신적인', '외향적인', '조직적인'과 같은 자질을 언급하는 말을 찾아보라. 당신은 왜 자신이 그런 자질을 갖고 있다고 생각하는지 말해 보라는 질문을 받을 것이다.

대여섯 개 정도의 능력과 자질을 찾아내고 나면 면접관이 "당신이 그런 능력과 자질을 갖고 있다는 것을 말해주는 예를 들어보세요"라고 요청할 것을 예상하라. 그 질문에 대답하는 요령은 이렇다.

2. 당신의 성공 이야기를 마음에 불러오라

면접관은 같은 질문을 반복하는 일이 많다. 새로운 질문이라고 해도 잘 살펴보면 상투적인 질문을 약간 비튼 것에 불과한 경우가 많다. 따라서 여러 가지 질문에 대한 대답을 준비해야 할 필요는 없다. 준비할 것은 당신이 이룬 주요한 성공 이야기를 생각해 보는 것이다.

성공 이야기는 일을 하면서 이루어낸 변화에 관한 일화다. 고용주는 결국 성과를 낼 수 있는 사람을 찾는다. 따라서 당신은 현재 하는 일과 전에 하던 일에 어떻게 성공했는지 설명해야 한다.

성공 이야기는 면접관에게 인상적이어야 한다. 면접관이 "당신은 좋은 팀원입니까?"라고 물었는데, 당신이 "예, 그렇습니다."라고 답했다고 해보자. 그런 대답이 기억이 남을 만한 대답인가? 아닐 것이다. 이런 성공 사례를 든다면 어떨까? "네, 저는 좋은 팀원입니다. 예를 들자면 동료가 병이 났을 때 아무도 동료를 대신해 일을 하려 하지 않았지만 제가 그 동료의 일까지 마무리했습니다. 그 동료가 자리를 비운 몇 주 동안 저는 평상시보다 고객을 12번이나 더 만났습니다. 매일 8시에 출근해서 7시가 지날 때까지 일을 했습니다. 토요일에도 사무실에 나가 밀린 서류를 처리했습니다. 그렇게 저는 어떤 고객도 실망시키지 않았습니다." 이런 대답이라면 기억에 남지 않겠는가?

직장에서 이룬 변화와 성공 목록을 만들어라. 면접관의 질문에 대비해 성공 이야기를 8가지 정도는 준비해 두어야 할 것이다. 다음과 같은 질문을 놓고 당신의 성공 이야기를 만들어 보라.

- 당신이 이룬 일 중에 자랑스럽게 여기는 일은 무엇인가? 그 이유는 무엇인가? 자랑스럽게 여기는 일을 구체적으로 말해 보라.
- 당신은 직장에서 어떤 능력이나 재능이 있는 것으로 알려져 있는가? 그 능력을 발휘하여 해낸 일은 무엇인가?
- 직장에서 문제를 겪었지만 극복했던 시간을 생각할 수 있는가? 당신은 무엇을 했고 그 결과는 어떠했는가?
- 까다로운 고객을 대해 보았는가? 그 상황을 어떻게 해결했는가?
- 근무 시간 외에 일을 하도록 요청받은 적이 있는가? 그 상황에서 어떻게 했는가?
- 동료를 도와주어 좋은 팀워크를 발휘해 본 적이 있는가?
- 일을 하면서 칭찬받은 적이 있는가? 어떤 일을 해서 긍정적인 말을 들었는가?

3. 비장의 카드를 준비하라

면접관이 묻는 질문은 옛날부터 많이 들어온 질문인 경우가 많다. 여기 가장 흔히 묻는 질문 10가지가 있다.

- 자신이 어떤 사람인지 말해 보세요.
- 우리 회사에 관해서 알고 있는 것이 있으면 말해 보세요.
- 당신의 장점은 무엇이죠?
- 당신의 단점은 무엇이죠?
- 우리 회사에서 일하고 싶은 이유를 말해 보세요.
- 현재 하고 있는 일을 그만두고 싶은 이유는 무엇인가요? / 전 직장을 그만둔 이유는 무엇인가요?
- 우리 회사가 당신을 고용해야 하는 이유를 말해 보세요.
- 당신이 다른 구직자보다 더 능력 있는 일꾼이라고 생각하는 이유를 말해 보세요.
- 5년 후에 당신은 어디에 있을까요?
- 우리에게 궁금한 점이 있으면 질문해 보세요.

이런 질문을 놓고 곰곰이 생각을 해야 할 시간이다. 관련 있는 능력, 자질, 경험을 이야기하여 면접관에게 강한 인상을 남길 수 있는 대답을 몇 개 적어두어라. 당신은 이 질문에 어떻게 대답하겠는가?

4. 당신의 열정을 보여 주어라

"우리 회사에서 일하고 싶은 이유를 말해 보세요"는 대답하기 가장 어려운 질문 가운데 하나다. 사실 당신은 그 회사에서 일하고 싶은 특별한 이유가 없다. 아마도 당신은 여러 회사에 지원을 했고 그중 어느 회사에서 일을 하더라도 만족할 것이다. 아니면 "저는 일자리가 필요합니다"라고 대답하고 싶을지도 모른다.

그러나 고용주는 자기 회사가 특별하다는 말을 듣기 원한다. 세상의 모든 회사는 자기 회사가 다른 회사와 다르다고 생각하고 싶어 한다. 따라서 당신은 면접관이 듣고 싶어 하는 대답을 하는 것이 좋을 것이다. 다시 말해 당신은 그 회사에서 얼마나 일하고 싶은지 피력해야 한다.

- 저는 주요 회계 회사에 전부 지원했습니다만 … 한 이유로 이 회사에서 일하고 싶습니다.
- 저는 여러 회사 마케팅 부서에 지원했습니다만 … 한 이유로 이 회사가 제 첫 번째 선택입니다.

어떤 이유를 댈지는 당신에게 달렸다. 그 회사의 제품이나 성장 속도에 감탄했을 수도 있다. 커다란 국제 회사란 점에 매력을 느꼈을 수도 있고 가족이 운영하는 작은 회사라는 점이 마음에 들었을 수도 있다. 조사를 해보고 대답할 말을 준비하라. 회사 웹사이트에 들어가 그 회사의 특별한 점이나 경쟁사가 어디인지 알아내고, 그 회사가 왜 자기 조직이 다른 회사와는 다르고 더 우수하다고 믿는지 알아내라.

5. 자연스럽게 술술 대답할 수 있도록 준비하라

어떤 일이든 연습을 많이 하면 할수록 더 잘할 수 있다. 자신감 있게 인터뷰에 응하는 방법도 마찬가지다. 면접에 대답하는 연습을 많이 한 지원자는 연습을 하지 않은 지원자보다 훨씬 더 잘한다. 면접 중에 자연스럽게 보일 수 있는 비결도 미리 충분히 연습해 두는 것이다.

면접에서 대답할 말을 외우라는 뜻이 아니다. 주요 핵심을 기억해 두었다가 잘 다듬어진 대답을 내놓으라는 것이다.

면접에서 받을 질문을 카드에 적어 무작위로 섞은 다음 하나를 뽑아라. 그 질문을 면접자가 당신에게 묻고 있는 것처럼 읽고 나서 거기에 대답하라. 물론 친구들과 면접 연습을 하면 더 도움이 될 것이다. 친구에게 질문 목록을 주고 대답을 더 잘할 방법을 물어볼 수도 있고, 같이 연습할 수도 있다.

6. 까다로운 질문은 선제 방어하라

해고를 당했거나 건강 문제를 겪은 적이 있는가? 시험에 실패했거나 일이 싫어서 그만둔 경험은? 장애를 갖고 있거나 일을 오래 쉬고 있는 가? 털어놓고 싶지 않은 문제를 다들 한두 가지는 갖고 있다. 중요한 것은 그런 질문이 나오지 않기만 바라는 것은 면접 중에 자신감 있게 느낄 수 있는 길과는 거리가 멀다는 것이다. 면접자가 그 질문을 던지지나 않을까 걱정만 하고 있어서는 안 된다.

따라서 시간을 내어 당신이 끔찍하게 여기는 질문에 어떻게 대답할지 준비해 두어야 한다. 따라서 면접자가 "무엇 때문에 전 직장을 그만두었나요(해고당한 이유가 무엇인가요)?"라거나 "학교 성적은 이야기를 안 했군요, 졸업할 때 성적이 어땠나요?"라고 묻더라도 대답할 준비가 되어 있어야 한다. 대답할 말을 정리할 때 두 문장 정도로만 대답할 수 있도록 준비하라. 그 질문에 대답하기 원하지만 지금 얻고자 하는 일에 긍정적이고 열정을 담은 말을 할 기회를 노려야 한다. 아래와 같은 예를 생각해 보라.

- 저는 건강이 나빠서 한동안 일을 하지 못했습니다. 그러나 이제는 완전히 완쾌되었고 거의 1년 전에 일에 복귀했습니다. 이제 제 경력에서 한 단계 더 올라가는 일에 중점을 두고 있습니다.
- 전 직장에서 제게 맡겨진 역할은 제가 기대했던 일이 아니었기 때문에 단 6주밖에 일을 하지 않았습니다. 그러나 그 일은 제가 직장생활을 막 시작했을 때였고 그 이후로 많이 배웠습니다. 이제는 미리 조사를 하고 정보를 구합니다.
- 저는 정리해고되었습니다. 제 부서의 다른 두 사람도 비용절감을 위해 일을 그만두어야 했습니다. 그렇지만 저는 다른 일을 찾을 수 있을 것으로 믿고, 이 회사에 대한 기대도 무척 큽니다.

7. 재치 있는 질문을 하라

면접을 마무리하면서 대부분의 면접관이 궁금한 점이 있으면 질문을 하라고 할 것이다. 이때 당신은 반드시 질문을 해야 한다. 궁금한 것이 없다고 대답하는 것은 당신이 이 회사에 관심이 없다는 말을 하는 것과 같다. 아무 질문도 없다고 대답하는 것은 "저는 제가 일하고자 하는 직장에 대해 궁금해하거나 신경 쓰고 싶지 않습니다"라고 대답하는 것이나 마찬가지다.

그렇다고 휴가는 얼마나 받을 수 있고, 봉급은 얼마이며, 초과근무를 해야 하는지와 같은 종류의 질문은 피하라. 그런 질문은 어떤 식으로 말하든 당신이 회사에 기여하는 것보다는 회사에서 얻어낼 수 있는 것에 더 관심이 있는 것으로 비칠 수 있다. 따라서 좋은 질문을 준비해 두어라. 아래와 같은 주제로 질문을 하면 된다.

- **일 자체의 성격.** "물론 저도 직무 명세서를 읽기는 했습니다만, 제가 해야 할 일이 무슨 일인지 구체적으로 설명을 해주시면 감사하겠습니다.", "제가 일한 성과는 어떤 식으로 측정이 되나요?"
- **직무 연수와 계발 기회.** "그 일을 하면서 제가 어떤 교육을 받을 수 있을까요?", "이 일을 몇 년 동안 하고 나면 어떤 기회가 주어지는지 궁금합니다."
- **팀과 조직의 문화.** "회사 문화가 어떤지 말씀해 주시겠습니까?", "회사 웹사이트를 방문해 보긴 했지만, 면접관님은 왜 이 회사를 선택했는지 말씀해 주실 수 있습니까?"

8. 정확하게 계획하라

당신이 걱정이 많은 사람이라면 하루의 무게가 당신을 내리누르도록 내버려 두지 마라. 면접을 군사작전을 펼치듯 한 치의 오차도 없이 계획하라.

- **옷차림.** 정장을 준비해서 잘 다려 두어라. 머리를 단정히 잘라서 말쑥해 보이도록 해라. 어떤 옷차림을 해야 할지 확신이 서지 않는다면 미리 전화를 해서 알아보아라. 무엇을 입어야 할지 구체적인 조언이 필요하다면 친구에게 도움을 청하는 것도 좋다(행동으로 옮겨라 : 성공을 위한 옷차림 참고).
- **면접장으로 가는 길과 도착 시간.** 1시간 일찍 도착한다는 목표를 세워라. 일찍 도착해서 주변 카페에서 신문을 읽으며 시간을

보내는 것이 공황상태로 늦게 도착하는 것보다 낫다.

- **면접관.** 면접관이 몇 명인지 알아두고 이름과 직함도 알아두라. 그래야 면접관에게 소개가 되었을 때 발음이 어려운 이름을 잊거나 잘못 발음할까봐 걱정하지 않아도 될 것이다.
- **일과 조직에 관한 정보.** 직무 명세서, 조직의 웹사이트 주소, 그리고 브로슈어를 모아 두어라. 그래야 면접 중에 알고 있어야 할 일로 질문하는 일을 막을 수 있다.

9. 감정을 관리하라

제1부에서 더 자신감 있고 통제력을 쥐고 있다고 느끼게 해 줄 많은 방법과 연습을 다루었다. 그중에 특히 면접 상황에 이용할 수 있는 효과 높은 방법 세 가지를 여기서 다시 설명하겠다.

- 시각화를 이용하라. 마음속으로 면접이 잘 이루어지고 있는 장면을 그려보라(자신감 쌓기 방법 : 마음에 영화화면 만들기 참고). 면접관을 향해 미소를 지어보이면서 악수를 하고 있는 자기 모습을 그려보라. 자연스러운 몸짓으로 적절하게 눈을 마주 바라보는 모습도, 열린 마음으로 자신 있게 질문하고 대답하는 모습도 그려보라.
- 중요한 날에 자신감을 올리기 위해서는 당신의 성취 목록을 작성하는 것이 좋다(행동으로 옮겨라 : 삶의 FACT 생각해 보기 참고).
- 면접이 시작되기 직전, 대기실에서 기다리는 동안에 부정적인 정서를 해소하는 데는 횡격막 호흡이나 ABCD 방법을 이용하는 것이 좋다(자신감 쌓기 방법 : 횡격막 호흡, ABCD로 정서 안정시키기 참고).

10. 가장 멋진 모습을 보여라

면접관은 능력 있고 친근한 사람을 뽑고 싶어 한다. 능력은 있지만 친화적인 인상을 주지 못하는 사람은 선택하고 싶어 하지 않는다. 따라서 면접관은 당신이 하는 말에서 드러나는 당신 모습에 크게 영향을 받는다.

어떤 전문가들은 면접 중에 '솔직한 자기 모습'을 보여주어야 한다고 말한다. 그러나 나는 당신의 가장 좋은 모습을 보여주라고 권한다. 당신은 상사 앞에서 동료나 친구, 조부모님 앞에서 행동하는 것처럼 행동하지는 않을 것이다. 따라서 면접 중에 당신의 가장 전문적이고 친근한 얼굴을 보여주는 것이 분별력 있는 일일 것이다.

몸짓 언어나 어조에도 신경을 써야 한다(3장 참고). 몸짓, 자세, 적당한 미소를 이용하라. 관심이 있다는 것을 보여주고 당신이 이룬 일을 이야기할 때는 좋은 시간을 보낸 것처럼 말하라. 어떻게 해야 좋은 인상을 줄 수 있을지 잘 모르겠다면 친구에게 도움을 청해 모의 면접시험을 치르면서 녹화를 했다가 다시 돌려보라.

특히 면접 첫 몇 분 동안에 무슨 말을 하고 어떻게 말할지 집중적으로 연구해야 한다. 면접이 시작된 첫 몇 분 동안에 면접관이 그 사람을 선택할지 말지 마음을 결정한다는 말이 사실인 경우가 많기 때문이다. 첫인상은 매우 중요하다. 당신의 첫인상을 인상적이게 만들어라.

Chapter 13
삶의 변화도 자신 있게

- 진지하게 생각하는 시간 갖기
- 삶을 다른 관점에서 생각해 보기
- 원하는 것이 무엇인지 알기
- 친구에게 터놓아라!
- 나중으로 미루지 말고 곧 시작하라
- 정서적 롤러코스터를 잘 견뎌내라
- 첫발을 내딛어라
- 계속해서 해 나가라
- 매일의 목표를 설정하라
- 승리를 지축하라

살면서 변화를 이루는 일은 벅찰 수 있다. 직장을 그만 두거나 새로운 직업을 갖는 일도, 새 집으로 이사하거나 가족을 이루는 일도, 새로운 관계를 맺고 나쁜 상황에서 벗어나는 일도, 자기 사업을 창업하거나 나쁜 습관을 끊는 일도 모두 쉬운 일이 아니지만 우리가 살면서 만들어야 할 변화는 한도 끝도 없이 많다.

인간은 천성적으로 위험을 싫어한다. 우리는 미지의 것을 좋아하지 않으므로 변화가 우리에게 안기는 도전이 달갑지 않다. 아니면 현재 상황이 생각했던 것보다 나쁘지 않다는 생각이 들어 주저할 수도 있다. 적당한 시간을 기다려보자는 심사일 수도 있지만, 물론 그 적당한 시간이란 절대로 오지 않을 것이다. 그러니 우리가 아무것도 하지 않으면서 현상태만 고수하고 있는 것도 놀라운 일은 아니다.

당신이 지금 당장 삶의 어느 한 영역에 변화를 만들기 원한다면 이 장은 당신을 위한 것이다. 지난 20년 동안 자기 자신과 삶에 변화를 일굴 수 있는 방법에 관한 연구가 봇물을 이루었다. 덕분에 나는 과학이 뒷받침하는 10가지의 근본적인 변화를 이루는 단계를 당신과 나눌 수 있게 되었다.

1. 진지하게 생각하는 시간 갖기

빨리 변화를 만들라면서 "그냥 해치워 버려"라고 말하는 사람도 있을 것이다. 그러나 새로운 상황으로 급하게 돌진하는 것은 변화를 위해 줄기차게 노력하는 최선의 방법으로 보기 어렵다. 어떤 일을 오래 생각하고 계획을 세워 실행하는 것이 변화에 성공할 가능성이 높다는 것은 당신도 이미 알고 있을 것이고, 우리가 이미 알고 있는 이 사실은 연구 결과로도 뒷받침된다.

과학자 제임스 프로차스카(James Prochaska)와 카를로 디클레멘트(Carlo DiClemente)는 이렇게 생각하는 시기를 관조(contemplation)라고 했다. 변화를 여러 각도에서 생각해 본다는 의미다. 이들의 연구는 관조하는 시간이 많으면 많을수록 변화에 성공할 가능성이 더 높음을 보여준다. 여기 관조하는 시간을 갖는 데 도움이 될 연습이 있다.

시작하기 위해 변화를 만드는 것의 좋은 점과 나쁜 점을 비교해 보라. 머릿속으로만 생각하지 말고 아래 네 가지 질문에 대한 답을 글로 적어라.

- 변화를 만드는 데 따르는 이로움과 이점은 무엇인가?
- 현상태를 고수하는 데 따르는 이로움은 무엇인가?
- 변화를 만드는 데 따르는 불리한 점이나 치러야 할 대가는 무엇인가?
- 현상태에 머무르는 데 따르는 불리한 점은 무엇인가?

두 가지 대안의 좋은 점과 나쁜 점을 알고 나면 변화를 만들기 위해 해야 할 행동도 알 수 있다. 다시 한 번 강조하지만 아래 질문에 생각만 하지 말고 글로 적어라.

- 변화를 만드는 데 따르는 이로움을 최대화하기 위해 할 수 있는 일은 무엇인가?
- 변화를 만드는 데 따르는 대가나 불리한 점을 최소화하기 위해 할 수 있는 일은 무엇인가?

2. 삶을 다른 관점에서 생각해 보기

무엇을 해야 할지 알아낼 수 있는 가장 좋은 방법 가운데 하나는 다른 사람이라면 이 상황을 어떻게 말할지 생각해 보는 것이다.

당신이 당신의 가장 친한 친구라고 상상하라. 자, 그렇다면 당신의 친구는 지금 당신이 처한 상황을 어떻게 보고 어떤 조언을 해줄까? 당신의 딜레마를 설명하는 편지를 자신에게 쓰고 가능한 해결책을 생각해 보라(자신감 쌓기 방법 : 내면의 코치와 상의하기 참고). 어떤 말을 해야 할지 확신이 서지 않아도 걱정하지 말고 일단 글을 쓰거나 워드를 치기 시작하라. 편지 쓰기 방법의 장점은 일단 쓰기 시작하면 당신의 무의식에서 말과 아이디어가 자유롭게 흘러나온다는 것이다.

3. 원하는 것이 무엇인지 알기

연구 결과를 보면 나쁜 상황에서 단순히 도망치려는 의도로 변화를 찾기보다는 바람직한 목표를 추구할 때 지속적인 변화를 만드는 데 성공할 가능성이 높다고 한다. 따라서 시간을 내어 삶에서 무엇을 원하는지 생각해 보라.

목표에 관해서는 4장에서 충분히 다루었다. '수정 구슬 들여다보기'와 '자신 있는 미래 만들기' 부분을 중점적으로 읽어 보라. 그런 다음 미래에 원하는 삶에 대한 비전을 만들어라(행동으로 옮겨라 : 삶의 비전 만들기 참고). 자기가 어떤 미래를 원하는지 의식하고 있어야 변화에 따른 복잡한 문제를 이겨내고 계속해 나갈 동기가 생긴다. 삶의 비전을 세울 때 긍정적인 언어를 써야 한다는 것을 기억하라. 달아나고 싶은 일을 적기보다는 당신이 원하는 미래에 중점을 두도록 하라.

4. 친구에게 터놓아라!

시인 존 던(John Donne)은 "사람은 누구도 고립된 섬이 아니다"라고 했다. 당신이 처한 상황을 당신 혼자서 이겨내야 할 이유는 없다.

친구들에게 도움을 청하라. 문제를 이야기하고 생각하고 있는 해결 방법도 나누어라. 머릿속을 오가는 생각을 분명하게 표현하는 간단한 행동이 무엇을 해야 할지 깨닫게 해주는 경우가 많다.

친구들이 귀중한 조언과 다른 시각에서 본 식견을 보태줄 수 있고, 내가 미처 생각하지 못했던 놀라운 선택을 제안하기도 한다. 변화의 시기에 누가 당신에게 가장 큰 지원자가 되어줄지 찾아낼 수 있는 좋은 방법은 친구들을 생각해 보는 것이다(행동으로 옮겨라 : 신중하게 동지 선택하기 참고).

당신이 암울한 시기를 겪는 동안 의지할 사람이 아무도 없다면 어떨까? 인간은 천부적으로 사회적 동물이고 공감 능력이 있다. 만나서든 이메일이나 전화로든 아니면 메신저로든 연락을 해보라. 사람들이 얼마나 관심을 보이는지 알고 놀랄지도 모른다. 따라서 주변 사람들과 이야기를 나누고 문제를 이야기하고 함께 해결할 방법을 찾아라.

5. 나중으로 미루지 말고 곧 시작하라

큰일을 결정하고 시작하는 것도 여러 가지 더 작은 행동으로 나누어 할 수 있다. 새로운 직장에 다니게 되었다면 옷을 새로 사고, 회사로 가는 길도 알아두어야 하며, 그 회사에 대한 여러 가지 정보를 모으고, 상사를 만나보는 등등의 일을 해야 한다. 더 이상 관계에 희망이 없는 동거자와 갈라서려 한다면 돈을 저축하고 물건을 나누고 새로 살 곳을 마련하고 우편물을 받던 주소도 바꾸어야 한다.

단계적으로 해야 할 행동들을 종이에 적어라. 무엇을 먼저 하고 어떻게 해야 할지 미리 걱정할 필요는 없다. 크든 작든 해야 할 모든 행동을 적은 긴 목록을 먼저 만들어라. 변화는 눈에 보이지 않고 구체적이지 않을 때 더 어렵게 느껴진다. 큰 변화를 작은 부분으로 나누어 보면 해볼만 하다고 느껴질 것이다.

다음으로는 행동 목록을 행동 계획으로 바꾸어라(제4장 참조). 당신이 할 일을 생각하고 누가 더 관여하고 어디서 언제 그 일을 할지 생각하라. 큰 목표를 한 번에 할 수 있는 정도의 작은 행동으로 나누어라.

6. 정서적 롤러코스터를 잘 견뎌내라

또 다른 주요한 연구 결과를 보면 우리가 변화를 위해 노력하는 동안 경험할 수 있는 좋은 일과 나쁜 일을 알고 있을 때 계속해서 노력을 이어가기가 더 쉽다고 한다. 변화는 하룻밤 사이에 이루어지는 일이 아니다. 상사에게 직장을 그만두겠다고 선언하고 새로 산 집에 계약금을 내는 것으로 설령 하룻밤 사이에 변화가 이루어진다 하더라도 우리 마음은 여전히 과거에 묶여 있다.

반대 감정이 공존하고, 혼란스럽고 불확실하며, 완전히 겁에 질리는 것도 모두 정상이다. 새로운 모험에 나설 때 당신은 한 걸음 앞으로 내딛고 두 걸음 뒤로 퇴보한 것처럼 느낄 수 있다(제7장 좋은 날, 나쁜 날 참고). 뜻하지 않게 실수를 하고 종종 옛날의 나쁜 습관에 다시 빠질 수 있다. 어떤 날은 끔찍한 실수를 저지르고 더 이상 계획대로 해나갈 힘이 없다는 기분이 들기도 한다.

따라서 당신 자신에게 새로운 도전이 쉬운 일이 아니라는 사실을 계속해서 상기시켜야 한다. 자신감은 우리가 장기적인 목표를 성취하기 위해 해야 할 일을 하는 것이다. 지금 당장은 좀 긴장이 되고 불편한 감정이 일더라도 행동해야 한다(제1장 자신감은 행동에 관한 것 참고).

또한 힘겨운 길을 가다 지칠 때 갖고 있는 자원으로 응급 구조를 받고 살아남을 수 있다. 커다란 변화에 착수하기 전에 의기소침해졌을 때 어떻게 다시 용기를 얻을지 그 방법도 생각해 두어라(행동으로 옮겨라 : 자신감 자원 이용하기 참고). 신체적 상해를 치료할 때 쓰는 응급 구조 세트처럼 정신적 응급 상황에서도 도움이 될 도구를 마련할 수 있다. 크게 다쳐 출혈이 있을 때까지 기다리지 마라.

7. 첫발을 내딛어라

변화를 만드는 것은 파라슈트 점프를 하는 것과도 같다. 일단 첫발을 내딛으면 나머지는 저절로 쉽게 이루어진다. 그러나 첫발을 내딛기가 어렵다. 하지만 상황이 저절로 바뀌는 일은 거의 없다는 사실을 기억하라. 행동하겠다는 선택을 하지 않는 것은 불행한 상태로 남아 있기로 당신 자신과 공모하는 것이다. 그 상황에서 벗어나게 할 수 있는 사람은 오로지 당신뿐이다.

자신감 쌓기 방법 중 습관 깨기는 첫발을 내딛을 수 있는 간단한 방법이다. 당신의 행동 목록을 확인하여 오늘 할 수 있는 간단한 일을 선택해 행동하라. 몸매를 가꾸고 싶으면 밖으로 나가서 빨리 걷기 운동을 하라. 많은 돈을 들여 헬스 센터에 등록할 필요도 없다. 담배를 끊고 싶으면 담배를 완전히 끊기 전에 오늘 처음으로 점심 후에 피우던 담배를 참아 보아라. 첫발을 내딛는 일에는 어떤 이점이 있고, 아무것도 하지 않는 데에는 어떤 나쁜 점이 있는지 글로 적어라. 아무것도 하지 않는 것에 대한 변명이나 이유도 적어라. 글로 적어 보면 그것이 어떤 가치가 있는 일인지 명확해질 것이다. 마지막으로 첫발을 내딛은 것을 축하하고 당신 자신에게 보상을 주어라. 작은 일이라도 행동으로 옮겨 시작을 했다면 당신은 해낼 수 있다.

8. 계속해서 해 나가라

성공적인 변화를 만드는 것은 한번에 큰 발걸음을 떼는 것이 아니라 작은 발걸음을 꾸준히 내딛는 것이다. 한번에 너무 많은 일을 하려고 하는 것은 실패에 이르게 할 수 있다.

가끔씩은 작은 발걸음으로는 충분히 앞으로 나아가지 못한다고 느낄 수도 있다. 그러나 인간의 모든 노력은 일정 기간에 걸쳐 이루어지면서 성공으로 이어졌다. 가령 당신이 어떤 강좌를 이제 막 듣기 시작했다면 처음에는 집중하기가 몹시 어려울 것이다. 사귄 지 얼마 안 된 관계라면 서로 적응할 시간이 필요하다.

빠른 변화보다 중요한 것은 옳은 방향으로 가는 것이다. 계속해서 가겠다는 굳은 의지가 있다면 결과는 있다. 거북이와 토끼 이야기처럼 느리지만 꾸준한 발걸음이 빠르지만 꾸준하지 못한 걸음을 이긴다.

9. 매일의 목표를 설정하라

계속해서 앞으로 나아가기 위해서는 매일 무엇을 하겠다는 목표를 세워야 한다. 하루가 끝나갈 무렵 직장 일을 마친 다음이나 잠잘 준비를 할 때 탄력이 계속해서 이어지도록 내일 할 행동 계획을 세워라. 가령 당신이 새로운 직장을 찾겠다는 목표를 세웠다면 점심시간 20분 동안 구인광고를 뒤적여 보는 것이다.

내일도, 또 내일도 당신이 하겠다고 약속한 것을 하라. 그리고 또 다음 날을 위한 새로운 목표를 세워라.

앞에서도 말했지만 변화에는 시간이 걸린다. 올림픽 선수들은 신체 능력과 정신 상태를 절정에 이르게 하기 위해 몇 년을 고되게 훈련한다. 새로운 직업을 찾고 나쁜 관계를 청산하고 살을 빼기 위해 몇 년간 공을 들인다. 당신도 매일 무엇인가를 한다면 계속해서 발전을 이루어가고 있을 것이다. 그렇다면 당신은 내일 무엇을 할 수 있겠는가?

10. 승리를 자축하라

의욕을 잃지 않고 계속해서 야심차게 나아가기 위해서는 당신이 이룬 성공을 축하해야 한다. 당신 자신을 기쁘게 해줄 축하 방법은 무엇인가? 당신이 가질 자격이 있는 선물을 사라. 돈을 쓰고 싶지 않다면 최소한 당신이 이룬 성취를 알아주고 인정하기에 마땅한 일을 하라(자신감 쌓기 방법 : 자신감 완성하기 참고).

우리는 목표를 성취한 것의 보람은 성취 바로 그 자체가 되어야 한다고 여긴다. 그러나 그것은 인간의 뇌가 작용하는 방식이 아니다. 당신이 성취한 것을 더 축하하고, 더 큰일로 만들수록 당신의 성취 능력에 대해 더 자신감이 생긴다.

Chapter 14

자신감 있게
갈등 해결하기

- 당신에게는 말할 권리가 있다
- 누가 옳고 그른지의 문제가 아니다
- '당신'보다는 '우리'라는 말로 대화를 시작하라
- 당신의 감정을 표현하라
- 문제를 함께 해결하기 원한다고 설명하라
- 상대에게 말할 기회를 주어라
- 경청하고 공감해 주어라
- 속마음을 말하라
- 함께 해결책을 알아내라
- 일시정지 버튼을 눌러라

갈등을 즐기는 사람은 물론 없지만 삶은 갈등으로 가득하다. 우리는 집안일을 누가 하느냐 하는 사소한 불협화음에서부터 일, 금전 문제, 관계 문제로 인한 노골적인 다툼까지 다양한 갈등을 겪으면서 살아간다. 또한 갈등을 잘 해결하지 못하는 경우도 많다. 자기 생각을 적극적으로 주장해야 한다는 것을 알면서도 너무 쉽게 물러서고 말거나(지나치게 소극적), 너무 밀어붙이거나 아니면 화를 낸다(지나치게 공격적). 이번 장에서는 지나치게 소극적인 태도와 지나치게 공격적인 태도 사이의 중간지대를 찾아내기 위한 10가지 방법을 알아보고자 한다. 적극적인 태도로 자기 권리를 찾고, 당당하게 갈등을 해결하는 방법을 배워보자.

1. 당신에게는 말할 권리가 있다

결국에는 당신이 집안일을 모두 떠안고 마는가? 동료가 자꾸만 부당하게 자기 일을 당신에게 미루는가? 어떤 사람과의 관계가 자꾸만 삐거덕거리는가? 부적절하거나 남에게 피해를 주는 행위를 하는 사람이 있지만 그에게 표현하기가 어려운가? 그런 상황이라면 어떤 일이되었든 무척 속이 상할 것이다. 당신은 기분이 몹시 나쁘지만 다른 한편 그 일을 문제 삼고 싶지 않다.

문제를 해결하기 위한 첫발은 당신에게는 당신이 어떤 기분인지 말할 권리가 있다는 것을 깨닫는 것이다. 그것은 반드시 당신이 원하는 모든 것을 가져야 한다는 의미는 아니다. 그러나 당신이 표현을 하지 않는데 다른 사람이 당신 마음을 알 수는 없단 사실을 잊지 말아야 한다. 그들에게는 당신의 생각을 읽고 당신이 원하는 것을 알아낼 텔레파시 능력이 없다. 당신이 말을 한다면 그 사람도 실제로 상당히 합리적이고, 자기 행동을 조금이라도 바꾸려고 한다는 사실을 알게 될 것이다. 따라서 당신 마음에 있는 것을 말하겠다고 작정하라. 그 일을 가능하면 고통을 겪지 않고 할 수 있는 방법을 알려 주겠다.

2. 누가 옳고 그른지의 문제가 아니다

당신이 가장 좋아하는 음식은 무엇인가? 아마도 초콜릿, 스테이크, 케이크, 아니면 수많은 별미일 것이다. 문제는 내가 장담하건데 세상에는 당신이 아주 좋아하는 음식을 싫어하는 사람도 있다는 것이다. 좋아하는 영화, 책, 텔레비전 드라마, 배우, 옷, 여행지에 관해서도 마찬가지다. 당신이 좋아하는 것이 무엇이든 그것이 몹시 싫다고 말하는 사람이 분명 있다.

요점은 우리는 각자 다른 취향과 관점을 갖고 있다는 것이다. 설령 정확히 똑같은 음식과 영화, 그 외에 다른 것을 제시하더라도 그것에 대해 품는 감정은 완전히 다르다. 그것이 우리 중에 누가 옳고 누가 틀렸다는 의미가 아니다. 간단히 말해 우리는 다른 의견을 가졌다.

갈등도 그렇다. 그것이 누가 옳고 누가 그른지의 문제인 경우는 드물다는 사실을 깨닫는 것부터 시작되어야 한다. 말할 것도 없이 양측 모두 자기가 옳다고 느낀다. 당신에게도 그렇게 행동한 합당한 이유가 있고, 행동도 감정도 설명할 수 있다. 따라서 당신이 옳고 그들이 틀렸다고 상대를 설득하는 것은 소용없다. 대신 상황을 재설정하고 당신과 그들을 가르고 있는 의견 차이를 보아야 한다. 당신이 그 문제를 제기할 때 그것을 명심하고 있다면 논쟁을 하기보다는 차분하고 생산적인 의견을 나눌 수 있을 것이다.

3. '당신'보다는 '우리'라는 말로 대화를 시작하라

불협화음은 누가 옳고 누가 틀려서가 아니라 대부분 의견 차이에서 온다. 그것을 명심한다면 상대방이 하고 있거나 하고 있지 않다고 당신이 믿는 것으로 상대를 공격하는 일은 피하게 될 것이다.

가령, 아내는 남편이 게을러서 해야 할 집안일을 하지 않는다고 생각할 수 있다. 그러나 남편은 종일 일을 열심히 했고, 필요한 정도보다 더 오래 집안 청소를 하면서 보내기에는 삶이 너무 짧다고 생각하고 있을지 모른다. 그런데 '집안일을 잘 하지 않는다'는 핀잔을 들으면 당장 방어 상태로 돌입할지도 모른다. 그 말에는 '나는 옳고 당신은 나쁘다'는 의미가 들어 있기 때문이다.

실제로 '당신'이란 말을 사용하는 것은 진술이라기보다는 비난으로 들리기 쉽다. 따라서 '당신'이라는 말은 넣지 않도록 조심하라.

대신에 당신과 상대방이 단순히 의견 차이를 겪고 있다는 것을 기억하고 '우리'라는 말을 이용해서 대화를 하라. 가령 "우리는 집안일을 나누는 문제에 있어서는 의견 차이가 있는 것 같아요. 그 문제로 이야기를 좀 나눠볼까요?"라는 말로 문제를 제기할 수 있다. 덜 기분 나쁘게 들리지 않는가?

4. 당신의 감정을 표현하라

우리는 합리적이고 객관적이어야 하며 감정이 판단을 흐리게 해서는 안 된다고 배운다. 그러나 실제로 우리는 제어하기 어려운 감정을 경험하는 일이 곧잘 있다. 우리는 인간이지, 로봇이 아니기 때문이다. 감정을 접어두거나 감정이 없는 것처럼 위장하는 것이 실제로 대화를 더 어렵게 만든다.

당신이 어떤 감정을 느끼고 있는지 말해야 하는 이유는 상대가 당신의 기분을 알아야 하고, 또 당신의 감정은 누가 반박할 수 있는 것이 아니기 때문이다. 물론 다른 사람이 공격적으로 나오면서 확실하지도 않은 사실을 주장할 수도 있다. 그러나 만일 당신이 "나는 전에 당신이 내 말을 했다고 생각했을 때 무척 속상했어", 아니면 "나는 당신이 내가 노력하는데도 별로 관심을 갖지 않는 것 같아서 화가 났어"라고 말한다면 당신의 기분에 관해서만큼은 누구도 왈가불가할 수 없다. 나는 지금 당신이 한도 끝도 없이 당신의 기분이 어떤지 말을 늘어놓거나 감정을 모두 쏟아내야 한다고 말을 하는 것이 아니다. 그러나 당신이 마음을 나눌 것이라면 당신의 생각을 알릴 좋은 방법은 당신이 어떻게 느끼는지 말을 하는 것이다. 그렇다면 어떻게 말을 하겠는가? 당신은 정확히 어떤 감정을 느꼈는가?

5. 문제를 함께 해결하기 원한다고 설명하라

당신이 상대의 마음을 바꾸기 원하거나 상대가 틀렸다는 것을 입증하기 위해 대화를 시작한다면 실망하기 쉬울 것이다. 어려운 대화를 시작하기 위한 가장 좋은 방법은 당신이 일어난 일을 이해하고 문제를 함께 해결하기 위한 방법을 알아내기 원한다는 것을 설명하는 것이다.

이렇게 말해 보라. "그 일로 내가 당신을 비난하려는 것이 아닙니다. 저는 성급한 결론을 내리고 싶지 않기 때문에 당신이 어떤 생각을 하고 있는지 들어보고 싶습니다. 그러다 보면 우리가 이 상황을 어떻게 해결할 수 있을지 이야기할 수 있지 않을까요?"

또 이렇게 말을 할 수도 있다. "저는 당신이 좀 배려하지 않았다는 생각이 듭니다. 저는 문제의 일부밖에 이해하지 못했고 당신의 입장을 생각하지 못했다는 것을 깨달았습니다. 그러니 이 일에 대해 당신이 생각하는 것을 말해 줄 수 있나요?"

이런 식으로 말을 하면 당신이 누구를 비난하려는 것이 아니라는 사실을 분명히 전달할 수 있다. 당신은 그 일이 어떻게 된 것인지 전부 다 알지 못하므로 상대방을 대화에 참여하게 초대하려고 한다. 당신은 상대방이 잘못하고 있고 행동을 바꾸어야 한다고 하면서 상대를 공격하고 있는 것이 아니다.

6. 상대에게 말할 기회를 주어라

일단 당신이 상대방의 말을 들어보고 싶다고 초대를 했다면 대부분의 경우 상대방은 본격적으로 자기 마음을 털어놓을 것이다. 여기서 어려운 점은 귀를 기울여야 한다는 것이다. 상대방 말을 중단하지 않고 그 사람 말에 완전히 주의를 기울여야 한다.

다른 사람의 시각을 완전히 이해하기 위해서는 말머리를 조심스럽게 내놓아야 한다. 이렇게 말을 해보라.

- 그 일을 어떻게 생각하세요?

- 그 일로 기분이 어땠나요?
- 그 일이 왜 당신에게 중요한지 더 이야기를 해주세요.
- 왜 우리가 이렇게 되었다고 생각하는지 말씀해 주실 수 있나요?

질문을 하면서 상대방이 전혀 합당치 않고 완전히 틀린 말을 한다는 생각도 들 것이다. 그러나 이 시점에서는 반박하지 말아야 한다. 당신의 목표는 질문을 하고 듣는 것이다.

상대가 진정으로 내가 하는 말을 듣고 있지 않다고 느끼기 때문에 다툼이 일어나는 경우가 많다. 다른 사람이 말을 하는 동안 조용히 들어준다면 훨씬 더 생산적인 대화를 할 수 있다. 당신의 시각을 설명하려 한다거나 당신이 한 일이나 하지 않은 일을 합리화하려 한다면 대화를 나누는 말소리는 더 커질 수밖에 없다. 둘 모두 목소리를 더 높이고 높이다가 소리 지르기 대회를 하는 꼴이 되고 말기 쉽다.

7. 경청하고 공감해 주어라

경청은 전적으로 수동적인 일로 생각되지만 적극적인 참여가 요구되는 일이다. 경청할 때 당신이 해야 할 역할은 듣고 있는 말을 수용하는 것이다. 당신은 표현되고 있는 감정을 인정해야 한다. 설령 당신이 상대방이 제기하는 요점이나 문제에 동의하지 않더라도 상대의 감정을 중요하게 여긴다는 것은 보일 수 있다.

따라서 만일 어떤 사람이 "나는 정말 화가 나요"라고 말한다면 "그때는 깨닫지 못했지만 나도 지금은 당신이 정말로 화가 났을 거라고 이해해요"라고 말하여 들은 말을 다시 해주어라. 상대가 "내가 얼마

나 압박감을 느끼는지 당신은 이해하지 못해"라고 말을 한다면 "전에
는 당신이 그런 기분인지 몰랐지만 지금은 안다"라고 말을 하라.

우리는 단지 인간에 지나지 않는다. 설령 우리가 감정을 갖고 있지
않는 것처럼 위장하려 하거나 감정을 없애버리려고 해도 상대가 어떤
기분인지 알아야 문제의 핵심에 도달할 수 있다. 특히 당신이 상대가
똑같은 메시지를 반복적으로 전달하고 있다는 것을 눈치 챘다면 당신
이 그 말을 바꾸어 말해 주는 것으로 상대의 감정을 이해했음을 보여
야 한다.

8. 속마음을 말하라

내 이야기를 하고 싶어도 상대가 말을 끝냈을 때 해야 한다. 또한 상
대가 마음을 읽을 수 있는 능력을 갖고 있지 않다는 사실도 잊지 말자.
당신이 실망했고, 화가 났고, 좌절했으면 상대에게 그 기분을 말해야
한다. 당신이 표현하지 않아도 상대가 당신 속마음을 읽고 무엇을 원
하는지 다 알아내주기를 바라서는 안 된다.

따라서 문제의 핵심을 말하지 않고 빙빙 돌려 말하는 일은 피하라.
상대방에게 상황을 설명할 기회를 충분히 주었다면 이후부터는 단도
직입적이어도 된다. 일부만 말하고 나머지는 상대방이 당신 마음을
꿰뚫어보고 알아내기 바라지 말고 당신이 하고 싶은 말을 전부 해라.

당신이 알고 있는 사실은 전체가 아니라 부분뿐이라는 사실을 기억
하라. 따라서 말을 할 때도 "당신은"이 아니라 "나는"으로 시작해야
한다. 당신의 의견을 말하고 싶을 때도 "내가 느끼기에는…"이나 "나
는 …라고 믿는다"라고 말하여 단지 개인적인 견해임을 분명하게 해

야 한다.

당신이 말을 끝냈을 때 상대가 당신 뜻을 제대로 이해했는지도 확인하라. "제가 말을 많이 해서 아마 제 말을 전부 이해하기 힘들었을 겁니다. 제가 한 말을 어떻게 생각했는지 말씀해 주시지 않겠습니까?"라고 묻는 것이 좋을 것이다.

9. 함께 해결책을 알아내라

당신이 소중히 간직하던 장신구를 망가뜨린 친구에게, 당신 자동차에 흠집을 낸 연인에게, 당신을 실망시킨 동료에게 유감을 표하라. 그러나 중요한 것은 과거를 바꿀 수는 없다는 사실이다. 일어난 일은 이미 일어난 일이다. 우리가 할 수 있는 일은 현재 상황을 해결하거나, 앞으로 다시는 그런 일이 일어나지 않도록 확실하게 조치하는 것이다.

따라서 "우리가 일어난 일에 대해서는 이야기를 나누었으니, 잊어버리고 새 출발하기 위해서 어떻게 하면 될까요?"라고 말하여 상대를 대화에 초대하라.

당신이 상대에게 말할 기회를 충분히 주고 나면(그리고 당신이 상대의 시각을 이해한다는 것을 보이고 나면) 상대도 이제 다음에는 어떻게 해야 할지 합리적으로 이야기를 나눌 수 있을 만큼 충분히 나긋나긋해질 것이다. 만일 대화가 다시 논쟁으로 치닫는다면 다시 6번과 7번으로 돌아가라. 더 질문을 하고 감정을 더 인정하라. 그런 후에라야만 생산적인 대화가 가능하고 갈등을 해결할 방법을 찾을 수 있다.

10. 일시정지 버튼을 눌러라

물론 당신이 언제나 대화를 시작하는 사람은 아닐 것이다. 가끔씩은 다른 사람이 당신에게 와서 섭섭하게 생각하는 일이나 당신이 잘못한 일을 이야기하자고 하는 경우도 있을 것이다. 그런 일이 일어난다면 그들이 하는 말에 귀를 기울여라.

상대가 말을 하고, 또 하고, 또 하게 두어라. 하고 싶은 말을 다할 때까지 기다려라. 상대가 말할 때는 방해하지 마라. 방어적이 되거나 설명하려고도 하지 마라. 아직 명확하지 않은 문제가 있다면 질문을 하라. 그렇지 않으면 간단히 듣고 상대가 털어놓고 싶은 것을 마음껏 털어놓도록 허용하라.

상대가 말을 끝냈을 때 "말을 해줘서 감사합니다. 한꺼번에 다 받아들이기에는 너무 많은 이야기라서 생각을 좀 해보고 답변을 드리겠습니다."라고 말하라. 또한 "당신이 그렇게 느끼리라고는 생각도 못했습니다. 정말로 놀랐습니다."라고도 말할 수 있다. 그런 다음 생각해야 할 것이 많은 큰 문제 같으면 잠시 뒤나 며칠 후에 두 번째 만남을 마련하라. 이 장 처음으로 다시 돌아가는 것으로 당신이 하고 싶은 말을 생각해 볼 시간을 벌 수 있다.

Chapter 15

건강과 신체 자신감

- 현실적인 기대 갖기
- 오늘 당장, 작은 목표부터
- 채소를 많이 먹자
- 사회적 지지를 통해 결심을 강화하라
- 동기 부여 상태를 유지할 비전을 세워라
- 미래의 충동에 방어하라
- 먹고 있는 것에 집중하라
- 보고 읽는 것을 조심하라
- 발전 축하하기
- 좋은 친구처럼 자신을 독려하라

우리는 더 건강하기 원하고 몸매도 적당해서 더 자신감이 있었으면 한다. 아마 당신도 자신이 일을 너무 오래 하고 너무 많이 먹고 있다고 느낄지 모른다(아니면 건강하지 못한 음식을 너무 많이 먹고 있다거나). 술을 덜 마시고 담배도 줄이고 싶다. 몸무게를 조금 더 줄이고 몸매를 적당히 가꾼다면 외모에 더 만족할 것 같다. 좋은 소식은 지금도 시작하기에 절대로 늦지 않았다는 것이다.

나는 대학에서 심리학을 공부하면서 동시에 체육 강사로 일했다. 심리학 박사학위를 받고 나서는 모든 연령층에 걸쳐 건강한 몸과 몸매를 가꾸기 원하는 사람을 수백 명 지도했다. 당신 몸을 더 긍정적으로 느끼고 더 건강해지고 싶다면 나를 믿고 이렇게 해보아라.

1. 현실적인 기대 갖기

아마 당신은 더 건강하게 먹고, 술은 덜 마시고, 더 활기 있게 살기 원할 것이다. 삶의 활력을 높이고 살은 빼고 근육은 늘리고 싶을 것이다. 여자라면 몸의 특정 부위 지방을 줄이기 원하고 남자라면 팔뚝을 더 굵게 만들고 싶을 것이다. 당신의 목표가 무엇이든 시간이 걸리더라도 성공은 찾아올 것이다. 단, 습관과 몸을 바꾸는 것은 몇 달이 걸리는 일이라는 것을 알아야 한다.

몸이 생각만큼 금방 변하지 않는다고 실망하는 사람이 많다. 특히 살을 빼고 싶어 하는 사람은 아무리 노력해도 아무런 효과가 나타나지 않는다고 느낀다. 그러나 변화는 은근히 일어나서 눈에 잘 보이지 않는다. 가령 운동을 하면 지방은 빠져도 대신 근육이 생겨서 몸무게가 조금 늘기도 한다. 그러나 허리와 엉덩이 둘레, 허벅지, 아니면 몸

전체적으로 사이즈는 줄어들 것이다. 따라서 당신이 건강과 몸매에 대한 자신감을 올리기 원한다면 시간이 걸린다는 사실을 잊지 말아야 한다.

2. 오늘 당장, 작은 목표부터

모든 운동 지도사는 운동을 일주일에 몇 번 이상 하고, 일정한 강도로 몇 분 넘게 하라고 말한다. 그렇다, 몸매를 가꾸려면 그것도 한 가지 방법이다. 그러나 그 방법만 있는 것은 아니니 실망하지 마라.

연구 결과를 보면 살을 빼고 자신감을 올리기 위해서 꼭 몇 시간에 걸쳐 운동을 해야 할 필요는 없다. 아래와 같은 작은 목표를 세운다면 더 건강한 생활방식을 갖게 되면서 일석이조의 효과를 얻는다.

- 직장에서 엘리베이터 대신 계단 이용하기
- 점심시간에 책상에서 일어나 10분 간 빨리 걷기
- 신나는 음악을 틀어놓고 침실에서 춤추기
- 오후에 간식으로 먹던 초콜릿을 과일 샐러드로 바꾸기
- 2주에 하루, 오후는 화랑이나 박물관 돌아보기
- 좋아하는 텔레비전 쇼 중간에 나오는 광고시간에 팔굽혀펴기나 윗몸일으키기 10번 하기
- 한 정거장 먼저 내려 집까지 걸어가기

티끌 모아 태산이라고 했다. 이런 작은 노력이 모여 큰 효과를 낸다. 우리 몸은 잠깐만 움직여도 에너지를 태우도록 진화했다. 엘리베이터

를 타지 않고 계단으로 다니겠다는 결심이 대단한 일은 아닐 것이다. 그러나 첫 주에는 하루에 한 번만 했다면 다음 주에는 하루에 두 번을 하고 그 다음 주에는 하루에 세 번을 하라. 그런 노력이 차이를 만들 것이다. 몇 달이 지난 후에는 당신도 놀랄 만큼 달라질 것이다.

아래와 같은 작은 목표를 세워 실천한다면 더 건강한 생활 방식을 갖게 될 것이다.

- 커피를 한 잔 줄이고 대신 물을 마시겠다. 하루에 한 잔 정도는 시작하기 그렇게 어렵지 않을 것이다.
- 하루에 두 시간 정도는 담배를 피우지 않겠다. 가령, 보통 아침나절 중간 담배를 찾게 되는 10시에서 1시까지는 금연시간으로 정해두는 것이다.
- 술을 줄여가기 위한 과정으로 세 번째 잔은 알코올이 아닌 다른 음료를 마실 것이다. 몇 주 동안 세 번째 잔을 음료수로 바꾼 후에는 두 번째 잔도 음료수로 바꿀 것이다. 아니면 내가 술을 사야 할 차례에 술자리가 아닌 다른 자리를 마련하는 것이다.

당신이 지금 당장 시작할 수 있는 작은 목표는 무엇이 있을까?

3. 채소를 많이 먹자

당신의 구체적인 목표가 무엇이든 채소를 더 많이 먹기로 목표를 정한다면 잘못될 일이 없다. 다이어트를 하고, 어떤 음식을 포기하고 제한하기보다는 채소, 샐러드, 과일을 더 많이 먹도록 하라. 영국 정부는 우리가 매일 과일과 채소 다섯 포션(portion, 1인분)을 먹어야 한다고 권장한다. 손 하나를 컵 모양으로 오므려 담을 수 있는 양으로 사과 하나, 바나나 하나, 망고 하나가 과일 한 포션에 해당한다. 완두콩, 브로콜리, 당근은 몇 숟갈을 담아야 한 포션이다.

대부분의 사람들에게 과일 두 포션 정도면 충분하다. 그러나 채소는 많이 먹어서 나쁠 것이 없다. 채소는 과일보다 당분도 적고 섬유소도 많이 함유하고 있어 몸에서 독소가 빠져 나가게 돕는다. 칼로리는 적지만 오랫동안 포만감을 느끼도록 해주어 건강하지 못한 음식으로 손이 덜 가게 만든다. 다른 나라에서는 자국민에게 하루에 과일과 채소를 일곱 내지 아홉 포션 먹으라고 권장한다. 채소는 많이 먹어도 해로운 영향을 끼치지 않는다.

음식은 체중이나 열량 섭취를 조절하려는 목표보다는 건강한 음식을 선택해야 한다. 과자 봉지 식품 표시에 '저지방'이나 '저열량'이라고 적혀 있더라도 마음속으로는 당신도 과자가 건강한 음식이 아니라는 것을 알 것이다.

4. 사회적 지지를 통해 결심을 강화하라

연구는 우리가 주변 사람들의 좋고 나쁜 습관과 태도를 배우는 경향이 있음을 보여준다. 일례로 범죄자를 알고 있다는 단순한 사실만으로도 범죄를 저지르고 범죄 행위에 연루되는 일이 더 많다고 한다. 심지어는 비만도 전염력이 있다. 연구 결과에 따르면 비만한 사람을 더 많이 알면 알수록 비만해질 확률이 더 높아진다.

따라서 성취욕이 높은 사람들과 더 많은 시간을 보낼 방법을 찾아

라. 당신이 담배를 끊을 방법을 찾고 있다면 담배를 피우지 않는 사람들과 어울리고, 살을 빼고 싶다면 체중 감량에 성공한 사람들과 더 자주 어울려라.

당신의 의지를 무너뜨리는 친구들을 조심하라. 그 사람들이 "아니야, 너는 변할 필요 없어"라거나 "넌 이미 완벽해"라는 말을 하더라도 그 말이 당신에게 진정으로 도움이 되는 말은 아닐 수 있다. 변하고자 하는 당신의 의지에 위협감을 느끼거나 당신을 뒤로 끌어당겨야 자기가 안심이 되기 때문일 수 있다. 더 새롭고 더 나은 삶을 살고자 하는 당신에게 마음을 열고 지지해줄 친구를 찾아라(5장 '친구인가, 아니면 친구이자 적인가' 참고).

마지막으로 당신의 목표를 친구와 당신을 진정으로 염려하는 사람들과 나누어라. 심리학자들은 우리는 다른 사람이 우리에게 들려주는 말대로 행동하려는 경향을 보인다고 한다. 따라서 다른 사람에게 내 목표가 무엇이라고 말을 하면 그것을 성취하기 위한 행동에 더 박차를 가할 가능성이 높다. 친구들에게 살을 빼겠다거나 담배를 끊겠다는 결심을 밝히면 친구들이 그 약속을 상기시켜주고, 응원하고, 유혹에 지지 않도록 도와줄 것이다.

5. 동기 부여 상태를 유지할 비전을 세워라

4장에서 비전을 갖는 것이 얼마나 중요한지 이야기했다. 비전은 당신의 삶을 이끌어가고자 하는 그림이다. 비전을 갖고 있으면 포기하고 싶은 유혹을 받더라도 다시 동기 부여를 받을 수 있다. 당신이 원하는 대로 건강해지고, 몸매를 가꾸고, 체력을 기르고 나면 미래의 삶이 어떻게 달라질지 잠시 적어보는 시간을 가져라.

연구는 부정적인 목표('뱃살이 다 다른 곳으로 갔으면 좋겠어.')를 세운 사람이 긍정적인 목표를 세운 사람('지난번에 보았던 우아한 드레스를 입을 수 있게 날씬해지겠어.')보다 성공할 가능성이 낮다는 결과를 보여준다. 따라서 당신의 비전을 좋은 기분, 할 수 있는 활동, 친구와 나눌 대화, 칭찬 같은 긍정적인 생각으로 가득하게 하라. 당신이 원하는 미래를 그림으로 그리고 글로 적으면 나쁜 습관으로 다시 빠져들 확률은 줄어든다.

그러나 비전은 단지 동기를 부여하기 위한 도구일 뿐 당신의 목표를 성취하게 해주는 것은 행위다. 그러니 행동을 하라. 실제로 단계를 밟아나가고, 당신의 목표를 향해 움직이게 하는 작은 목표들을 이루어 나가라.

6. 미래의 충동에 방어하라

의도가 아무리 좋더라도 우리 의지가 부족한 경우도 있다. 많은 사람들처럼 나도 집에 과자나 초콜릿이 있으면 입에 넣게 된다. 따라서 건강하지 못한 간식을 먹지 않기 위한 방법은 그것을 아예 사지 않는 것이다.

건강하지 못한 음식은 아예 사지 마라. 뒤에 감춘다고 못 먹는 것도 아닌데 찬장 뒤에 감추어 놓지도 마라. 시장에 갈 때는 배부르게 잘 먹은 다음에 가야 건강하지 못한 간식을 사고 싶은 유혹을 물리치고 더 건강한 식품으로 손이 간다. 며칠 동안 어떤 음식을 해먹을지 계획을 세우고 메뉴를 짜 두어라. 그래야 더 잘 먹을 수 있고, 건강한 음식을 먹을 수 있으며, 집에 있다가 무엇이 먹고 싶은 생각이 들어도 아무 음식이나 닥치는 대로 먹지 않게 된다. 담배나 술도 마찬가지다.

운동을 더 많이 하려고 한다면 함께 어울려 운동할 수 있는 친구를 찾아라. 다른 사람을 실망시키고 싶어 하는 사람은 없으므로 친구와 함께 활동하기로 약속하고 준비한다면 훨씬 더 목표에 도달하기 쉬울 것이다.

7. 먹고 있는 것에 집중하라

우리가 너무 많이 먹고 마시는 이유 가운데 하나는 우리가 하고 있는 일을 의식하지 못하기 때문이다. 많은 사람들이 텔레비전 앞에서 먹는다. 친구들과 어울리고 대화에 빠진 채 먹다 보니 너무 많이 먹고 마시게 된다. 덜 먹고 덜 마시기 위해서는 우리가 하고 있는 먹고 마시는 행동에 완전히 의식적이어야 한다(5장 '지금 여기에 집중하기' 참고).

먹을 때는 텔레비전을 끄고 입 안에 넣고 있는 것에만 집중하라. 간절히 먹고 싶었던 초콜릿을 먹든 건강한 간식을 먹든 천천히 먹어라. 아무 음식이나 챙겨서 움직이는 동안 먹는 일은 피하라. 식탁에 앉아서 음식이 당신의 유일한 관심사가 되게 하라. 생전 먹어본 적이 없는 음식을 맛보고 있는 것처럼 먹는 것이다. 음식을 천천히 씹고 음식의 풍미를 느끼고 감촉을 생각해 보고 다른 맛을 경험하라. 물론 가족과 함께 식사를 하기 원하지만 간혹 혼자 먹는 것도 음식 맛을 제대로 음미하는 법을 다시 배울 기회가 되고, 음식 맛을 제대로 음미하다 보면 자연스럽게 음식을 덜 먹게 된다.

술을 마실 때도 마찬가지다. 사람이 많은 술집이나 파티에서 사람들과 어울려 술을 마시는 일은 가급적 피하라. 술을 입에 넣고 맛을 음미하고 그것이 당신 몸에 들어가 일으키는 감각을 느껴보라.

천천히 먹고 마셔라. 먹고 마시는 일에 온전히 집중할 수 있을 때 이런 활동을 해보면 자연스럽게 먹고 마시는 양은 적어진다.

8. 보고 읽는 것을 조심하라

몇몇 연구는 우리가 잡지와 텔레비전에서 읽고 보는 것이 우리가 자신에 대해, 그리고 자기 몸을 향해 갖는 태도에 영향을 미친다고 한다. 남가주대학교 심리학과 줄리 올브라이트(Julie Albright) 교수는 성형수술에 관한 텔레비전 쇼를 즐겨보는 여자가 자기 몸에 대해 걱정을 더 많이 한다는 연구 결과를 발표했다. 따라서 그런 프로그램은 피하라.

다른 비슷한 연구들도 남자나 여자나 완벽한 신체를 가진 사람의 멋진 사진을 보여주면 자기 자신에 대해 더 나쁘게 느낀다고 했다. 당신이 〈보그〉지나 〈맨스 헬스〉지를 구독한다면 거기 나오는 모델들은 몇 시간이나 메이크업에 공을 들이고 스타일리스트가 고른 옷을 입고 세계 정상의 사진사가 조명 아래서 사진을 찍은 것이란 사실을 기억하라. 게다가 그 사진들은 포토샵으로 다리를 더 길게 만들고 주름살을 없애고 가슴을 더 키우고 눈썹도 더 길게 조작했다. 그뿐인가? 남자들은 이두박근을 더 크게, 턱은 더 각이 지게 만들었다. 당신 자신과 몸에 대해 대중 잡지에서 본 것이 아니라 현실적인 기대를 세워야 한다.

9. 발전 축하하기

심리학자들은 가장 좋은 행동 변화 방법은 원하는 행동을 하고 나면 보상을 주는 것이라고 한다. 벌은 효과가 별로 없다. 따라서 자신을 탓하고 비난하는 일은 피하고 온갖 방법을 동원해 발전을 축하하라.

당신의 건강과 신체 자신감에 한 획을 그을 만한 축하할 일이 있다면 자신에게 그동안 눈독만 들이고 있던 물건이나 옷을 선물하라. 영화를 보러 가고, 친구와 즐거운 저녁 시간을 보낼 계획을 세워라. 그러나 음식이나 음료, 아니면 당신이 줄이고자 하는 다른 것으로 보상을 주어 축하하는 일은 피해야 한다.

가령 당신이 체중을 줄이려고 하는데 초콜릿 케이크로 보상을 준다면 무의식적으로 초콜릿 케이크가 좋은 음식이지만 손에 넣을 수 없는 것이라는 시각을 강화한다. 어떤 음식을 보통은 피하지만 또 어떤 경우는 정신없이 집어 먹어 뇌에 혼합된 메시지를 보내는 것이다. 따라서 당신 자신에게 음식이나 음료보다는 활동이나 선물 같은 것으로 보상하라.

10. 좋은 친구처럼 자신을 독려하라

다른 길로 빠지거나 비틀거리지 않고 매일, 매주 발전만 해나가는 일은 이상적인 세계에서나 가능하다. 현실은 우리 모두가 너무 인간적이라는 것이다. 특히 스트레스를 받고 지칠 때는 유혹에 넘어가고, 운동을 빼먹고, 담배로 손을 뻗고, 건강하지 못한 음식을 먹고, 해서는 안 될 행동을 하고 만다.

그런 일이 일어났을 때 어떤 사람들은 자신을 꾸짖고 '나는 실패자야', '나는 틀렸어', '내가 망쳐 버렸어'라고 말하는 함정으로 빠져든다. 그러나 다르게 볼 수도 있다. 만일 당신이 가장 친한 친구에게 종일 게으름을 부리느라 운동을 못했다거나, 술집에 갔다가 담배를 몇대 피웠다거나, 저녁에 햄버거나 감자튀김을 먹었다는 말을 하면 친구가 당신을 그렇게 나무라겠는가? 좋은 친구는 "너는 실패자야", "너는 절대로 네 목표를 달성하지 못할 거야", "너는 다이어트를 망쳤으니까 포기해야 해"라고 말하지 않을 것이다. 그러니 당신 자신을 심하게 몰아붙이고 비난하지 마라.

실수를 했어도 영원한 실패가 아니라 잠깐 비틀거린 것으로 보라. 잠깐 옆길로 새고 비틀거리는 것도 좋은 점이 있다는 연구 결과도 있다. 잘못을 고치려고 하면서 우리 마음에 새로운 전략과 전술이 떠오른다는 것이다. 당신 스스로를 실망시킨 것이 몇 번인지 세기보다는 성공한 경험이 몇 번인지 세라. 이번 주 내내 건강하게 먹었지만 금요일 저녁 하루 폭식을 했더라도 건강한 점심과 저녁을 먹은 횟수를 더 크게 쳐라.

언제나 자신에게 '가장 친한 친구라면 성공 가도를 달리다가 잠깐 옆길로 샌 것을 무어라고 말할까?' 하고 물어라. 좋은 친구라면 "이제부터는 더 잘해낼 것이라고 믿어", "걱정하지 마! 다이어트를 6일이나 잘해 왔으니 금요일 하루쯤은 별것 아니야"라고 말할 것이다.

죄책감과 수치심은 건강하지 못한 정서다. 이미 저질러진 일은 저질러진 일이다. 시간을 되돌릴 수도 없고 당신이 한 일을 바꿀 수도 없다. 당신이 할 수 있는 일은 이제부터 당신이 할 일에 집중하는 것이다. 뒤돌아보지 말고 계속해서 앞을 보라. 그렇게 하면 당신은 계속해서 발전해 나갈 것이다.

Chapter 16

빠르게 자신감 올리기

- 삶의 가치 적기
- 들이마시고 내쉬고, 들이마시고 내쉬라
- 노래하고 춤추어라
- 자기 자신의 개인 트레이너, 코치, 치어리더가 되어라
- 긍정적인 일에 중점을 두라
- 운동을 하라
- 걱정 시간 10분!
- ABCD로 정서를 안정시켜라
- 감정이 당신은 아니라는 사실을 상기하라
- 잠시 편도체를 쉬게 하라

7장까지는 자신감을 북돋우고 매일 한 발 한 발 삶의 목표를 이루어 나가기 위한 완전한 프로그램을 제공하기 위해 구상되었다. 당신이 진정한 변화를 이루고자 하며, 이룬 변화가 오래 지속되기 원한다면 그 프로그램을 전부 따라하도록 간곡하게 권한다. 그러나 가끔씩은 급하게 자신감을 올려야 할 때도 있다. 그래서 내가 찾아낸 방법 가운데 가장 빠르게 부정적인 감정을 가라앉히고 자신감을 올릴 수 있는 10가지 방법을 소개하겠다. 그중에는 이 책 다른 곳에서 더 깊이 있게 다룬 것도 있고, 완전히 새로운 것도 있다. 이 가운데 한두 가지만 실천해도 긴장을 누그러뜨리는 데 큰 도움이 될 것이다.

1. 삶의 가치 적기

심리학자들은 우리가 자신에 관해 더 기분 좋게 느낄 수 있는 온갖 방법을 다 연구했다. 그 가운데 한 가지 방법은 자신의 개인적 가치를 글로 적는 것이다. 필요하면 당신도 이 방법을 써보라.

적어도 5분 동안 종이와 펜을 들고 앉아서 당신이 가치 있게 여기는 중요한 일을 적어라. 문법이나 철자, 완전한 문장을 만들어야 한다는 걱정은 하지 마라. 그저 당신에게 가장 중요한 사람과 성취하고자 하는 목표, 그것을 얻기 원하는 이유를 생각하라. 가능하면 10분 정도는 온전히 이 일에 집중하는 것이 좋다.

거의 다 적었다면 1,2분 시간을 더 내어 오늘 당신이 한 행동이 당신의 가치와 목표에 어떻게 연결되는지 적어라. 적어 보면 지금 당장 해야 할 일을 할 수 있도록 당신 자신을 무장시킬 수 있을 것이다.

2. 들이마시고 내쉬고, 들이마시고 내쉬라

횡격막 호흡은 정서적 중심을 회복하는 가장 간단한 방법이다(자신감 쌓기 방법: 횡격막 호흡 참고). 배 안으로 천천히 깊게 숨을 들이마신 다음 내뱉어라. 여기서 핵심은 다른 것은 모두 내려놓고 호흡에만 집중하는 것이다. 마음은 걱정과 불안한 생각으로 떠돌지도 모른다. 대부분의 사람들이 그렇다. 그러나 당신의 목표는 그런 생각들에 휘말리지 않는 것이다.

가능하다면 조용한 곳을 찾아서 5분이나 10분 동안 깊고 천천히 숨을 쉬면서 호흡에만 집중하라. 빈 방을 찾아서, 아니면 화장실에 들어앉아서, 아니면 카페 조용한 자리를 찾아라. 귀에 이어폰을 꽂고 음악을 듣고 있는 척하면 누가 당신을 방해하지 않을 것이다. 사람들에 둘러싸여 있더라도 상관없다. 말소리가 간간이 들려오겠지만 계속해서 주의를 호흡으로 돌려라. 눈을 감고 있으면 호흡에 주의를 집중하기가 더 수월하다. 온전히 의식을 호흡에만 집중하다 보면 더 차분하고 더 집중이 잘 되며 삶이 당신에게 던지는 일 무엇이나 더 자신감 있게 다룰 수 있다고 느낄 것이다.

3. 노래하고 춤추어라

기분을 좋고 들뜨게 해주는 노래를 찾아라. 가사를 외우고 있고, 템포가 빠른 노래를 언제나 들을 수 있도록 저장해두었다가 자신감 주사가 필요할 때 듣도록 하라.

아무도 듣는 사람이 없으면 노래를 따라 불러라. 신나게 춤도 추어라. 운동을 하면 기분을 좋게 만드는 호르몬인 엔도르핀이 분비된다.

이것이 내가 당신에게 팔을 흔들고 엉덩이를 돌리고 좋아하는 음악에 몸을 맡기라는 이유다. 여러 사람이 함께 일하는 사무실에서 일을 한다면 화장실에 숨어 귀에 이어폰을 꽂고 한바탕 머리라도 흔들고 리듬에 맞춰 손가락이라도 튕겨라.

노래를 부르고, 춤을 추고, 손뼉을 치고, 발을 굴러라. 좋아하는 음악을 들은 후에는 기분이 쳐져 있기도 힘들 것이다.

4. 자기 자신의 개인 트레이너, 코치, 치어리더가 되어라

심리학으로 박사 학위를 마치는 동안 나는 개인 트레이너로 일했고 현재도 경영자 코치로 일한다. 내가 하는 일의 상당 부분은 간단히 격려해 주는 것이다. 좋은 소식은 당신이 당신 자신의 트레이너이자 코치가 될 수 있고, 그런 사실은 연구 결과로도 입증되었다는 것이다.

당신이 어떤 상황에 있든 자신을 격려해 줄 개인 트레이너, 코치, 치어리더를 두고 있다고 상상하라. 그 사람이 당신에게 어떤 말을 해주겠는가? 할 수 있다면 몇 분만 시간을 내어 당신의 기운을 북돋우고 의욕을 불러일으킬 대여섯 개 문장을 적어보라(자신감 쌓기 방법 : 내 도도한 고양이 만들기 참고). 가까이에 펜과 종이가 없다면 내면의 코치가 당신에게 격려의 말을 외치고 있는 모습을 상상하는 것도 좋다.

나는 중요한 프레젠테이션을 앞두고 있을 때도, 계획한 운동량을 다 채울 수 있도록 나를 격려할 때도, 문제가 있지만 답을 알 수 없을 때도 이 방법을 쓴다. 당신도 한 번 해보지 않겠는가?

5. 긍정적인 일에 중점을 두라

종이를 꺼내 위에서부터 아래로 1부터 20까지 숫자를 적어 내려가라. 그런 다음 당신 자신에 대한 긍정적인 말 20가지를 적어라. 가령, 정직함이나 친절한 성격, 융통성, 신의를 중히 여기는 마음, 남을 잘 챙겨주는 성격, 예술적인 기질 같은 자신에 관해 자랑스럽게 여기거나 칭찬하고 싶은 성격을 적을 수도 있다.

살면서 이루고 성취한 일을 적을 수도 있다. 이때 성취의 의미를 광범위하게 생각해야 한다. 일로만 제한하지 마라. 친구와 배우자와 좋은 관계를 맺고 있고 형제들과도 친밀하게 지낸다면 그 또한 성취다. 당신이 보기에는 당연한 일이지만 많은 사람들이 그런 관계를 맺기 어려워한다. 당신의 생각을 끌어내기 위해 다음과 같은 문장 첫머리를 이용해 보라.

- 나는 …하다.
- 나는 …을 갖고 있다.
- 나는 …에 감사한다.
- 사람들은 …면에서 나를 믿는다.

당신 자신에 관한 긍정적인 말 20가지를 적으면 자신에 관한 건설적이지 못한 생각이 사라지게 할 수 있다. 4장과 5장에서 나는 당신의 강점과 성취 목록을 적는 연습을 하라고 했다(행동으로 옮겨라 : 자기 강점 이야기하기, 삶의 FACT 생각해 보기 참고). 자신과 자신의 삶에 관한 20가지의 긍정적인 말을 적기 전에 생각을 부추기기 위해 그 연습에서 적은 목록을 살펴보아라.

6. 운동을 하라

나는 스포츠 심리학으로 박사 학위를 받았고, 신체적 운동이 기분에 미치는 영향을 알아보기 위해 정신심리 연구소의 데이비드 헴슬리 (David Hemsley) 교수와 실험을 수행했다. 놀랍게도 우리는 운동을 단한 차례만 하고도 불안과 우울증과 같은 부정적인 정서를 이겨낼 뿐 아니라 즐거움과 흥분 같은 긍정적 정서를 일으킨다는 것을 발견했다.

생각해보면 우리가 경험하는 많은 나쁜 감정은 신체적으로 움직이지 않는 것과 연관이 되어 있다. 우리는 가만히 앉아서 혹은 서서 울고, 흐느끼고, 걱정하고, 다른 사람에게 서운함을 느낀다. 달리거나 한자리에서 뜀뛰기를 하면서는 기분이 처져 있기 힘들다.

자신감을 올리고 인생을 밝게 보고 싶다면 운동을 하라. 체육관에 나가고 조깅을 하고 축구를 하고 요가를 하고 자전거를 타라.

운동으로 당장 당신을 바꿀 수는 없다 해도 적어도 몇 분 동안 심박동을 올려라. 제자리에게 뜀뛰기라도 하라. 빨리 걷기를 하고, 계단을 몇 번 오르락내리락하라. 연구결과에 따르면 10분만 심장 박동을 더 빠르게 하더라도 훨씬 기분이 좋아진다.

7. 걱정 시간 10분!

가끔씩은 머릿속이 걱정으로 가득 차 버리기도 한다. 전에 당했던 끔찍한 일을 머릿속에서 재현하고 있거나, 무슨 일이 일어날까, 무엇이 잘못될까 걱정이 들 수도 있다. 그렇다면 종이와 색깔이 다른 펜 2개, 형광펜을 꺼내라. 10분 동안 '걱정 시간'을 정해 놓고 노트 맨 위부터 적어 내려가라.

10분 동안 걱정하고 있는 모든 일을 적어라. 그 종이를 볼 사람은 아무도 없다. 끝나고 나면 종이를 찢어버리면 된다. 작고 자세한 것까지 모두 적어라. 다른 사람에게는 작고 사소한 일이더라도 좋다. 모든 걱정을 적고 불안한 생각과 부정적인 감정을 모두 적어라.

이제 멈추어라. 시간이 다 되면 걱정도 멈추어라. 이제 당신이 적고 밑줄 치고 색을 칠한 문제를 검토하면서 실제로 무엇을 할 수 있을지 생각하라. 지금, 아니면 내일, 아니면 이번 주에 할 수 있는 행동을 적어도 세 가지 적어라. 그러고 나면 걱정이 모두 없어졌을 것이다. 마음이 같은 문제로 다시 흘러가면 그 문제로 이미 충분히 걱정했고, 할 수 있는 모든 것을 했다는 사실을 자신에게 상기시켜라. 5장 '성공할 준비 갖추기'에서 나는 생산적인 걱정과 비생산적인 걱정은 다르다고 말했다. 걱정 시간은 비생산적인 걱정 속에 잠시 뒹굴도록 해준다. 반면에 몇 가지 실제로 할 수 있는 행동을 적는 것은 당신이 할 수 있는 일은 무엇이든 할 수 있다는 확신으로 안심하고 쉽게 해준다.

8. ABCD로 정서를 안정시켜라

ABCD로 정서 안정시키기는 정서를 차분하게 하고 걱정을 놓아버릴 수 있는 가장 효과 좋은 방법이다. 이것은 연습이 필요하지만 몇 번 이용하고 나면 큰 효과를 거둘 것이다.

이 방법의 네 단계는 3장에서 설명했다. 이 방법의 좋은 점은 감정에서 도망치거나 억제하거나 없는 것처럼 위장하려는 것이 아님을 기억하라. 우리 감정은 무의식에서 나온 메시지이므로 '나는 걱정하고 있어', '나는 화가 나' 아니면 다른 감정을 인정하는 것으로 관심을 보여주어야 한다.

당신의 감정을 인정하고 난 후에는 관심을 감정에서 호흡으로 옮겨라. 느리고 깊게 호흡하라. 배가 오르락내리락하는 것이나 공기가 움직이는 소리, 숨소리에만 주의를 집중하라. 그런 다음 미소를 짓고, 조용히 쿡쿡 웃어보고, 큰 소리를 내어 웃어보라. 기분이 나아질 것이다. 그런 다음에는 무엇을 할지 결정할 수 있다.

9. 감정이 당신은 아니라는 사실을 상기하라

마음이 아프고, 불안하고, 걱정되고, 화가 날 때는 여러 가지 생각이 바삐 오가고 자동적으로 행동하기 쉽다. 상황을 피하고 싶고, 박차고 나가고 싶고, 부적절한 행동으로 치닫고 싶다.

그러나 심리학자로서 나는 사람들이 자신을 생각과 감정과 구별할 수 있게 돕는다. 당신은 생각을 갖고 있지만 당신이 당신의 생각은 아니다. 당신은 감정을 갖고 있지만 당신이 당신의 감정은 아니다. 당신의 본질은 당신의 생각과 감정과는 다르다.

따라서 마음이 어지럽고 자신감이 더 필요하다면 자신에게 이렇게 말을 해보라. '나는 생각을 갖고 있어. 그렇지만 내가 내 생각은 아니야. 나는 감정을 갖고 있지만 내가 내 감정은 아니야. 자신감은 행동을 하는 것에서 오고 나는 행동을 선택할 수 있어. 나는 내가 원하는 어떤 것에도 마음을 둘 수 있고, …에 중점을 두기로 선택할 수 있어.' 말줄임표에는 당신이 더 자신감 있기 원하는 일과 목표를 더하라.

이것을 크게 소리 내어 말하고 그 말의 의미를 생각하라. 당신이 경험할 부정적인 생각과 감정에서 당신 자신을 떼어놓아라.

10. 잠시 편도체를 쉬게 하라

우리 뇌에는 내면의 경고체계로 작용하는 편도체라는 부분이 있어 주변에서 일어나는 일에 주의를 기울여야 한다고 경고한다. 당신이 감정에 압도되어 버릴 때 당신의 편도체는 거칠게 날뛴다. 그러나 당신은 질서가 무너진 뇌의 편도체를 재설정할 수 있고 반복적인 간단한 절차로 차분하게 만들 수 있다. 5분 동안 다음 방법 중에 한 가지를 해보라.

- 종이를 꺼내 당신 집이 어떻게 생겼는지 적어라.
- 사전을 꺼내 전에 사용해 본 적이 없는 단어 10개의 의미를 베껴 적어라.
- 머릿속으로 암산을 하라. 102에서 시작해 0이 나올 때까지 6을 빼나가라. 그래도 기분이 나아지지 않는다면 104에서 시작하여 0이 될 때까지 7씩 빼나가라.

핵심은 그 일에 집중하는 것이다. 물론 부정적인 생각이 들 수는 있지만, 생각이 점점 줄어들고 당신을 덜 지배하게 될 것이다.